Holger Fuß

VIELLEICHT WILL DIE SPD GAR NICHT, DASS ES SIE GIBT

Über das Ende einer Volkspartei

Holger Fuß

VIELLEICHT WILL DIE
SPD
GAR NICHT,
DASS ES SIE GIBT

Über das Ende einer Volkspartei

Bibliografische Information der Deutschen Nationalbibliothek
Die Deutsche Nationalbibliothek verzeichnet diese Publikation in der
Deutschen Nationalbibliografie. Detaillierte bibliografische Daten sind im
Internet über http://dnb.d-nb.de abrufbar.

Für Fragen und Anregungen
info@finanzbuchverlag.de

Originalausgabe, 1. Auflage 2019

© 2019 by FinanzBuch Verlag, ein Imprint der Münchner Verlagsgruppe GmbH
Nymphenburger Straße 86
D-80636 München
Tel.: 089 651285-0
Fax: 089 652096

Korrektorat: Anja Hilgarth
Umschlaggestaltung: Marc-Torben Fischer
Satz: Daniel Förster, Belgern
Druck: GGP Media GmbH, Pößneck
Printed in Germany

ISBN Print 978-3-95972-224-7
ISBN E-Book (PDF) 978-3-96092-417-3
ISBN E-Book (EPUB, Mobi 978-3-96092-418-0

Weitere Informationen zum Verlag finden Sie unter
www.finanzbuchverlag.de
Beachten Sie auch unsere weiteren Verlage unter www.m-vg.de

INHALT

EINLEITUNG
KLIMANOTSTAND IM
WILLY-BRANDT-HAUS

>»Ob einer sich zur Sozialdemokratie bekennt oder nicht,
>spielt schon längst keine Rolle mehr, weil es Nicht-
>Sozialdemokraten bei uns gar nicht geben kann, die
>Gesellschaft ist per se strukturell sozialdemokratisch, und
>wer es nicht ist, der ist entweder im Irrenhaus oder im
>Ausland. Es gibt keine ernsthafte Alternative dazu.«[1]

>*Peter Sloterdijk, 2013*

Übergang in eine neue Ära

Am Sonntag, den 2. Juni 2019, war es um 9.53 Uhr so weit: Die
Bundesvorsitzende der Sozialdemokratischen Partei Deutschlands
gab in einer E-Mail an die Parteimitglieder ihren Rücktritt bekannt –
Andrea Nahles zog sich zurück aus der Parteiführung, der Leitung
der Bundestagsfraktion sowie als Parlamentsabgeordnete. Ein voll-
ständiger Abschied aus der Politik mit Paukenschlag.

Damit endete ein weiterer Akt in einem Trauerspiel um die älteste deutsche politische Partei, ziemlich genau 156 Jahre nach ihrer
Gründung als Allgemeiner Deutscher Arbeiterverein in Leipzig. Die

zwischenzeitlich stolze linke Volkspartei der Nachkriegsrepublik erlebt eine Talfahrt in der Gunst der Wähler gleichsam zur Splittergruppierung. Einstweiliger Tiefststand in einer bundesweiten Abstimmung war das Wahlergebnis der Europawahl mit 15,8 Prozent der Stimmen. Davor markierten die 20,5 Prozent bei der Bundestagswahl 2017 unter Parteichef und Kanzlerkandidat Martin Schulz das bislang schlechteste Ergebnis seit 1949.

Seit zehn Jahren erreicht die Sozialdemokratie bundesweit keine 30 Prozent der Stimmen mehr. Enttäuschte SPD-Wähler laufen zu den Grünen über, zur Linkspartei, zur AfD oder sie enthalten sich der Stimme. Die Gründe für diesen Liebesentzug liegen gewiss auch in dem desolaten Eindruck, den das Binnenklima der SPD der Öffentlichkeit vermittelt. Eine Atmosphäre der Ränkespiele, des Misstrauens und der Heckenschützenattentate. Zum zweiten Mal wurde binnen kürzester Zeit der Parteichef zu Fall gebracht. Mit Andrea Nahles hat die SPD ihren 15. Vorsitzenden seit 1990 verheizt. Ein Spitzenfunktionär beschrieb die Stimmung im Willy-Brandt-Haus nach dem Nahles-Rücktritt mit den Worten: »Die Genossen haben gemeuchelt und die Mörder sind noch auf freiem Fuß.« So etwas macht eine Partei, deren Wesenskern die Solidarität sein soll, zur Lachnummer.

In der Berliner Parteizentrale sortieren sich die Genossen neu; kommissarisch hat ein Dreigestirn aus Malu Dreyer und Manuela Schwesig, Ministerpräsidentinnen in Rheinland-Pfalz und Mecklenburg-Vorpommern, sowie Thorsten Schäfer-Gümbel, Landeschef auf Abruf in Hessen, arbeitsteilig den Bundesvorsitz übernommen.

Möglicherweise steckt in diesem Hang zur Selbstzerfleischung noch ein tieferes Moment einer Selbstverachtung, die einem Minderwertigkeitsgefühl entspringt. Die SPD ist nicht nur die Partei der sozialen Gerechtigkeit, sondern daraus resultierend die Partei des sozialen Aufstiegs. Die Wunde der Benachteiligung traditionell deklassierter Gesellschaftsschichten verheilt nur durch den Marsch in höher gelegene soziale Schichten. Daher der sozialdemokratische

Ruf nach gesellschaftlicher Durchlässigkeit. Einen klassischen Aufstieg hat Andrea Nahles hingelegt. Ihr Vater war Maurer. Seine Tochter wurde Parteichefin. Das ist Sozialdemokratie. Naturgemäß sind solche sozialen Klettertouren mit Ängsten verbunden, dem Empfinden von Unzulänglichkeit. Dies mag ein Grund sein, weshalb in der SPD die Moll-Töne überwiegen.

Über die Kulturlandschaften der Freudlosigkeit hat der Wiener Philosoph Robert Pfaller festgestellt: »Trübsinnige Leidenschaften machen ihre Träger immer äußerst unglücklich; aber zugleich lassen diese sie sich niemals wegnehmen, sondern beharren auf ihnen, als wären sie ihr kostbarster Besitz.« Auch der Neid, dieser treue Sozius des Aufstiegs, sei ein Unglück, in dem »ein Stück Glück« wohnt, »weshalb dieses Unglück nicht aufgegeben, sondern wie ein wertvoller Schatz verteidigt wird«, und »bestimmte Unterdrückte« kämpfen sogar »für ihre eigene Unterdrückung, als wäre sie ein Glück«.[2]

Was liegt also näher als die Vermutung, die selbstzerstörerischen Reflexe, die wir in der SPD beobachten wie in keiner zweiten Partei, seien Bestandteil eines misanthropen sozialdemokratischen Gen-Codes? Die Schandmäuler der ZDF-»heute Show« lästern bereits über die »Suizidaldemokraten«.[3] Was, wenn hier eine über eineinhalb Jahrhunderte hinweg mikro-evolutionär verfeinerte Anleitung zum Unglücklichsein in der Partei-DNA rumort, kombiniert mit einer diskreten Sehnsucht nach Selbstauslöschung? Vielleicht will die SPD gar nicht, dass es sie gibt?

Dennoch sind die verrohten Umgangsformen in der Partei nicht die alleinige Ursache der Misere. Deshalb wollen wir nach den weiteren Gründen für den Niedergang der SPD fragen. Das Dilemma der Sozialdemokraten ist ein Spiegelbild einer Orientierungslosigkeit, unter der unser Land insgesamt leidet. Der Absturz der einstigen Volkspartei ist selbstgemacht insofern als die SPD auf die dramatischen Veränderungen in den vergangenen zwei Jahrzehnten keine überzeugenden Antworten gefunden hat. Trotzdem nimmt die Sozialdemokratie in unserer politischen Kultur eine Schlüssel-position ein. In keiner anderen Partei laufen die Problemlinien der deutschen Politik so gebündelt zusammen. In keiner anderen Partei werden aber auch die kulturellen Verwerfungen in diesem Lande so unverhüllt sichtbar.

Und in keiner anderen Partei haben sich mit solcher Fallhöhe die Führungskader vom Lebensgefühl der eigenen Basismitglieder und Wähler entfremdet. Neulich ereignete sich in einem Super-markt eine Szene, die die Situation präzise illustriert. In einer Ede-ka-Niederlassung im oberfränkischen Lichtenfels zeigte eine junge Mutter an der Fleischtheke auf die Verkäuferin und sagte zu ihrem Kind: »Wenn du weiterhin nichts für die Schule lernst, dann stehst du auch mal dort hinten!«[4] Der Filialleiter postete diesen Vorgang bei Facebook und wurde dort von den Nutzern gefeiert. Was viel-fach als Arroganz der Mutter gescholten wurde, ist aber eher ein un-verstellter Ausdruck eines real existierenden Kastenwesens hierzu-lande, eines Neufeudalismus linksdurchtönter Besitzbürger.

Die Anekdote bringt auf pointierte Weise eine kulturelle Ent-wicklung der Sozialdemokratie zum Vorschein. Die traditionellen Wähler der SPD standen bis vor einiger Zeit hinter dem Fleisch-tresen und verkauften die Wurst. Inzwischen macht die Partei aber eine Politik für die Kundschaft aus Mittel- und Oberschicht vor der Verkaufstheke, gut verdienend, oft akademisch gebildet und poli-tisch korrekt gesinnt. Es ist eine Klientel von sich aufgeklärt wäh-nenden Wohlstandsspießern, zu deren Folklore es gehört, sich nach einem neuen 1968 zu sehnen, »Ausdruck eines Wunschdenkens, einer Hoffnung, dass sich endlich etwas tut«.[5] Das Gutmenschen-tum dieses privilegierten Milieus beschränkt sich indes auf Empa-thie für Benachteiligte wie Frauen, Homosexuelle oder Ausländer, für einheimische Unterprivilegierte hat es eher Verachtung übrig. Den gebildeten Schichten sind Kleinbürger und Proletarier mit un-spektakulärer Lebensführung tendenziell verdächtig, engstirnig, ras-sistisch, ja barbarisch zu sein. Es sind, um im Bild zu bleiben, die

Traditionalisten hinterm Fleischtresen, die von alters her die SPD getragen haben und die sich nun von ihr abwenden, weil sozialdemokratische Politik heute an ein liberales Kulturbürgertum adressiert ist, dessen pseudoaufklärerische Luxusprobleme hinter der Theke niemanden interessieren.

Wie sehr diese liberale Grundhaltung die Gesellschaft bis in die kleinsten Verästelungen durchdrungen hat, zeigt ein weiteres Detail. Der *Spiegel* berichtete jüngst über einen neu eingerichteten Studiengang für Geheimdienst-Mitarbeiter an zwei Hochschulen in Berlin und München. Mit der Ausbildung zum »Master in Intelligence and Security Studies« wollen Verfassungsschutz und Bundesnachrichtendienst qualifizierten Nachwuchs heranziehen. In den USA und Großbritannien sei dies schon seit Langem üblich. In Deutschland jedoch hätten die Nachrichtendienste einen schlechten Leumund, wegen der Gestapo im Nazi-Deutschland und der Stasi in der DDR. Um dies zu ändern, sei ein Hauptziel des deutschen Studiengangs, »kritische Geister hervorzubringen«, so der Ausbildungsleiter Jan-Hendrik Dietrich, Professor an der Hochschule des Bundes für öffentliche Verwaltung. »Wir wollen nicht zeigen, wie man besser spionieren kann. Es soll reflektierter zugehen.«[6] Fehlt hier das Wörtchen »nur«? Sollte es heißen: »Wir wollen nicht nur zeigen, wie man besser spionieren kann«? Vermutlich nicht. Und das passt in die politische Landschaft. Anstatt dass der deutsche Agentennachwuchs von Gastdozenten aus Israel in das Betriebssystem des Mossad, des schlagkräftigsten Geheimdienstes der Welt, eingewiesen wird, wird diese Ausbildung auf die Flughöhe einer sozialdemokratischen Gesamtschule abgesenkt, in der Mathematik oder historische Kenntnisse zugunsten von Gesinnungsschulung vernachlässigt werden. Herauskommen werden in der Regel übrigens keine eigenständigen kritischen Geister, wie wir nach vier Jahrzehnten Schulreformen feststellen, sondern feinnervige Systemopportunisten, die ihr Mäntelchen nach den liberalen Fallwinden auszurichten gelernt haben.

Kurzum, die SPD ist seit fünfzig Jahren, seit Willy Brandt 1969 Kanzler wurde, in diesem Lande kulturell so tiefenwirksam, dass sie sich als Partei gewissermaßen überflüssig gemacht hat. Das Deutschland im Jahre 2019 ist eine sozialdemokratische Republik, die von einer christdemokratischen Kanzlerin seit bald eineinhalb Jahrzehnten regiert wird. Die ZDF-»heute Show« hat nicht ohne Grund gemutmaßt, dass Angela Merkel bei der jüngsten Europawahl wie selbstverständlich SPD gewählt hat.[7] Während Linkspartei und Grüne historisch wie programmatisch als abweichlerische Splittergruppierungen gelten können, die sich von der sozialdemokratischen Zentralsonne emanzipieren, nähert sich die Merkel-CDU der SPD als eine Art Schwesterpartei an.

Spaziergang durch die sozialdemokratische Republik Deutschland

Auf unserem Rundgang wenden wir uns im ersten Kapitel der Mutterpartei unserer linksliberalen Komfortzone zu und versuchen, die Physiognomie der SPD zu umreißen. Die Atmosphäre unter der ehemaligen Vorsitzenden Andrea Nahles haben die Genossen mit den Worten kommentiert: »Die SPD hat ein Personalproblem.« Das Elend der Sozialdemokratie liegt aber woanders. Der Soziologe Ralf Dahrendorf beschrieb schon in den achtziger Jahren die Ausgelaugtheit der Sozialdemokratie, weil sie sich an ihrem Urkonflikt zerreibt: Es ist das Spannungsverhältnis zwischen den Utopisten und den Pragmatikern in der Partei, den Linken und den Rechten, das die Polarität der SPD bis heute kennzeichnet. Wir stellen dann die Frage, ob diese Widersprüchlichkeit nicht zugleich Teil des Erfolgsrezepts war, wie es die Beispiele Willy Brandt und Gerhard Schröder zeigen, und ob eine Volkspartei, die weite Teile der Gesellschaft ansprechen will, ohne solche Paradoxien auskommt. Zu diesen gelebten Unvereinbarkeiten gehört auch der ratlose Umgang der Partei des sozialen Aufstiegs mit Menschen, die den sozialen Aufstieg tatsächlich schaffen. Aufsteigenwollen und Aufgestiegensein werden in der SPD als entgegengesetzte Seinskategorien behandelt. Entsprechend frisst in der Partei die Missgunst häufig genug die Solidarität. Genossen demontieren Genossen, es wird untereinander mehr intrigiert und gestritten als mit dem politischen Gegner. Die Sabotage der Kanzlerkandidatur des Martin Schulz 2017 durch die eigenen Leute ist ein beredtes Beispiel.

Im zweiten Kapitel betrachten wir den Mehltau, die politische Windstille, in der sich die SPD mit ihrer Koalitionsschwester CDU eingerichtet hat, und den Kulturkampf, den die Willkommenskultur seit 2015 entfacht hat. Eine Auseinandersetzung zwischen einer kosmopolitischen Mittel- und Oberschicht, die Nutznießer der neoliberalen Globalisierung ist, und jenen, die ihr wachsendes Unbehagen ob der Kollateralphänomene von Masseneinwanderung in Europa weder ignorieren wollen noch können. Die SPD hat sich auf die Seite der Kosmopoliten geschlagen, die sich jedoch lieber Richtung Grüne orientieren. Die Einwanderungsskeptiker, von denen viele bislang sozialdemokratisch wählten, hat die Partei vernachlässigt.

Das dritte Kapitel widmet sich der liberalen Verwahrlosung, eine kulturelle Entwicklung, die mit einer komplexen Phänomenologie auf das deutsche Urtrauma der Nachkriegszeit reagiert: den Hitler-Komplex. Auschwitz ist zur bundesdeutschen Staatsreligion geworden, die Schuldgefühle halten die Gesellschaft im Zangengriff, die Deutschen als einstige Weltmeister des Unheils versuchen sich heute als Weltmeister humanistischer Tugenden. Der Phänotypus der Politischen Korrektheit ist eine genuin sozialdemokratische Figur, sozialpsychologisch verhalten sich die Deutschen, wie wir es aus der Traumaforschung kennen: Es sind Menschen, die ihre innere Unfreiheit verdrängen.

Ähnlich zerrissen gehen wir mit der sozialen Gerechtigkeit um, um die wir uns im vierten Kapitel kümmern. Die Kehrtwende der SPD unter Gerhard Schröder zum Neoliberalismus hat der Partei den Identitätsverlust beschert. Von der Agenda 2010 hat sich die Sozialdemokratie bis heute nicht erholt. Wir schauen uns an, wie es zu diesem Verrat am Markenkern kommen konnte und welche Vorstellungen in der Partei kursieren, um dieser Falle zu entrinnen. Der junge Genosse und Vordenker Nils Heisterhagen plädiert für einen »linken Realismus«, der auf den Spagat hinausläuft, dass die SPD sich rechte Themen auf linke Weise aneignet. Nur so könne die Partei wieder mehrheitsfähig werden.

Das fünfte Kapitel untersucht, wie schwer es den politischen Eliten fällt, über das Tagesgeschäft hinauszuschauen und zukunftstragende Visionen zu entwickeln. Unangepasstes Querdenken wird zwar allenthalben gern beschworen, aber selten praktiziert. Und wenn sich jemand mit ungewöhnlichen Vorschlägen in die Öffentlichkeit wagt, muss er fürchten, als Querulant diskreditiert zu werden. Unter solchen Bedingungen gedeihen stromlinienförmige Mitläufer. Von den zahlreichen Konzepten über Möglichkeiten, unser Leben intelligenter, nachhaltiger und gerechter zu gestalten, beleuchten wir in aller Kürze drei Projekte, welche die SPD wieder zur gesellschaftlichen Avantgarde werden lassen könnten: Gemeinwohl-Ökonomie, Bedingungsloses Grundeinkommen, Bürgerversicherung.

Zum Schluss unseres Ausflugs in die seltsame Welt der Sozialdemokratie stellt sich die Frage: Was bedeutet eigentlich das Ende der SPD als linke Volkspartei?

Wir wollen diese Frage hier vorziehen: Seit zwanzig Jahren wurde diese Partei heruntergewirtschaftet. Die letzten beiden Vorsitzenden haben eine beeindruckende Abräumleistung vollführt, als würden sie eine Handlungsanweisung zum Ruinieren der Partei abarbeiten. An ihrer Seite stand eine Führungsclique in den obersten Gremien und hat ihre Parteichefs einschlägig gesteuert. Eine Erneuerung der Partei, die als Begriff längst zur Phrase verkommen ist, setzt das Ausmisten in der Parteizentrale voraus, das Führungspersonal muss ausgewechselt werden.

Selbstverständlich gibt es in der SPD hervorragende Leute, die eine neue Sozialdemokratie schaffen können. Allerdings sind sie der Öffentlichkeit unbekannt. Ändern können das nur die betreffenden Leute selber. Indem sie auf die Bühne drängen und sich von dem machtpolitischen Regelwerk des Partei-Establishments nicht aufhalten lassen. Dazu benötigen sie soziale Intelligenz, Gerechtigkeitsgespür und Alphatier-Qualitäten, den Willen zur Macht.

Dieses Land braucht eine neue, eine starke SPD. Das sagen sogar ihre politischen Gegner.

KAPITEL 1
PHYSIOGNOMIE
EINER PARTEI

»Der SPD-Führer: ›Was glauben Sie, was ich schon alles
verhütet habe!‹ – Eins hat er bestimmt nicht verhütet:
sich selber.«[1]

Kurt Tucholsky, Schnipsel, 1930

Partei mit Personalproblem

Der Schleudersitz des SPD-Vorsitzenden ist so attraktiv wie Fleck-
fieber. Als nach dem Rücktritt von Andrea Nahles ein Dreigestirn
aus den Ministerpräsidentinnen Malu Dreyer (Rheinland-Pfalz),
Manuela Schwesig (Mecklenburg-Vorpommern) und dem hessi-
schen Landeschef Thorsten Schäfer-Gümbel sich den Bundesvorsitz für eine Übergangszeit bis zum nächsten Parteitag aufteilte,
versicherte jeder von ihnen eilig: Keiner wolle sich als künftiger
Bundesvorsitzender bewerben. Malu Dreyer wie Manuela Schwesig
erklärten sich mit ihren Ämtern als Landeschefinnen für ausgelas-
tet und auch Thorsten Schäfer-Gümbel beteuerte, dass er an seiner
Lebensplanung festhalten und die Politik verlassen wolle. Am 1. Oktober 2019 wolle er seine neue Aufgabe als Personalvorstand bei der

Deutschen Gesellschaft für Internationale Zusammenarbeit (GIZ) antreten und darauf freue er sich. An diesem Tag wird er 50 und die Entwicklungshilfe-Organisation zahlt ihm 200.000 Euro Gehalt im Jahr.[2] Auch ein Sozialdemokrat muss sehen, wo er bleibt.

Der Parteivorsitz bei der SPD gilt als Ehrenamt. Offiziell ist damit nichts zu verdienen. Dennoch betonte Manuela Schwesig, die Kandidaten für den Vorsitz müssten Zeit mitbringen: »Wer denkt, dass das in einem Nebenamt zu machen ist, der irrt.«[3] Einen Vollzeitjob für Gotteslohn aber können sich nur wohlhabende Privatiers und Ruheständler leisten, der Großteil der erwerbstätigen Bevölkerung wäre dadurch ausgeschlossen. Der künftige Parteichef, den die Mitglieder im Herbst 2019 nominieren und ein Parteitag im Dezember abnicken soll, wird also ausreichend bezahlt werden müssen, wenn eine Doppelspitze gekürt wird, sind sogar zwei Gehälter fällig. Ehrenamtlich konnten die Vorsitzenden in der Vergangenheit die Partei führen, weil sie oft zeitgleich im Parlament saßen und dort ihre Abgeordnetendiäten erhielten. Franz Müntefering etwa saß im Bundestag und führte zwischendurch sogar die SPD-Fraktion: »Ich fühlte mich also immer gut bezahlt.«[4] Sigmar Gabriel führte eine zusätzliche Aufwandsentschädigung ein und kassierte neben seinen Abgeordnetengeldern von der Partei zusätzlich mindestens 7.000 Euro im Monat.[5] Martin Schulz saß während der Kanzlerkandidatur nicht im Bundestag und wurde von der SPD bezahlt. Auf die Frage, ob er davon gut leben könne, antwortete er: »Sehr.«[6] Andrea Nahles verdiente ihr Geld als Bundestagsabgeordnete mit einem Zuschlag als Fraktionschefin.

Aber nicht nur in finanzieller Hinsicht wird das Vorsitzenden-Amt der ältesten deutschen Partei profanisiert und wie eine gewöhnliche Stellenausschreibung behandelt. Auch das Anforderungsprofil ist im Motivationsdeutsch von Headhuntern gehalten: »Das Amt macht Spaß, ist aber herausfordernd«, so Manuela Schwesig. Wichtig sei: »Lust auf dieses Amt, das ist kein Restposten.« Die Kandidaten müssten »Leute sein, die es wollen.« Und Malu Dreyer fügte hinzu: »Sehr wichtig ist, in der Lage zu sein, die Partei programmatisch nach vorne zu bringen, dass man Freude daran hat.« Aus ihrer eigenen Erfahrung wisse sie: »Am Ende braucht man auch ein Stück Härte.«[7] Spaß, Herausforderung, wollen, programmatisch, Lust, Freude, Härte. Selten wurde ein Führungsposten in diesem Lande auf so klägliche und beliebige Weise feilgeboten.

Die SPD scheint zu ahnen, dass ihre Granden seit vielen Jahren in einer Richtung unterwegs sind, die sie unweigerlich auf das Europawahlergebnis zusteuern ließ: 15,8 Prozent. Die nachfolgenden Umfragen weisen weiter stetig abwärts. Das ist nicht allein das Werk der zurückgetretenen Parteichefin Andrea Nahles, aber eben auch ihres. Sie bewegte sich in den Parteistrukturen wie ein Fisch im Wasser, sie machte Politik in den Gremien, in ihnen ist sie großgeworden und hat es bis ganz nach oben geschafft. Aber wenn sie in der Öffentlichkeit auftrat, vermochte sie niemanden mitzureißen. Stattdessen erwarb sie sich einen Ruf als Königin der Peinlichkeiten.

Die Tochter eines Maurermeisters aus der Vulkaneifel studierte Politik und Germanistik und untersuchte emotionale Ausnahmezustände bereits in ihrer Magisterarbeit über »Die Funktion der Katastrophen im Serien-Liebesroman«.[8] Unvergessen der Ausspruch der burschikosen Frau kurz nach der Bundestagswahl am 27. September 2017, nachdem sie zur SPD-Fraktionsvorsitzenden, mithin vermeintlich zur Oppositionsführerin, gewählt worden war und aus dem Bundeskabinett ausschied, vor den TV-Kameras: Sie fühle sich »ein bisschen wehmütig – und ab morgen kriegen sie in die Fresse!«[9]

Schon 2013 garnierte sie am Rednerpult des Bundestages ihre Vorwürfe an die Bundesregierung mit dem Gesang der Pippi-Langstrumpf-Liedzeilen: »Ich mach' mir die Welt, widde widde wie sie mir gefällt!« Auf dem SPD-Bundesparteitag am 7. Dezember 2017 donnerte sie den Delegierten zu den Sondierungsgesprächen mit der Union zur Regierungsbildung entgegen: »Die SPD wird gebraucht. Bätschi, sage ich da nur. Und das wird ganz schön teuer. Bätschi, sage ich da nur.«[10]

Bei ihrem Auftritt auf der Internetkonferenz re:publica im Mai 2017 gesellte sich zum üblichen Ausraster noch sachliche Unkenntnis. Zum Bedingungslosen Grundeinkommen sagte Nahles dort: »Ich will es nicht haben! Ich will auch kein Geld von meinem Ehemann. Ich will auch kein Geld von meinen Eltern. Ich will auch kein Geld von meinem Staat. Es widerstrebt mir! Es gibt etwas ganz Grundsätzliches, was mich daran stört. Ich möchte unabhängig sein.«

Offensichtlich fühlte die damalige, durch Steuergeld alimentierte Bundesarbeitsministerin sich unabhängig genug, um nicht einmal die konzeptionellen Eckdaten eines Grundeinkommens zur Kenntnis zu nehmen. Lieber polterte sie weiter: »Ich glaube einfach schlicht und ergreifend an Ihre verkackte Grundthese nicht. Das Ende der Arbeit. Ich glaube überhaupt nicht an das Ende der Lohn- und Erwerbsarbeit. Das halte ich für Quatsch.«[11] Das ist auch Quatsch, denn um das Ende der Arbeit geht es beim Bedingungslosen Grundeinkommen gar nicht. Dazu mehr im fünften Kapitel.

War es verwunderlich, dass sich die Genossen zwischenzeitlich fragten, »ob Nahles eigentlich die Richtige ist, um die SPD aus der schwersten Krise ihrer Geschichte zu führen«,[12] wie der *Spiegel* berichtete? Als Nachfolgerin des glücklosen Martin Schulz war Andrea Nahles am 22. April 2018 zur SPD-Chefin gewählt worden. Betraut mit der Himmelfahrtsmission, die Partei zu retten. Dass ihr dies gelingen könnte, davon waren in den letzten Monaten in der SPD immer weniger Mitglieder überzeugt. Anfang Februar 2019 platzte sogar dem 74-jährigen Altkanzler Gerhard Schröder der Kragen. In einem Interview mit dem *Spiegel* tadelte er die Parteivorsitzende ob ihrer flapsigen Wortwahl. »Das sind Amateurfehler«, sagte Schröder über Formulierungen wie »Bätschi«. Gewiss, »sie war damals noch nicht Vorsitzende, aber so drückt man sich einfach nicht aus«. Schröder wies darauf hin, dass ein künftiger SPD-Kanzlerkandidat über ökonomische Kenntnisse verfügen müsse. Gefragt, ob Andrea Nahles derlei Kompetenzen besitze, antwortete Schröder: »Ich glaube, das würde nicht mal sie selbst von sich behaupten.«[13]

Auch in der Bevölkerung stand Nahles nicht gut da. Nach der Kür der neuen CDU-Chefin Annegret Kramp-Karrenbauer (AKK) hat das Meinungsforschungs-Institut Forsa im Dezember 2018 die Wahlchancen von AKK in einer hypothetischen Kanzlerdirektwahl gegen verschiedene SPD-Granden abgefragt. Ergebnis: In einem Duell erhielte Kramp-Karrenbauer 48 Prozent, Andrea Nahles hingegen gerade einmal 12 Prozent der Wählerstimmen. Ihre Vorgänger Martin Schulz (16 Prozent) und Sigmar Gabriel (21 Prozent) waren etwas beliebter. Nahles' Vize und Bundesfinanzminister Olaf Scholz holte im Vergleich mit Kramp-Karrenbauer 20 Prozent.[14] Mitte April 2019 trauten Annegret Kramp-Karrenbauer laut Forsa-Umfrage noch 28 Prozent der Befragten das Kanzleramt zu, Andrea Nahles aber bloß ganze 9 Prozent.[15]

Olaf Scholz ist in der Parteiführung derzeit so etwas wie die graue Eminenz. Im Bundeskabinett Vizekanzler und für das Universalressort der Finanz zuständig, gibt er sich gerne ausgleichend und darum bemüht, Ruhe und Zuversicht auszustrahlen. »Cool down heißt meine These.«[16] Er ließ stets eine Nähe zu Andrea Nahles erkennen; als sie zurücktrat, betonte er, mit ihr befreundet zu sein und sie in den Tagen vor ihrem Rückzug beraten zu haben.[17] Bei *Anne Will* nannte er die innerparteiliche Kritik an Nahles frauenfeindlich.[18] Gleichwohl hat er sich auch selber als Kanzlerkandidat ins Gespräch gebracht. Schon Anfang 2019 erklärte er gegenüber der Bild am Sonntag: »Die SPD will den nächsten Kanzler stellen.« Gefragt, ob er sich das Amt persönlich zutrauen würde, antwortete er: »Ja. Frau Kramp-Karrenbauer hat gerade gesagt, dass von einer Parteivorsitzenden erwartet wird, dass sie sich das Amt zutraut. Für einen Vizekanzler der Bundesrepublik Deutschland gilt das Gleiche.«[19]

Nach dem verheerenden Ergebnis bei der Europawahl 2019 bekräftigte Scholz den sozialdemokratischen Anspruch aufs Kanzleramt. Den erstaunten Redakteuren des *Stern* verkündete Scholz im Interview, dass die Chance, zur stärksten Partei zu werden, bei der kommenden Bundestagswahl deutlich größer sei als in den Jahren zuvor. Denn zum ersten Mal seit 1949 würde es einen Wettbewerb um das Kanzleramt geben, bei dem keine der Parteien über den Kanzlerbonus verfüge und einen Amtsinhaber ins Rennen schicke. Das Argument ist pfiffig, es offenbart zugleich allerdings die Hilflosigkeit der SPD. Wenn schon die Sozialdemokraten keine starken Gründe lieferten, sie zu wählen, so der Kern von Scholz' Überlegung, dann könnten sie eventuell von der Schwäche der Union profitieren. So klangen denn seine Worte eher nach Durchhalteparole denn nach Überzeugung: »Wenn wir es gut machen, haben wir also eine Chance. Wir dürfen uns nicht kleiner machen, als wir sind.«[20]

Zweifellos zählt der 61-jährige Scholz in der gegenwärtigen Führungsriege der SPD zu den politischen Schwergewichten, aber das liegt auch an einem Mangel an Spitzengenossen, die ähnlich viel politische Erfahrung haben sammeln können. Scholz war Innensenator in Hamburg, Generalsekretär der Partei, Bundesminister für Arbeit und Soziales sowie Erster Bürgermeister Hamburgs. Zwei Monate lang führte er die SPD kommissarisch nach dem Rücktritt von Martin Schulz, ehe Andrea Nahles das Amt übernahm. Die Fähigkeiten eines Volkstribuns und die Begabung, Menschen mitzureißen, würde nicht einmal er selbst sich nachsagen wollen. Entsprechend eilig versicherte er nach dem Rücktritt von Nahles, dass er keine Ambitionen für den Parteivorsitz hege, weil das Amt des Bundesfinanzministers zu arbeitsintensiv sei. Tatsächlich weiß Scholz natürlich, dass er zu farblos und zu wenig charismatisch ist, um seine Partei aus ihrem Abgrund herauszuholen. Der gelernte Jurist ist vermutlich ein hervorragender und sachkundiger Rechtsanwalt, seit vielen Jahren Partner in einer Hamburger Kanzlei, und politisch ein solider Pragmatiker, der nie mit konturierten Positionen von sich reden machte. 1975 trat er in die SPD ein, von 1982 bis 1988 war er stellvertretender Bundesvorsitzender der Jusos und erklärter Kritiker des staatsmonopolistischen Kapitalismus. Damals trug er noch eine wallende Lockenmähne. Später, so sagt er in der Rück-

schau, »habe ich viele meiner Positionen überdacht. Ich habe mich
entgiftet, die Praxis wurde für mich wichtiger als die Rituale einer
politischen Organisation«. Er zehre bis heute von seiner linken Vergangenheit, »dass wir uns damals unglaublich intensiv mit Wirt-
schaftstheorien auseinandergesetzt haben, rechten wie linken«, sei
für ihn noch immer hilfreich. »Aber das, was ich damals geglaubt
habe, halte ich heute überwiegend für falsch.«[21] Darüber, wofür er
allerdings heute steht, ist kaum etwas zu erfahren. Feminismus sei
wichtig, auch die Lösung ökologischer Probleme, ohne sie sei moderne Politik nicht denkbar. Die SPD sei die einzige Partei, die von
jeher dafür stehe, dass es um jeden in der Gesellschaft gehe, ein
historisches Glück sei das für unser Land. Sie sei eine soziale Partei,
die eine bessere Zukunft durch demokratische Politik für möglich
hielte, ach ja, und sie träte ohne Ressentiments auf. Ein Worthülsen-
gestolpere von einer Art, über die sich die satirische »Die Partei« lus-
tig machte, als sie 2013 plakatierte: »Inhalte überwinden! Wählt Die
Partei – sie ist sehr gut!«[22] Auch Olaf Scholz verkörpert mit seinem
unspektakulären Habitus die Tragik einer Sozialdemokratie, die ihren Glanz verloren hat und niemanden mehr zum Tanzen verführt.

Wer immer seit Herbst 2018 mit Sozialdemokraten sprach – stets
war vom »Personalproblem« die Rede. Direkt aussprechen mochte
aber keiner, dass die Genossen am liebsten ihre Vorsitzende auswechseln würden. Allzu tief saß der Schock darüber, wie die Partei
mit Martin Schulz umgegangen ist. Am 19. März 2017 wurde Schulz
auf einem außerordentlichen Bundesparteitag mit sagenhaften 100
Prozent der gültigen Stimmen zum Vorsitzenden gewählt, erlebte
kurze Zeit einen Schulz-Hype als Heilsbringer, verstolperte als
Kanzlerkandidat dann den Bundestagswahlkampf und holte für die
SPD mit 20,5 Prozent das miserabelste Ergebnis ihrer Nachkriegs-
geschichte. Am 7. Dezember 2017 wurde er als Parteichef mit 81,9
Prozent wiedergewählt, dem fünftschlechtesten Ergebnis seit 1946.
Nur zwei Monate später war Schulz nicht mehr zu halten. Nach der
Bundestagswahl 2017 hatte er noch vollmundig ausgeschlossen, in

ein Kabinett Merkel einzutreten, in der neuen Großen Koalition wollte er auf einmal doch Außenminister und Vizekanzler werden. Schulz geriet in Erklärungsnöte und trat am 13. Februar 2018 als Parteivorsitzender zurück.

Allzu heftig war das Nachbeben davon in der Partei zu spüren und zu groß war die Sorge, ein solches Desaster könnte sich mit Andrea Nahles wiederholen. Kaum eine Partei hat so viele Vorsitzende in so kurzer Zeit verschlissen. Während Angela Merkel von 2000 bis 2018 die CDU führte, gaben sich inklusive der kommissarischen Amtsinhaber neun SPD-Vorsitzende die Klinke in die Hand. Rein rechnerisch sogar zehn, denn drei Nachfolger später trat Franz Müntefering ein zweites Mal an.

Keine drei Monate nach Aschermittwoch und eine Woche nach der Europawahl 2019 mit dem Rekordtief-Ergebnis von 15,8 Prozent war Andrea Nahles dann doch nicht mehr zu halten. Auf der Kommandobrücke im Willy-Brandt-Haus brennt eine Notbeleuchtung: Die Ministerpräsidentinnen Malu Dreyer (Rheinland-Pfalz), Manuela Schwesig (Mecklenburg-Vorpommern) und der hessische Landeschef Thorsten Schäfer-Gümbel teilen sich den Bundesvorsitz für eine Übergangszeit bis zum nächsten Parteitag. Alle drei haben sofort versichert, sich nicht als künftiger Bundesvorsitzender bewerben zu wollen. Die deutsche Sozialdemokratie bleibt eine Partei mit Personalproblem.

Vom Elend der Sozialdemokratie

Selbstverständlich hatte Andrea Nahles das Elend der Sozialdemokratie weder erfunden noch hatte sie eine Chance, es zu beseitigen. Sie verkörperte es nur auf eine bestürzende Weise. Das Elend der Sozialdemokratie ist älter und schon beinahe sprichwörtlich. Im Dezember 1987 veröffentlichte der große liberale Soziologe Ralf Dahrendorf in der Monatszeitschrift *Merkur* einen vielbeachteten Essay unter diesem Titel.[23] Schon in den achtziger Jahren, so Dahrendorf, hatten die Sozialdemokraten ihre beste Zeit hinter sich.

Die große Zeit, das war ab 1969, als die Sozialdemokraten auf den Wogen des Zeitgeistes der Achtundsechziger über »die Schwelle der 40 Prozent« gespült wurden. »Endgültig, wie sie glaubten«, schreibt Dahrendorf. Himmel, waren das Wahlergebnisse! 1969 holte die SPD 42,7 Prozent, 1972 sogar 45,8 Prozent. Der Kanzlerkandidat Willy Brandt verhieß den Nachkriegsdeutschen eine Art Hafterleichterung im Schuldturm des Nazi-Traumas. Brandt, der vor Hitler nach Norwegen geflohene Emigrant, kniete 1970 für alle Deutschen am Ehrenmal des Warschauer Ghettos nieder und wurde zur Ikone eines besseren Deutschland. »Wir wollen mehr Demokratie wagen. Wir werden unsere Arbeitsweise öffnen und dem kritischen Bedürfnis nach Information Genüge tun«, kündigte er in seiner Regierungserklärung am 28. Oktober 1969 an.[24] Wer kann sich heute noch vorstellen, welche Zauberkraft in diesen Worten lag?

Auf Brandt folgte 1974 Helmut Schmidt, der als Macher galt, als Technokrat. Schon sackte die SPD bei den Wahlen 1976 auf 42,6 Prozent. Den früheren Oberleutnant der Wehrmacht umflorte nicht die Aura, stets auf der richtigen Seite gestanden zu haben. Seine »innere Gegnerschaft« zum Nationalsozialismus während des Dritten Reichs musste er bis an sein Lebensende immer wieder erklären. Bei der Bundestagswahl 1980, im Duell gegen den Unionskandidaten Franz Josef Strauß, gelangen ihm noch einmal 42,9 Prozent der Wählerstimmen.

Danach musste sich die SPD bei Bundestagswahlen unter 40 Prozent einrichten. 1998 konnte die Partei die Marke mit dem Kanzlerkandidaten Gerhard Schröder (40,9 Prozent) knapp überschreiten, danach fielen die Werte unter 30 Prozent und schließlich unter 20 Prozent.

Dahrendorf bewies 1987 also eine robuste Intuition, als er schrieb: »Etwas ist jedenfalls zu Ende gegangen.« Aber was war zu Ende gegangen? Wir erlebten »das Ende des sozialdemokratischen Jahrhunderts«[25], behauptete der Sozialforscher. Damit meinte er nicht, »dass Sozialdemokraten ein Jahrhundert lang regiert hätten«. Vielmehr seien sie ein Jahrhundert lang die vorwärtstreibenden politischen Kräfte gewesen. Sie hätten den Totalitarismen getrotzt und die gesellschaftlichen Entwicklungen vorangebracht. »Bis sie am Ende«, so Dahrendorf, »zur natürlichen Regierungspartei wurden und prompt ihre Kraft verloren. Das Jahrhundert war in seinem Antrieb und in seinen besten Möglichkeiten sozialdemokratisch. Als es dem Ziel nahekam, war es folgerichtig mit der Kraft der Sozialdemokraten vorbei.«[26] Die Sozialdemokraten waren in ihrer historischen Mission zu erfolgreich, um zu überleben. Sie hatten den Kapitalismus gezähmt, den Wohlfahrtsstaat eingerichtet und den Unterschichten durch Bildungsreformen den sozialen Aufstieg ermöglicht.

Mehr noch: »Weit über die Grenzen sozialdemokratischer Parteien hinaus bildete sich ein sozialdemokratischer Konsens, der vor allem den Erfolg dieser politischen Kraft markiert«, schreibt Dahrendorf. »In den fünfziger und sechziger Jahren übernahmen andere Parteien die hier sozialdemokratisch genannte Haltung. Sie wurde zur Haltung der Mehrheit.« Dahrendorf spricht von einer »Sozialdemokratisierung der bürgerlichen Parteien«. Sogar der konservative Winston Churchill mahnte »1951, als die britischen Tories wieder an die Macht kamen«, seine Partei, »man dürfe jetzt nicht versuchen, alles rückgängig zu machen, was die Labour-Regierung nach dem Krieg getan hatte, sondern müsse ›dem Sozialismus seinen Lauf lassen‹«. So sehr war das Sozialdemokratische damals bereits ins Lebensgefühl der Gesellschaft eingedrungen. Dieses Lebensgefühl beschreibt Dahrendorf als »eine von Grund auf anständige Haltung, die immer neu auf Veränderung drängt, weil es stets Gruppen gibt, deren soziale Stellung sie im Dunkeln hält, während doch alle das Licht des Tages genießen sollen und wollen«. Sozialdemokratisch sein ist nach Dahrendorf »eine politische Haltung, die die entschiedene Verteidigung von Rechtsstaat und Demokratie mit dem ausgeprägten Sinn für die Benachteiligten und Schwachen verbindet«. Dieser Definition entsprechen mittlerweile alle Parteien, die ihren Platz in der gesellschaftlichen Mitte beanspruchen, der Konsens reicht von der Union über FDP, SPD und Grüne. Selbst die Linkspartei, die nicht ausdrücklich die Mitte für sich reklamiert, beteiligt sich an diesem sozialdemokratischen Konsens. Wie in einem Hologramm die einzelnen Bilder jeweils der Ganze widerspiegeln, so verkörpern die Konsensparteien je auf ihre Weise die sozialdemokratische Republik Deutschland. »Der Sieg der Sozialdemokraten war total«, so Dahrendorf. »Aber als er errungen war, stand der Niedergang schon vor der Tür.«[27]

Was Dahrendorf 1987 nicht berücksichtigen konnte, waren die Folgeentwicklungen in den neunziger Jahren, nachdem in den achtziger Jahren, inspiriert durch Ronald Reagan in den USA und Margaret Thatcher in Großbritannien, der Neoliberalismus seinen Siegeszug als beherrschende Ideologie des Westens antrat und eine beschleunigte Globalisierung zu neuerlichen sozialen Verwerfungen führte. In der zweiten Hälfte der neunziger Jahre bekamen dadurch in Deutschland wie in Europa sozialdemokratische Parteien neuen Aufwind. Auf den Britischen Inseln beendete der Chef von New Labour, Tony Blair, 1997 die achtzehnjährige konservative Regierungsära. 1998 löste der Sozialdemokrat Gerhard Schröder nach 16 Jahren den christdemokratischen Kanzler Helmut Kohl ab.

»Allerdings«, stellt Peer Steinbrück, der unterlegene SPD-Kanzlerkandidat von 2013, ernüchtert fest, »handelte es sich nur um ein Zwischenhoch. Das ist nun vorbeigezogen und hat die Sozialdemokratie in einer noch schlechteren Verfassung und einem noch niedrigeren Niveau als Ende der achtziger Jahre zurückgelassen.«[28]

Nach dem katastrophalen Ergebnis der Bundestagswahl 2017, die der SPD traumatische 20,5 Prozent der Zweitstimmen bescherte, publizierte Steinbrück das Debattenbuch *Das Elend der Sozialdemokratie – Anmerkungen eines Genossen*. Das Zitat von Dahrendorfs Essay im Titel war wohlbegründet. Dahrendorfs Sätze, so Steinbrück, »hallen aus dem Jahr 1987 in unsere Zeit herüber. Und sind für mich Anlass genug, mich mit der Frage zu beschäftigen, wie diesem Elend ein Ende bereitet werden kann.«[29]

Denn Dahrendorfs damaliger Befund ist auch für heutige Sozialdemokraten niederschmetternd: »Eine säkulare Kraft hat sich erschöpft. Wichtige Teile ihres Programms sind realisiert; die sozialen Gruppen, die sie trugen, finden sich damit in neuen Interessenlagen. Die Vertreter dieser politischen Kraft sind auch erschöpft. Es bleibt ihnen nur, auf verbleibende Unvollkommenheiten der von ihnen geschaffenen Welt hinzuweisen und im Übrigen das Erreichte zu verteidigen. Beides ruft nicht gerade Begeisterungsstürme hervor; es reicht noch nicht einmal, um regierungsfähige Wählermehrheiten zu gewinnen. Das ist das Elend der Sozialdemokratie.«[30]

Der Urkonflikt der Genossen

Um die gegenwärtige Identitätskrise der Sozialdemokraten zu verstehen, müssen wir auf die Anfänge blicken. Die Wurzeln der Arbeiterbewegung lassen sich bis in die Zeit der Revolution von 1848 zurückverfolgen. Aber schon in den 1830er Jahren hatte es frühsozialistische Handwerkervereine im europäischen Ausland gegeben – »als Reaktion der neuen, industriellen Arbeiterklasse auf die Abhängigkeitsverhältnisse, Unsicherheiten und Krisen des neuen, industriellen Kapitalismus«[31], so der Parteienforscher Franz Walter. Das waren Vorläufer der modernen Arbeiterbewegung.

Organisiert hat sich die Sozialdemokratie am 23. Mai 1863, als der Allgemeine Deutsche Arbeiterverein (ADAV) in Leipzig gegründet und Ferdinand Lassalle zu dessen Präsidenten gewählt wurde. Lassalle war kein Proletarier, sondern Anwalt, Intellektueller und Bohemien; er wurde 1825 als Sohn eines wohlhabenden jüdischen Tuchhändlers in Breslau geboren. Lassalle galt als ehrgeizig und hochbegabt. Alexander Humboldt, Mitte des 19. Jahrhundert das

Zentralgestirn des Berliner Geisteslebens, schwärmte von Lassalles scharfem Verstand. Heinrich Heine verehrte ihn und war zugleich von seiner Egozentrik verschreckt. Karl Marx und Friedrich Engels konnten seine Eitelkeit nicht ausstehen. Engels nannte ihn einen »Gecken« mit »überschnappender Stimme« und den »Richelieu des Proletariats«.[32] Der Linkshegelianer Lassalle wollte aus dem ADAV mit diktatorischem Elan eine radikaldemokratische Bewegung schmieden und den Staat sozialistisch revolutionieren. Als er nur 15 Monate nach der Vereinsgründung bei einem Duell um eine Frau ums Leben kam, setzte ein Lassalle-Kult ein, der bis in Weimarer Zeiten hinein die sozialdemokratischen Festlichkeiten liturgisch begleitete.

Zum ADAV gesellte sich noch eine zweite Gründungslinie – Arbeitervereine, die dem linken Liberalismus verbunden blieben und sich am 9. August 1869 in Eisenach zur Sozialdemokratischen Arbeiterpartei (SDAP) zusammentaten und von August Bebel und Wilhelm Liebknecht geführt wurden. Bebel kam 1840 in ärmlichen Verhältnissen als Sohn eines Unteroffiziers in den Kasematten der Festung Deutz bei Köln zur Welt, lernte widerwillig den Beruf des Drechslers und bildete sich durch Lektüre unermüdlich weiter. In Leipzig machte er seinen Meisterbrief und eröffnete eine eigene Werkstatt. Von Anbeginn, so wird berichtet, versuchte er, seine Beschäftigten nicht auszubeuten, sondern zahlte etwas mehr Lohn als üblich.

Dem Liberalismus-Verächter Lassalle stand Bebel stets kritisch gegenüber. Dessen Forderung nach einem allgemeinen, gleichen, direkten und geheimen Wahlrecht für Männer beispielsweise lehnte Bebel ab. Er hielt die Arbeiter politisch noch nicht für reif genug.

So war der Gothaer Vereinigungsparteitag von ADAV und SDAP zur Sozialistischen Arbeiterpartei Deutschlands im Mai 1875 auch die Vermählung zweier Polaritäten, zwischen denen die Sozialdemokratie bis heute oszilliert. Der Historiker Bernd Faulenbach spricht vom »Gegensatz zwischen Utopie und konkretem Reformismus«.[33]

Auf Seiten der Utopisten stand Lassalle, indem er gleichsam einen frühen Universalismus in die Welt setzte und den vierten Stand, also die Arbeiterklasse, als »gleichbedeutend mit dem ganzen Menschengeschlecht« deklarierte.[34] Bebel, anfangs eher vom bürgerlichen Liberalismus geprägt, radikalisierte sich durch Lassalles Schriften zum Sozialisten, derweil er als Fabrikant expandierte und wohlhabend wurde.

Die pragmatischen Reformisten versammelten sich später mehrheitlich in der Reichstagsfraktion. Dort stimmten die Abgeordneten 1884 beispielsweise der Subventionierung der Dampferlinien nach Übersee zu. »Eine Vertretung der Arbeiterschaft kann unmöglich der Bourgeoisie Subventionen bewilligen«[35], wetterte Parteichef Bebel und wusste einen beträchtlichen Teil der Genossen hinter sich.

Die Kompromissbereitschaft sozialdemokratischer Parlamentarier dürfte auch eine Reaktion auf das »Gesetz gegen die gemeingefährlichen Bestrebungen der Sozialdemokratie« gewesen sein. Das sogenannte Sozialistengesetz hatte Reichskanzler Bismarck im Reichstag 1878 durchgesetzt, es wurde bis 1890 dreimal verlängert. Während dieser zwölf Jahre, die eine Art frühkindliches Trauma für die Partei darstellen, waren die Parteiorganisation und die ihr nahestehenden Gewerkschaften verboten. Gegen viele Genossen wurden Gefängnisstrafen verhängt, mal wegen Majestätsbeleidigung, mal wegen Verstoßes gegen das Sozialistengesetz. Andere Sozialdemokraten wurden als »Personen, von denen eine Gefährdung der öffentlichen Sicherheit zu besorgen ist«, vorsorglich aus ihren Wohnorten ausgewiesen.

Der Historiker Faulenbach weist auf die »relative Schwäche der liberalen Bourgeoisie« im Kaiserreich hin. »Das Bürgertum hatte erkennbar Mühe, seine Interessen gegenüber den traditionellen Führungsschichten durchzusetzen.«[36] Geschwächt durch die gescheiterte Revolution von 1848/49 fügten sich bürgerliche Liberale in die von dem Reichsgründer Bismarck vorgegebenen Strukturen.

»Die Rolle der bürgerlichen Demokratie musste deshalb von den Sozialdemokraten ausgefüllt werden.«[37]

Diese Beobachtungen aus dem Paläolithikum der SPD erinnern an den Habitus in jüngster Zeit. Haben nach dem Scheitern der Verhandlungen zu einer Jamaika-Koalition im Herbst 2017 die Spitzengenossen ihren zur Urwahl gerufenen Mitgliedern das scheinbare Umfallen der Partei und die Bereitschaft zur neuerlichen Großen Koalition mit der Union nicht mit »staatspolitischer Verantwortung« (Martin Schulz) schmackhaft machen wollen?[38] »In diese Große Koalition wollte keiner«, bestätigt Harald Christ, der Mittelstandsbeauftragte des SPD-Vorstands. »Aber in ihrer mehr als 150-jährigen Geschichte stand die SPD immer zur Verantwortung in der Politik. Ob das jetzt überall so gut ankommt, ist eine andere Frage.«[39] Verantwortungsbereitschaft für das Gemeinwesen gehört sozusagen zum genetischen Code der Partei.

Sodass wir festhalten können: Es gibt zwei Geburtsmerkmale der deutschen Sozialdemokratie. Das eine Merkmal tragen die Utopisten, es wird von Dahrendorf beschrieben als »ein kurioser, beinahe absurder Irrtum«. Er besteht in der Vorstellung, »dass die Arbeiterklasse der industriellen Welt die Kraft zu einer ganz anderen Zukunft verkörpert«. Als ob »auf einmal die übergroße Mehrheit die Vision der Zukunft haben soll. Die Mehrheit will eigentlich immer vor allem die Verbesserung der eigenen Lebenslage hier und jetzt – und wer wollte ihr die Präferenz verübeln?«[40]

Über diesen Irrtum stolperten ein Jahrhundert später auch die revoltierenden Studenten um 1968, als sie schließlich zur Kenntnis nehmen mussten, dass die Werktätigen lieber *Bild*-Zeitung als Mao-Bibel lasen und sich lieber ein Reihenhäuschen ansparten, anstatt in schmuddeligen Wohngemeinschaften mit alternativen Lebensformen zu experimentieren.

Das andere Merkmal tragen die Reformer, die Pragmatiker. Einer wie der heute 91-jährige Klaus von Dohnanyi. Von 1981 bis 1988 war der Spross eines Widerstandskämpfers gegen die Nazis Erster

Bürgermeister in Hamburg. Aus dieser Zeit ist die Anekdote überliefert, dass Dohnanyi am Fenster seines Rathausbüros die Bau-
kräne am Himmel abzählte, um sich einen Eindruck von der wirtschaftlichen Lage der Hansestadt zu verschaffen. Heute grämt sich
der Silberkopf ob des Absturzes seiner sozialdemokratischen Partei. Wiewohl: »Das ist kein Absturz«, sagte er in der ZDF-Talkshow
»Markus Lanz«. »Das ist ein langsamer Weg gewesen über viele
Jahre. Ich glaube, er hängt damit zusammen, dass die Partei sich
noch immer nicht damit abgefunden hat, dass es zu dem System, in
dem wir in Freiheit leben, keine wirkliche Alternative gibt. Da gibt
es ja Leute, die meinen, sie müssten Kapitalismuskritik üben oder
sowas.«[41]

Für Dohnanyi ist das ein Anachronismus. »Die SPD hat sehr
grundsätzliche Probleme«, erläuterte er in einem FAZ-Interview.
»Sie hatte ihre Geburtsstunde in einer Klassengesellschaft des 19.
Jahrhunderts, in der sie dafür kämpfte, die Interessen der unteren
Schichten, der kleinen Leute, zu verteidigen. Sie glaubt, das noch
heute vordringlich tun zu müssen, obwohl wir längst in einer anderen Zeit leben. Heute geht es in erster Linie um wettbewerbsfähige
Arbeitsplätze!« Die Partei habe sich an die heutige Zeit anzupassen,
sie »muss sich weiter häuten«. Und sich von der Sorge verabschie-
den, sie würde dabei etwas von ihrem Kern verlieren: »Sie hat zu
Beginn für die Chancen und Rechte von Menschen gekämpft, die
als kleine Arbeiter und Angestellte von vielen Unternehmern aus-
gebeutet wurden. Heute sind nicht mehr die ›bösen‹ Unternehmer
schuld daran, es sind die Kostenunterschiede zwischen uns und den
aufsteigenden Ländern sowie die Tatsache, dass viele Menschen weniger Chancen und Entfaltungsmöglichkeiten als andere haben.«[42]

Ein Reformer wie Dohnanyi ist gleichsam ein Sozialdemokrat
ohne Misere. Leute wie er nehmen das Gegebene hin, Utopien sind
ihnen fremd. Dass eine solche Haltung der Linkspartei Zulauf beschert, stört Dohnanyi nicht: »Zehn Prozent, die glauben, man
könne noch in den alten Denkmustern verharren, wird es immer ge-

ben.« Neues Denken ist für die Pragmatiker in der Partei vor allem ökonomisches Denken, für sie gilt als progressiv, was wirtschaftlichem Fortschritt und Wachstum dient. Die gesellschaftlich Progressiven in der SPD sind alte linke Schule, überkommen und nicht mehrheitsfähig. Die Pragmatiker machen sich keine Illusionen darüber, dass die Mehrzahl der Wähler im Lande nach den Interessen ihres Portemonnaies wählen, weil sie zumeist damit beschäftigt sind, über die Runden zu kommen oder über anstehende Anschaffungen nachzudenken. Nach Weltverbesserung, internationaler Solidarität oder gar nach gesellschaftlichen Umstürzen steht selbst unter SPD-Anhängern den wenigsten der Sinn. Utopische Visionen, die Vorstellungen einer gerechteren Welt sind auch in dieser Wählerklientel den Sonntagen vorbehalten, nicht den Werktagen, den privaten Besinnlichkeiten, nicht den öffentlichen Angelegenheiten des Problemeabarbeitens. Aus diesem Grund ist die SPD für den Pragmatiker Dohnanyi »eine schwierige Partei. Einfach aus dem Grund, weil es immer noch einflussreiche Leute gibt, denen Hoffnung wichtiger ist als Wirklichkeit. Das ist aber auf Dauer keine Basis für gute Politik. Der linke Flügel der SPD hat wegen der Agenda 2010 Gerhard Schröder gestürzt. Wäre das nicht geschehen, wäre Angela Merkel heute wohl nicht Kanzlerin. Solange aber die SPD nicht durchgängig erkennt, dass es ohne Schröders Reformen nicht geht, hat sie ihr grundsätzliches Problem nicht behoben. Die Sozialdemokraten müssen anerkennen, dass die globalisierte Welt eine Welt der Wirtschaft und der Unternehmer ist.«[43]

Schröders Reformagenda hat mit Minijobs, Niedriglohnbereichen und einer weitgespannten Landschaft von Fördermaßnahmen für Arbeitssuchende die Arbeitslosenstatistik gesenkt. Doch zugleich hat sie viele Sozialstaatsprivilegien geschliffen und die Menschen in eine Dauernervosität katapultiert, bei Jobverlust nach zwölf Monaten auf Sozialhilfeniveau zu fallen. Schröders Formel »Fördern und Fordern« mag zu Beginn noch verheißungsvoll geklungen haben, ein wuchernder Apparat der bürokratischen Tyrannei

hat die anfängliche sozialstaatliche Modernisierungsstimmung umschlagen lassen in eine Atmosphäre von Wut und Ohnmacht. Dieser Konflikt zerrt an den Sozialdemokraten, an ihm scheuert sich
ihr Selbstverständnis wund. So bleibt die Partei gespalten in linke
Sozialdemokraten, die vorrangig Politik für die sozialen Verlierer
machen wollen, und liberale wie rechte Sozialdemokraten, die sich
den Anliegen der gesellschaftlichen Aufsteiger verpflichtet fühlen.

Wie viel Widersprüchlichkeit
verträgt eine Partei?

Das Spannungsfeld zwischen Utopisten und Reformisten, Revolutionären und Pragmatikern ist zwar ein Markenzeichen der SPD, aber
auch in anderen Parteien findet ein Zusammenspiel unterschiedlichster Strömungen statt. In der CDU gibt es den linken Flügel
der Christlich-Demokratischen Arbeitnehmerschaft (CDA), gerne
als Herz-Jesu-Marxisten belächelt, die sich mit den Wirtschaftslibe-
ralen in der Partei sowie den erzkonservativen Patrioten der Stahl-
helm-Fraktion rauften. Die rechte Unionsflanke hatte einst in Alfred
Dregger (1920–2002) ihre Galionsfigur, zum Schluss zogen sich die
Konservativen unter der Sozialdemokratisierung der Partei durch
Angela Merkel in die innere Emigration zurück. Die letzte aktive
konservative Frontfrau Erika Steinbach, jahrelang Präsidentin des
Bundes der Vertriebenen, trat 2017 nach 42 Jahren aus der CDU
aus und ist seit 2018 Vorsitzende der AfD-nahen Desiderius-Eras-
mus-Stiftung. Am anderen Ende des Spektrums waren Norbert
Blüm und Heiner Geißler die Zugpferde der Unionslinken. Geißler (1930–2017) wurde am Ende hemmungslos altersradikal und trat
2007 den Globalisierungskritikern von Attac bei. Heute verlaufen
die Frontlinien zwischen Merkel-Anhängern wie dem Ex-General-
sekretär und Parlamentarischen Staatssekretär im Verteidigungs-
ministerium Peter Tauber, der Rechtsextremen die Grundrechte

entziehen will, und einer neokonservativen Werteunion, die den christdemokratischen Markenkern wiederbeleben will.

Auch bei den Freien Demokraten gab es die linksliberalen Bürgerrechtler wie Burkhard Hirsch und Gerhard Baum, die den Gegenpol bildeten zu den Lobbyisten der Besserverdienenden, die seit Guido Westerwelle und aktuell Christian Lindner bis zur Gesichtslosigkeit die FDP prägen. Die Grünen waren in ihren Anfangsjahren von Auseinandersetzungen zwischen den Fundis (Fundamentalisten) um die Parteilinke Jutta Ditfurth und den Realos um Joschka Fischer geprägt. Die Realpolitiker setzten sich schließlich durch und ermöglichten die rotgrüne Bundesregierung unter Gerhard Schröder mit Fischer als Vizekanzler und Außenminister. Bei der Linkspartei schwelt der Richtungsstreit zwischen den Pragmatikern um Sahra Wagenknecht, die mit der parteiübergreifenden linken Sammlungsbewegung *Aufstehen* nach neuen Mehrheiten sucht, und der Parteichefin Katja Kipping, die vor allem Wagenknechts restriktive Positionen in der Flüchtlingspolitik ablehnt.

Aber bei keiner Partei wurde der Zusammenhalt dermaßen auf die Probe gestellt wie bei der SPD. Angesichts ihrer mehr als 150-jährigen Historie auch kein Wunder. Diese Partei hat die Verfolgung im Kaiserreich überstanden, hat im Juli 1914 Kriegskredite für den Ersten Weltkrieg bewilligt, hat in der Weimarer Republik demokratische Wahlen herbeigeführt und den ersten Reichspräsidenten gestellt, hat 1933 gegen das Ermächtigungsgesetz der Nazis gestimmt und sich 1959 mit dem Godesberger Programm von einer sozialistischen Arbeiterpartei zur linken Volkspartei gewandelt, die Marktwirtschaft und Landesverteidigung akzeptiert. Das Bekenntnis zum »demokratischen Sozialismus« hat jedoch einer Gebetsfloskel gleich bis ins aktuell gültige Hamburger Programm von 2007 überlebt: »Der demokratische Sozialismus«, so heißt es dort, »bleibt für uns die Vision einer freien, gerechten und solidarischen Gesellschaft, deren Verwirklichung für uns eine dauernde Aufgabe ist.«[44]

Der demokratische Sozialismus ist für Sozialdemokraten so etwas wie die Wiederkunft des Heilands für die Christen: Man will sich dem Wunderbaren nicht verschließen, aber bis dahin ist den Anforderungen des Tages Genüge zu tun.

Vermutlich ist das Problem der Sozialdemokratie auch gar nicht, dass sie in sich so viele Gegensätze und Widersprüchlichkeiten versammelt, sondern dass die SPD viel zu wenig paradox ist. Mehr noch: Sie leidet darunter, dass heute an ihrer Spitze keine Lichtgestalt steht, die ihre Widersprüchlichkeiten kraftvoll verkörpert.

Willy Brandt war so einer. Anfang der dreißiger Jahre, nach kurzem Intermezzo bei der SPD, wechselte er zur linken Splitterpartei Sozialistische Arbeiterpartei Deutschlands (SAPD) und ging nach Hitlers Machtergreifung nach Norwegen, später Schweden in die Emigration. Nach dem Krieg machte er eine SPD-Karriere in Berlin und Bonn, war ab 1957 Regierender Bürgermeister Westberlins, wurde als deutscher Kennedy gefeiert und als Kanzler ab 1969 demokratisches Idol eines Epochenwechsels. Die SPD führte er als Parteichef von 1964 bis 1987, noch heute sprechen die Genossen mit Andächtigkeit von ihm. Er war ein Patriot, Pazifist und Kettenraucher, von Depressionen immer wieder heimgesucht, dem Alkohol phasenweise so zugetan wie den Frauen. Nicht auszudenken, wie es »Willy Weinbrand«, wie ihn Mitarbeiter nannten, in unserer prüden MeToo-Gegenwart ergangen wäre, wenn seine erotischen Wahlkampfeinsätze im SPD-Sonderzug ruchbar geworden wären.

Wobei MeToo als Medienhysterie eher die Oberschichten interessieren dürfte: »Der Normalbürger weiß durchaus, dass Menschen fehlerhaft sind, und erwartet gar nicht, dass jemand wie ein Mönch lebt, wie das politisch Tätige immer behaupten«, sagt Heinz Buschkowsky, langjähriger Bezirksbürgermeister von Neukölln und sozialdemokratisches Berliner Urgestein. »Willy Brandt ist doch ein schönes Beispiel dafür. Er war den Freuden des Lebens durchaus recht zugetan. Egal, ob es um einen guten Tropfen oder die Gesellschaft charmanter Frauen ging. Er hatte sogar einen eigenen Referenten, dessen Aufgabe es war, dafür zu sorgen, dass ihm nie langweilig wurde. Trotzdem haben ihn die Menschen abgöttisch geliebt.«[45]

Und Björn Engholm, Parteichef von 1991 bis 1993, der wie Brandt aus Lübeck stammt, weiß noch, wie der große Vorsitzende zum Abschluss jedes Wahlkampfes auf dem Marktplatz seiner Heimatstadt Station machte. »Das war eine Offerte der Zuneigung. Und dann stand er dort, mit einem Zettel in der Hand, machte seine charakteristischen Bewegungen und redete langsam in immer gut formulierten Sätzen – im Gegensatz zu Herbert Wehner brachte er ja seine Sätze auch zu Ende. Es war in fast jedem Satz eine verständliche Botschaft enthalten.« Willy war der Maßstab, auch für Engholm, heute 79, der zu den Brandt-Enkeln zählte, wie die Folgegeneration genannt wurde: Oskar Lafontaine, Rudolf Scharping, Gerhard Schröder und eben Engholm. »Größenordnungen wie Willy Brandt haben wir zwischenzeitlich nicht mehr erlebt. Dazu kommt noch Helmut Schmidt, auch Egon Bahr hat zum Maßstab gezählt. Auf seine Art auch Herbert Wehner. Aber was und wie Willy Brandt aus seiner großen Lebenserfahrung und tiefem Gefühl heraus von sich gab – das konnten wir Enkel einfach nicht.«[46]

Der letzte SPD-Vorsitzende mit Regierungsmacht im Kanzleramt war Gerhard Schröder. Nicht von Brandts Format, aber auch ein paradoxer Charakter an der Schmerzgrenze: eitel und ehrgeizig, ein Emporkömmling aus ärmlichen Verhältnissen im Lippischen, der es über den zweiten Bildungsweg zum Rechtsanwalt schaffte, in den siebziger Jahren ein wilder Juso war und die SPD geschickt für den persönlichen Aufstieg nutzte. Drei Mal wurde er zum niedersächsischen Ministerpräsidenten gewählt und zwei Mal zum Bundeskanzler. Seither nutzt er seine Duzfreundschaft zum Despoten Wladimir Putin, um bei den russischen Energiekonzernen North Stream/Gazprom und Rosneft lukrative Aufsichtsposten wahrzunehmen. Daneben berät er Verlage, Banken, Investoren und tritt als gut dotierter Redner auf. Als der *Spiegel* ihn zu seinen Russland-Jobs befragte, verbat sich der Altkanzler jede Kritik: »Das ist mein Leben, nicht eures.«[47]

In seinem Buch *Klare Worte*, in dem sich Schröder vom FAZ-Redakteur Georg Meck befragen lässt, räumt er »ein bestimmtes Machtbewusstsein« ein: »Ohne dieses kommen Sie als Kanzler nicht aus. Mit Sanftmut brauchen Sie sich um dieses Amt gar nicht zu bewerben.«[48] Er sagt aber auch: »Den Vorwurf, dass ich in der Regierung sozusagen die Revolution verhindert habe, die ich als Jungsozialist früher selber geplant habe, lasse ich gelten.«[49]

Als einen Verräter an eigenen Idealen empfindet sich Schröder dennoch nicht. »Es soll ja vorkommen, dass man als junger Mensch Vorstellungen von einer besseren Welt hat, die sich mit der Wirklichkeit nicht in Einklang bringen lassen. In diesem Fall sollte man die hehren Ideen und nicht die harte Wirklichkeit einer kritischen Prüfung unterziehen. Wer die Welt mit 70 Jahren immer noch wie mit 18 oder 25 Jahren sieht, hat entweder die Welt nicht kennengelernt oder sich ein Lernverbot auferlegt. Beides halte ich nicht für erstrebenswert.«[50]

In den fünf Jahren als Parteiführer von 1999 bis 2004 hat Schröder den Manichäismus der SPD erlebt und erlitten. »Alle, die in der SPD führende Positionen eingenommen haben, wussten um den Widerspruch zwischen Weltverbesserung und Machterhalt. Nur ist die SPD als solche meist schon zufrieden, wenn die reine Lehre hochgehalten wird und die Macht verloren geht. Deswegen konnte die SPD auch nicht ihren Frieden mit der Agenda 2010 machen.«[51]

Am Ende scheiterte Schröder an seiner Partei auf ähnliche Weise wie gut zwei Jahrzehnte zuvor Helmut Schmidt, als er den Nato-Doppelbeschluss durchsetzen und atomare Mittelstreckenraketen in Europa stationieren lassen wollte. Anfang der achtziger Jahre landete die SPD für 16 Jahre auf den Oppositionsbänken. Seit Schröders Abgang 2005 sitzt seine Partei jetzt zum dritten Mal in einer Großen Koalition mit Angela Merkel.

Für Schröder ist die Haltung seiner Genossen ein Grundirrtum und eine Ursache für die schlechten Wahlergebnisse. »Große Teile der SPD fanden die Agenda im Grunde eine Zumutung, die man bestenfalls hinnehmen kann, zu der man sich aber nicht bekennen darf.«[52] Er erinnert sich noch an die Abstimmungen im Parlament: »Im Bundestag haben die Abgeordneten – auch unter dem Druck der Partei- und Fraktionsführung – zugestimmt, bis auf wenige Ausnahmen. Aber wenn sie sich dann in den Wahlkreisen dafür rechtfertigen sollten, haben sie weiche Knie bekommen und gesagt: Schröder hat uns gezwungen.«[53]

Von seiner Politik ist Schröder noch immer überzeugt: »Hätten wir die Erfolge der Agenda 2010 für uns reklamiert, dann wäre die SPD die erfolgreichste sozialdemokratische Partei in Europa, da bin ich sicher. Aber dieser Widerspruch zwischen der reinen Lehre und der Realität als Regierungspartei hat die SPD schon immer geprägt.«[54] Das war bei Helmut Schmidt so, das war schon in der Weimarer Republik so. 1930 etwa, »als die Sozialdemokraten die Regierung des eigenen Reichskanzlers Müller unter anderem über die Frage der geringfügigen Erhöhung der Arbeitslosenversicherungsbeiträge scheitern ließen. Daran zerbrach dann die letzte parlamentarisch getragene Koalition. Am Ende befand sich die SPD in der Opposition, und es waren Kräfte an der Macht, die den Nationalsozialisten den Weg ebneten.«[55]

Es ist ein Muster im Seelenleben der Partei. Der SPD-Biograf Franz Walter beschreibt bereits für den Vorabend des Ersten Weltkriegs, wie mustergültig die deutschen Sozialdemokraten aufgestellt waren und mit all ihren Organisatoren, Mitgliedern, Funktionären, Wahlkämpfern, Rednern und Erwachsenenbildnern den Verfolgungen und Repressalien zum Trotz eine Gegenwelt zum autoritären Kaiserreich geschaffen und den Sehnsüchten nach Aufbruch, Emanzipation und sozialer Gerechtigkeit eine Heimstatt geboten haben.

Und doch, so beschreibt es Walter, war die Welt der Sozialdemokraten im Grunde nur ein Zufluchtsort, eben »eine Nische, in der sie sich bewegten«. Denn um in die Führungszirkel der Gesellschaft vorzudringen, fehlte es den Sozialdemokraten an strategischen Konzepten, sie ließen keinen Willen zur gestaltenden Macht erkennen. Franz Walter mutmaßt, »dass sie gar nicht den Drang verspürten, ins Herz der Politik vorzustoßen«.[56]

Schon damals also dieser eigentümliche Verdacht: Vielleicht will die Sozialdemokratie gar nicht, dass es sie gibt? Im Kaiserreich trat die SPD politisch wie eine Protestpartei auf, sie begann als Massenorganisation eines Lebensgefühls und bot ihren Anhängern eine Art eskapistischen Schutzraum, um die Zumutungen des Alltags zu überstehen. Regierungsbereit und damit politisch erwachsen wurden die Sozialdemokraten erst nach dem Ersten Weltkrieg, als sie in vorderster Linie die erste deutsche Republik mitgestalteten. Aber das Zaudern, die Skrupel, die Sehnsucht nach der Oppositionsrolle waren auch anschließend immer wieder zu spüren. Später in der Bundesrepublik galt es in der Union als vornehmste Aufgabe zu regieren, ihre Wertekoordinaten passten die Christdemokraten geschmeidig den Tageserfordernissen an. Die SPD rang vorrangig um ihre Prinzipien und musste sich erst zum Godesberger Programm durchkämpfen, damit sie ihre Außenseiterposition verlassen und zur marktwirtschaftskompatiblen Volkspartei werden konnte. Nur so vermochte sie 1969 mit Willy Brandt den ersten Kanzler zu stellen.

Solche Neigungen zur Selbstblockade waren Gerhard Schröder stets fremd. Ein nicht dementiertes Gerücht besagt, er habe als Juso-Vorsitzender nach einer Kneipentour in Bonn am Zaun des Kanzleramtes gerüttelt und gerufen: »Ich will da rein!«[57] Bei seinen Parteigenossen stellt er immer wieder Minderwertigkeitskomplexe fest. »Die Sozialdemokraten sind in den vergangenen 150 Jahren von den Regierenden eigentlich immer bekämpft und als ›vaterlandslose Gesellen‹ beschimpft worden. Das hinterlässt Spuren. Manche von uns laufen mit dieser strukturellen Unterlegenheit rum. Dieser Mangel an Selbstbewusstsein ist ein Problem. Allerdings nicht für mich. Ich hatte das nie.«[58]

So spricht einer, der in seiner Kindheit elendste Armut erlebt hat. Schröders leiblicher Vater Fritz wuchs elternlos auf und schlug sich,

häufig ohne Obdach, als Gelegenheitsarbeiter durch, wurde mehrfach wegen Diebstahls inhaftiert. 1939 heiratete er Schröders Mutter
Erika, wurde 1940 eingezogen und fiel als Obergefreiter im Oktober
1944 in Rumänien. Sechs Monate zuvor kam Gerhard Schröder auf
die Welt. Seine Mutter verlor 1960 auch ihren zweiten Ehemann,
durch Lungenkrebs. Die zweifache Witwe musste ihre fünf Kinder
jahrelang als Putzfrau und Dienstmädchen allein durchbringen.
»Wir nannten sie Löwe, weil sie ihr Leben lang für uns gekämpft
hat«,[59] schrieb Gerhard Schröder 2012 in der Traueranzeige über
sie. Es reichte damals vorne und hinten nicht. Die Familie war auf
Sozialhilfe angewiesen. Als Schröder 13 war, lebte die achtköpfige
Patchworkfamilie in einer Zweizimmerwohnung in Westfalen.

Schröder weiß noch gut, wie er sich fühlte: »Wir waren die Aso-
zialen.«[60] Die Sozialdemokratie als Milieu war für Schröder auch
Zuflucht. Hier fand er Anregungen, Bildungschancen, Entwick-
lungsperspektiven. Hier musste er sich nicht verstellen. Kämpfen
musste er trotzdem immerzu. »Alles, was ich geworden bin, habe
ich aus eigener Kraft geschafft.«[61]

Wenn er sich heute die Lebenswege mancher Kontrahenten aus
dem konservativen Lager anschaue, könne er nur sagen: »Leute, was
wäre wohl aus euch geworden, wenn eure Eltern euch nicht gehol-
fen hätten«. Wohl auch aus diesem Grund sagt Schröder: »Was den
Begriff des ›Bürgerlichen‹ betrifft, lasse ich es nicht zu, dass der von
der Union okkupiert wird.«[62] Hier klingt der wütende Wille heraus,
nie wieder deklassiert sein zu wollen. Und unwiderruflich der Gei-
selhaft der niederen Herkunft zu entrinnen.

So wirkte es tatsächlich wie das Happy End einer Geiselnahme, als
Schröder als frisch vereidigter Bundeskanzler verblüffend ungeniert
sein Bedürfnis nach gesellschaftlicher Anerkennung stillte. Nach gut
hundert Tagen im Amt saß er bei Thomas Gottschalk auf dem »Wetten, dass... ?«-Sofa, wo wir uns keinen seiner Amtsvorgänger so recht
vorstellen könnten. Mit Neureichen-Attitüde stolzierte er in Maßan-
zügen aus Kaschmir umher und paffte edle Cohiba-Zigarren.

Aber natürlich wollen bürgerliche Sozialdemokraten nicht mit der gemeinen Bourgeoisie verwechselt werden. Auch Schröder betont bei allem Aufstieg die soziale Einbettung: »Die Franzosen unterscheiden wohlweislich zwischen Bourgeois und Citoyen, wobei für den Citoyen nicht sein persönliches Interesse im Mittelpunkt steht, sondern das Wohl des Gemeinwesens. Und so verstehe ich mich auch als Bürgerlicher, als Citoyen und Staatsbürger.«[63]

Es war Schröders Ankunft in der »Neuen Mitte«, mit der er 1998, in Koalition mit den Grünen, die Bundestagswahl gewann. Der Begriff »Neue Mitte« geht keineswegs auf Schröder zurück, sondern auf Willy Brandt, der den Ausdruck erstmals 1972 auf dem Dortmunder Wahlparteitag verwendete. Schon Anfang der siebziger Jahre reagierte die SPD mit diesem Schlagwort auf den stetig sinkenden Anteil an Arbeitern in der Gesellschaft – von 55 Prozent (1959) auf 27 Prozent (1972). Und wie seinerzeit Willy Brandt wollte auch Gerhard Schröder jene bürgerliche Mittelschicht ins sozialdemokratische Boot holen, die er selbst verkörpert.

Auch hier gelang es nicht ohne sozialdemokratische Janusköpfigkeit, den Dauerkanzler Helmut Kohl aus dem Amt zu treiben. Im SPD-Vorsitzenden Oskar Lafontaine, der später zur Linkspartei desertierte, hatte Schröder den notwendigen Gegenpol, um in der gesellschaftlichen Mitte fischen gehen zu können. Wahlen werden nicht an den Rändern gewonnen, nicht bei den Unterschichten und den Marginalisierten – sondern immer in der breiten Mehrheitsgesellschaft. Und dort verkörperte der schwarze Riese Kohl eben nicht mehr das vorherrschende Lebensgefühl. Die Menschen heischten nach Modernität.

Und modern waren inzwischen Popkultur, Umweltschutz, Emanzipation, Aufklärung, Weltoffenheit und Individualismus – kurzum: all das, was 1968 als Erbe irgendwie vergesellschaftet hat. »Pünktlich zum 30-jährigen Dienstjubiläum der Revolte von 1968«, so spottete damals der *Spiegel*, »kommen die Ex-Straßenkämpfer, Alt-Jusos und sitzkissenerprobten Friedensaktivisten« an die Macht.[64] Gerade für die Kohorten der Alt- und Nach-Achtundsechziger brauchte es eine Ansprache, die der mentalen Zerrissenheit der Wählerschaft entsprach. Denn so, wie die Achtundsechziger längst die Schaltstellen der Gesellschaft erobert hatten und nun die Bürokratie, die Konzerne, die Medien, die Kultur und die Universitäten mit derselben Autoritätshörigkeit, Machtversessenheit, Karrieregeilheit und Profitgier wie die Vorgängergenerationen belebten, aber eben für Mick Jagger schwärmen, den Müll trennen und weniger förmlich auftreten – so musste sich das auch in der politischen Repräsentation abbilden. Gemeinsam mit den Grünen konnte die SPD den zunehmend linksliberalen Zeitgeist widerspiegeln.

Es gibt ein berühmtes Foto vom 20. Oktober 1998. Darauf stehen Gerhard Schröder, Oskar Lafontaine und Joschka Fischer in ausgelassener Stimmung mit Sektschalen in den Händen und feiern die Unterzeichnung des rot-grünen Koalitionsvertrages. Dieser Schnappschuss markiert zugleich den Abschluss der Kraftanstrengung einer ganzen Nachkriegsgeneration, nun endlich auf die Kommandobrücke der gesellschaftlichen Verantwortung zu gelangen.

Partei des sozialen Aufstiegs

Mit der sozialen Gerechtigkeit ist es so eine Sache. Sofern sie dem eigenen Vorteil dient, versteht jeder etwas anderes darunter. Insofern ist es ein Indiz für das Gespür der Partei für die Bedürfnisse ihrer Wählerschaft, wenn Sozialdemokraten immer wieder darauf hinweisen, dass der Markenkern der SPD gar nicht lautet, die Partei der sozialen Gerechtigkeit zu sein, sondern die Partei des sozialen Aufstiegs. Soziale Gerechtigkeit, was immer dies konkret sei, ist in diesem Sinne als eine Konsequenz aus dem Streben nach Optimierung der individuellen Entfaltungsmöglichkeiten zu verstehen. Ohne Aufstiegsmöglichkeiten keine Gerechtigkeit – dies gebietet eine gesellschaftliche Wirklichkeit, in der Ungleichheit herrscht.

Zugleich gehört es zur Widersprüchlichkeit der SPD, dass sie mit dem persönlichen Aufstieg einzelner Menschen mindestens so viele Schwierigkeiten hat wie mit den Fragen der Gerechtigkeit. Am leichtesten tut sich die Partei mit der Theorie. In der Abstraktion kann die Sozialdemokratie den Hirtenhund der Geknechteten geben, den Großlobbyisten für die Benachteiligten, Ausgebeuteten und Verratenen dieser Welt. Da ist von Tarifabschlüssen und Lohnerhöhungen und Mindestlohn die Rede, von Bildungschancen und neuerdings immer öfter auch von Geschlechterparität. Für eine traditionelle Arbeiterpartei ist die Sinnstiftung in der Erwerbstätigkeit so selbstverständlich wie für einen frommen Katholiken die Verleiblichung Christi in einer schmucklosen Oblate während der Eucharistie. Erwerbsarbeit ist für die SPD ein Sakrament.

So verwirklicht sich das gute und erfüllende Leben für die Sozialdemokratie im Grunde noch immer in der Lohnabhängigkeit. Die Urerfahrung aus den Kindertagen im 19. Jahrhundert ist für die Partei zum Fetisch geronnen. Darin wird die Duckmäuser-Haltung sichtbar, die ewige Bittstellerpose einer politischen Bewegung, die eineinhalb Jahrhunderte lang von Sozialismus geträumt hat, sich aber nie zum Aufstand, geschweige denn zur Revolution durchringen konnte, weil sie im Ernstfall stets die Abzweigung der staatspolitischen Verantwortung genommen hat. Der russische Revolutionsführer Lenin muss deutsche Sozialdemokraten im Sinn gehabt haben, als er einer Revolution in Deutschland jede Chance absprach, denn wenn die Deutschen einen Bahnhof stürmen wollten, würden sie sich erst eine Bahnsteigkarte kaufen. Und Kurt Tucholsky höhnte 1930: »Wegen ungünstiger Witterung fand die deutsche Revolution in der Musik statt.«[65]

Über die Kleingärtner-Utopie einer tarifvertraglichen Festanstellung ist die SPD nie wirksam hinausgelangt. Das mag damit zu tun haben, dass das festangestellte, mithin sozialversicherungspflichtige Abhängigkeitsverhältnis des Erwerbstätigen die wichtigste sozialdemokratische Errungenschaft überhaupt erst ermöglicht: den modernen Wohlfahrtsstaat. Und dass es einen nennenswerten Diskurs über alternative Lebens- und Arbeitskonzepte in der Partei so gut wie nie gegeben hat, ist auch der Macht der sozialdemokratisch durcharomatisierten Gewerkschaften zu verdanken. Deren Geschäftsmodell besteht darin, den Status quo unserer ökonomischen Wirklichkeit zu zementieren und in Tarifverträgen und durch betriebliche Mitbestimmung ihre Existenz zu rechtfertigen, die ihnen millionenschwere Mitgliedsbeiträge einbringt. Ein Koloss wie der Deutsche Gewerkschaftsbund mit rund sechs Millionen Mitgliedern darf zu den strukturkonservativsten Institutionen des Landes gezählt werden.

Die kultivierte Abhängigkeitsmentalität ist es auch, die das sozialdemokratische Denken immer wieder verzwergt, wenn ein Sozi Erfolg hat. Denn dann zündet bei seinen Genossen der Neidreflex. Das Herz einer Arbeiterpartei gehört eben den Ausgebeuteten, weniger denen, die sich der Knechtschaft durch selbstbestimmte Souveränität entziehen. Wie wenig sich allerdings die Arbeiterschaft heute noch im traditionellen Selbstverständnis der SPD beheimatet fühlt, zeigte die Europawahl 2019: 24 Prozent von ihnen wählten die CDU und 23 Prozent die AfD. Nur 15 Prozent entschieden sich für die SPD. Arbeiter finden bei den Sozialdemokraten offenbar ebenso wenig Antworten wie jene, die es gesellschaftlich empor geschafft haben.

Harald Christ kennt dieses Dilemma. »Die SPD ist die Partei des sozialen Aufstiegs«, sagt der Mittelstandsbeauftragte des Parteivorstands. »Ich verkörpere diesen Aufstieg. Aber sobald Sie den sozialen Aufstieg erfolgreich vollzogen haben, werden Sie dafür oftmals hinter vorgehaltener Hand kritisiert, und das wird auch zum Nachteil in der persönlichen Bewertung.«[66]

Der 47-jährige Christ ist ein gemütvoller Südhesse von barocker Statur, der sich aus einfachen Verhältnissen emporgerackert hat. Aufgewachsen ist er in einem kleinen Dorf, sein Vater stand bei Opel am Fließband. Er lernte Industriekaufmann, absolvierte anschließend noch eine Bank- und Versicherungslehre, wurde Vertriebsdirektor einer Bausparkasse, leitete Geschäftsbereiche bei der Deutschen Bank und gründete ein eigenes Treuhandunternehmen. Er führte eine Hamburger Investmentfirma an die Börse, wurde Vorstandsmitglied bei der Postbank, später beim Versicherungskonzern Ergo. Nach der Bundestagswahl 2017 schied er bei Ergo aus, um als Unternehmensberater tätig zu sein – und um seiner Partei zu helfen. Christ ist mit 16 in die SPD eingetreten.

Allerdings ist Harald Christ ein wohlhabender Mann. Sein Vermögen wird auf mehr als 100 Millionen Euro geschätzt. Bereits der Börsengang und der Verkauf seiner Anteile an der Hamburger Investmentfirma sollen ihm an die 80 Millionen Euro eingebracht haben. So viel Geld und wirtschaftliche Unabhängigkeit machen seine Existenz als Genosse zu einem zwiespältigen Unterfangen. Denn einerseits übernahm Christ immer wieder bedeutsame Aufgaben in der Partei. Er war Landesschatzmeister in Hamburg und gehörte dort dem geschäftsführenden Landesvorstand an. In Berlin war er Landeskassierer und Vorstandsmitglied. 2006 wurde er als Kandidat für das Amt des Ersten Bürgermeisters in Hamburg gehandelt und 2011 als Berliner Finanzsenator. 2009 holte ihn der Kanzlerkandidat Frank-Walter Steinmeier als Wirtschaftsminister in sein Schattenkabinett. Im März 2015 hob Christ mit anderen Wirtschaftsbossen das Wirtschaftsforum der SPD e.V. aus der Taufe und ist dort Schatzmeister und Präsidiumsmitglied. Einerseits.

Andererseits sitzt Christ an einem Morgen im Februar 2019 in seinem Büro im zweiten Stock des SPD-Hauptquartiers, des Willy-Brandt-Hauses, mit Blick ins Atrium. Er macht ein vergnügtes Gesicht und sagt: »Das können Sie aufschreiben: In diesem Haus herrscht eine angespannte Stimmung. Die Partei steht vor finanziellen Herausforderungen, die schlechten Wahlergebnisse sind ganz unmittelbar spürbar.«[67] Christ, der Vertriebsmanager und Marketing-Profi, wirkt aufgekratzt, als habe man ihm ein Pleiteunternehmen als Sanierungsfall anvertraut. Unmögliche Missionen führen bekanntlich zu Adrenalinausschüttungen.

Dass er überhaupt hier zwei Tage pro Woche sitze, als Vorstands-beauftragter für den Mittelstand, sei drei Umständen geschuldet. Erstens sei er ehrenamtlich tätig. Zweitens wolle er in der SPD kein Mandat, »man weiß, dass ich keine Ansprüche stelle und keinem gefährlich werde«. Und drittens »brauche ich die Politik nicht für meine berufliche Erfüllung«. Mit der damaligen Parteivorsitzenden ist er befreundet. Er hatte ihr sogar geraten, den Parteivorsitz zu übernehmen. »Ich finde die Politikerin Andrea Nahles gut – trotz vieler inhaltlicher Differenzen«, sagt er. »Es spricht vieles auch für sie. Ich finde es schade, wie schlecht sie zurzeit öffentlich rüber-kommt und was sie da aushalten muss.«[68]

Dafür muss Christ aushalten, dass er hier im Grunde nur gedul-det ist. Beargwöhnt von linken Neidkrämern in der Partei, für die er ein Klassenfeind ist, weil er das in seiner Biografie eingelöst hat, was die große Erzählung der SPD bloß verspricht: den sozialen Auf-stieg. Vom Arbeitersohn zum Multimillionär. Da behalten nur we-nige Genossen die Nerven. Aber sie arrangieren sich mit ihm. Er be-kommt also kein Geld für seine Teilzeittätigkeit, dafür darf er seine Dienstreisen aus eigener Tasche bezahlen, denn ein Spesenkonto kann sich die klamme Partei auch nicht leisten. »Als ich neulich eine Veranstaltung machte, musste ich die belegten Brötchen eben-falls selber zahlen, dafür gibt es kein Budget.«[69] Er kennt so was seit dreißig Jahren, für sein Engagement in der Partei habe er nie einen Euro erhalten, sondern immer nur aus eigener Tasche investiert.

Warum tut er sich das an? »Manchmal muss man auch Aufga-ben übernehmen, es geht um die Sache und viele Menschen. Ich will der Partei helfen und weiß, dass ich keinen Dank zu erwarten habe. Mehrheitsfähig war ich nie. Das schmeichelt nicht dem Ego. Es ist eher wie eine Yogaübung in Demut. Es erdet mich gewisser-maßen.«[70]

Dass Aufsteigenwollen und Aufgestiegensein im sozialdemo-kratischen Milieu als zwei miteinander unversöhnliche Seinskate-gorien gelten, sagt uns viel über den halluzinatorischen Charakter der sozialdemokratischen Wesensart. Die SPD lebt von der Verheißung, nicht von der Einlösung des Versprechens. Wer sozial aufsteigen will, benötigt den Willen und die Vorstellungskraft, er muss sich emporimaginieren. Er muss sich ausmalen, wie es am Ziel aussieht. Erst das entfacht die Zugkraft, die man benötigt, um über sich hinauszuwachsen. Wer das Ziel dann tatsächlich erreicht, zerstört jedoch den Zauber der Verheißung, er zerreißt den Schleier des Versprechens und lässt die Möglichkeit zum Zweck schrumpfen. Solche Regelverletzer mögen jene nicht, die sich mit dem Halluzinieren begnügen. Wir werden dieser Neigung zu Halluzinationen in den folgenden Kapiteln noch öfter begegnen.

Aber nicht nur die Partei der Genossen tut sich schwer mit ihren Aufsteigern, mitunter stehen sich auch die Emporkömmlinge selbst im Wege. Ein Rudolf Scharping, vormals Ministerpräsident in Rheinland-Pfalz, SPD-Vorsitzender und zuletzt Verteidigungsminister im Kabinett Schröder, war mit seinem Werdegang erkennbar überfordert und verendete politisch in einem mallorquinischen Swimmingpool in den Armen einer Gräfin. Der Sohn eines Möbelkaufmanns aus dem Westerwald musste schon 1995 die Demütigung hinnehmen, dass er auf dem Mannheimer Parteitag nach nur zwei Jahren als SPD-Chef in einer Kampfabstimmung gegen Oskar Lafontaine unterlag und sich fortan unter die fünf stellvertretenden Bundesvorsitzenden einzureihen hatte.

Als er 1998 Verteidigungsminister wurde, machte er einen zermürbten Eindruck. Er engagierte den PR-Berater Moritz Hunzinger, der ihn in Verruf brachte, weil Hunzinger vorgeworfen wurde, Politiker bestochen zu haben. Nachgewiesen wurde dem Public-Relations-Mann immerhin die Vergabe eines zinsgünstigen Privatkredits in Höhe von 80.000 Mark an den Grünen-Parlamentarier Cem Özdemir 1999. Während die Bundeswehr dann im Sommer 2001 ihren gefahrvollen Einsatz in Mazedonien vorbereitete, nahm Minister Scharping Urlaub und turtelte mit seiner Lebensgefährtin Kristina Gräfin Pilati-Borggreve, einer Frankfurter Rechtsanwältin, auf der Baleareninsel. Als ihn Reporter der Illustrierten *Bunte* mit der Adeligen im Wasser fotografierten und die Zeitschrift auflagenfreudig titelte »Total verliebt auf Mallorca«,[71] begann sich seine persönliche Autorität bei der Truppe zu verflüchtigen. Ein knappes Jahr lang sah sich Kanzler Schröder an, wie sein Verteidigungsminister von einer Peinlichkeit in die nächste schlitterte. Mal kassierte Scharping von Hunzinger 140.000 Mark, die er nicht beim Bundestagspräsidenten gemeldet hatte. Ein andermal verbreitete Hunzingers Bildagentur Action Press ein Foto des Frankfurter Herrenausstatters Möller und Schaar, bei dem PR-Profi Hunzinger für »Bundesverteidigungsminister Rudolf Scharping für rund 50.000 Mark eingekauft« haben soll, wie die Bildbeschreibung vermerkt.[72] Im Juli 2002 hatte Gerhard Schröder genug und entließ seinen Minister.

Ähnliche Ausschläge leistete sich Schröder später selber, als er nach Ende seiner Kanzlerschaft vom befreundeten Finanzunternehmer Carsten Maschmeyer einen Millionenbetrag kassierte. Schon im Frühjahr 2005 schrieb Maschmeyer an den Noch-Kanzler, dass sich ihm im Falle einer Wahlniederlage »vielfältige Möglichkeiten zur Verbesserung der Lebensqualität«[73] anböten. Eine davon war offenbar ein Deal, bei dem Maschmeyer dem Altkanzler die Buchrechte für seine Memoiren ab- und diese hernach weiterverkaufte. Zunächst war von einer Million Euro die Rede, die Schröder von Maschmeyer erhalten habe. Jahre später wurde ruchbar, dass Maschmeyer inklusive Umsatzsteuer einen »Vorschuss in Höhe von EUR 2.016.380,37«[74] überwiesen hatte. Den Differenzbetrag erklärte eine Maschmeyer-Sprecherin geistesgegenwärtig mit Brutto und Netto: Nach Steuern sei Schröder eben etwa eine Million Euro verblieben.

Auch andere Spitzengenossen hatten als Echo des sozialen Aufstiegs mit den Einkünften ihre innerparteiliche Erklärungsmühe. Als Peer Steinbrück 2012 Kanzlerkandidat wurde, musste er sich als Erstes für seine Honorare rechtfertigen, die er seit seinem Ausscheiden als Bundesfinanzminister 2009 als Vortragsredner bei

Wirtschaftsunternehmen eingenommen hatte. Unter öffentlichem Druck stellte der Bundestagsabgeordnete Steinbrück eine Liste seiner Nebeneinkünfte in Internet, wonach er zwischen 2009 und Juli 2012 insgesamt 1.251.822,69 Euro brutto für 89 Vorträge verdient hatte. 74 Vorträge davon wurden mit dem »Standardhonorar« seiner Redneragentur in Höhe von 15.000 Euro brutto vergütet, was netto in etwa 7.300 Euro ausmache, wie Steinbrück anmerkte.[75] Im selben Zeitraum habe er allerdings auch 237 unentgeltliche Vorträge gehalten.

Dies überzeugte die Parteilinken natürlich nicht. »Keiner ist froh über die Debatte um Steinbrücks Honorare und Nebentätigkeiten«, erklärte die Vorsitzende der Demokratischen Linken in der SPD, Hilde Mattheis. »Es geht um hohe Summen. Wenn sich die SPD als Partei der sozialen Gerechtigkeit mit so einer Debatte herumschlagen muss, dann ist das natürlich schwierig.«[76] Was ist daran schwierig, wenn ein ehemaliger Bundesfinanzminister sich seine Expertise von profitorientierten Unternehmen versilbern lässt? Jeder Facharbeiter tut dies strukturell auf ähnliche Weise. Von den Summen, die manche IT-Spezialisten kassieren, kann ein Peer Steinbrück indes nur träumen.

Die stellvertretende baden-württembergische Landesvorsitzende der SPD und Verdi-Chefin im Ländle, Magdalena Breymaier, vermisste damals bei Steinbrück das Fingerspitzengefühl für die finanziellen Dimensionen. Wie könne es sein, dass ein Ex-Finanzminister für einen Vortrag so viel Geld erhalte wie ein Arbeitnehmer mit Mindestlohn in einem Jahr? »Was steht da für eine Leistung dahinter?«, fragte Breymaier allen Ernstes.[77] Seltsamerweise wird ein Fußballspieler, der gegen Millionensalär einem luftgepumpten Leder hinterherläuft, oder ein Rennfahrer, der als Einkommensmillionär mit zweifelhafter CO_2-Bilanz seine Runden dreht, nicht nur nicht mit der Frage nach seinem leistungslosen Einkommen behelligt, sondern stattdessen als titanengleiche Gestalt verehrt. Auch von SPD-Wählern, mit Bier und Chips vorm Fernsehschirm.

Den Neid als Rache der Mittelmäßigen bekam auch Sigmar Gabriel zu spüren, nachdem er im März 2018 als Außenminister ausgeschieden war. Neben seinem laufenden Bundestagsmandat für den Wahlkreis 49, Salzgitter und Wolfenbüttel, hatte der vormalige Vizekanzler beim Holtzbrinck Verlag einen Vertrag unterschrieben, um für die Publikationen des Hauses, *Handelsblatt*, *Wirtschaftswoche*, *Zeit* und *Tagesspiegel*, als Autor und Gesprächspartner tätig zu sein. Als Honorar deklarierte Gabriel gegenüber dem Bundestag die Angabestufe 4, also zwischen 15.001 und 30.000 Euro monatlich. Das allein entzündete bereits die Häme von Zeitungskommentatoren, was uns zeigt, wie selbstverständlich der mediokre Blickwinkel der sozialdemokratischen Angestelltenutopie auch im Medienbereich implantiert ist.

So zählte die *taz* im Internet Gabriels Veröffentlichungen durch, stellte fest, dass er in einem guten Vierteljahr gerade mal sieben Gastkommentare in den Holtzbrinck-Blättern veröffentlicht hätte, und fragte gestreng: »Rechtfertigt das ein monatliches Gehalt von 15.001 bis 30.000 Euro?«[78] Um dann als Vergleich den Tageszeitungstarifvertrag heranzuziehen, wonach »ein festangestellter Vollzeit-Redakteur ohne Berufsqualifikation (also ohne journalistische Qualifikation, die liegt bei Sigmar Gabriel ja nicht vor) im ersten bis dritten Berufsjahr monatlich 3.139 Euro brutto« verdiente.[79]

Offenbar hinderte die eigene Berufsqualifikation die *taz*-Medienredakteurin nicht daran, die Marktgesetze von Angebot und Nachfrage zu ignorieren, sowie den Umstand, dass der gelernte Gymnasiallehrer und vormalige Bundesminister Gabriel von der Holtzbrinck-Gruppe gerade wegen einer offenbar ausreichenden Befähigung für gutes Geld engagiert wurde. Aus genau diesem Grund, wegen seiner Erfahrung und Expertise, ist Gabriel zudem im Verwaltungsrat des neuen Eisenbahnkonzerns von Siemens und Alstom tätig, arbeitet in der Nicht-Regierungsorganisiation International Crisis Group mit, hält Vorträge an der amerikanischen Elite-Universität Harvard und sitzt im Beirat des weltweit tätigen

Wirtschaftsprüfungsunternehmens Deloitte. Auch jeder nicht völlig borniierte Sozialdemokrat könnte anerkennen, dass eine Gesellschaft verantwortungsbewusste Eliten benötigt. Diese Eliten werden nicht dadurch beflügelt, dass sie sich für jeden persönlichen Entwicklungssprung wie vor einem Bundesparteitag der Grünen rechtfertigen müssen.

Dabei muss Sozialdemokratie nicht zwingend so engstirnig sein. Erck Rickmers kennt Missgunst aus den eigenen Reihen in dieser Form nicht. Der vermögende Hamburger Reeder, heute 55, trat 2010 in die SPD ein. Warum? »Die Ungleichheit hat im vergangenen Jahrzehnt zugenommen«, erläuterte er damals. »Die Antworten darauf müssen von links der Mitte kommen, damit sie in der Gesellschaft akzeptiert werden.«[80] Erstaunlich aus dem Munde eines Sprosses einer Schifffahrtsdynastie in fünfter Generation. Gründervorfahr Rickmer Clasen Rickmers schuf in Bremerhaven 1834 die Rickmers Werft. Urenkel Erck Rickmers hat die Lektion gelernt: »Geld hat ab einem bestimmten Vermögen einen deutlich abnehmenden Grenznutzen.«[81] Ab einer bestimmten Summe lässt sich der Nutzwert eines Geldvermögens eben nur noch durch Sinnstiftung steigern.

Also entschied sich Rickmers für die Politik und die SPD, auch wenn er in früheren Zeiten für CDU und FDP gespendet hatte. »Mir ist in der Partei nie das Gefühl gespiegelt worden, ich sei ein Vertreter des Klassenfeindes und ich würde eigentlich nicht dazugehören. Im Gegenteil habe ich immer das Gefühl einer Wertschätzung gehabt.«[82] Seinen ersten Landesparteitag erlebte Rickmers im Dezember 2010, zwei Tage nach Eintritt in die Partei. Der Landesvorsitzende Olaf Scholz sagte zu ihm: »Du bist jetzt einer von uns.«[83] Und die Genossen wählten den Schiffsunternehmer mit 93 Prozent der Stimmen auf Platz 13 der Landesliste. Kurz darauf saß er als SPD-Abgeordneter in der Hamburger Bürgerschaft und forderte eine höhere Vermögenssteuer als einen »Beitrag der Solidarität, den wir von den Inhabern der großen Vermögen erbitten«.[84]

Auch so kann Sozialdemokratie sein.

Fassen wir zwischendurch zusammen: Die SPD versteht sich als Partei des sozialen Aufstiegs, hat aber mit dem Impuls zu kämpfen, jedem Aufsteiger sein persönliches Erfolgserlebnis zu verleiden. An der Spitze der sozialdemokratischen Wertepyramide stehen jene, die scheitern, nicht jene, die es schaffen wollen. Erfolgsgeschichten haben für Sozialdemokraten immer auch etwas Anrüchiges. Im SPD-Kosmos muss sich im Zweifel derjenige rechtfertigen, der etwas erreicht hat. Hingegen kann einer, der scheitert, mit Schutzreflexen rechnen. Das wirkt auf den ersten Blick moralisch edel, stimuliert aber selten die Risikobereitschaft, die ebenfalls zum Leben gehört. Die SPD ist nicht »ins Gelingen verliebt«,[85] wie es der marxistische Philosoph Ernst Bloch in seinem Werk *Prinzip Hoffnung* gefordert hat. Sozialdemokratisch sein bedeutet immer auch, sich von den Missständen dieser Welt zu ernähren, indem in immer engeren Verästelungen ein kommunaler oder landesweiter Beauftragter für irgendein Unterthema in Festanstellung ernannt wird. Der Wiener Philosoph Robert Pfaller hat in seinem erhellenden Buch *Erwachsenensprache* diese florierende Anti-Unrechtsindustrie bezeichnet als »Leute, die von ihren Fehlern leben«.[86] Diese Menschen werden uns im dritten Kapitel wiederbegegnen, wenn wir uns den liberalen Illusionen widmen.

Wohlgemerkt: Sozialer Aufstieg ist keine sozialdemokratische Erfindung. Wir müssen uns jedwede Form von Aufstieg immer auch als einen elementaren Vorgang der Menschwerdung vorstellen. Wer jemals Augenzeuge war, wie ein Kleinkind eines wundererfüllten Tages aus der Krabbelposition eines Vierbeiners sich aufrichtet, um sich daraufhin zunehmend stabiler auf zwei Beinen einzurichten, erhält eine Vorstellung vom Werden einer souveränen Persönlichkeit und der Multiplikation ihrer Möglichkeiten. Menschen in religiöser Feierlaune mögen hierbei vom Entzünden des göttlichen Funkens sprechen, der uns allen innewohnt. Weltlicher gestimmte Beobachter dürften sich mit dem Hinweis begnügen, dass der Begriff des Infanten, des Nichtsprechenden, wie die lateinische Etymologie besagt, das heranreifende Kind als unvollendetes Wesen beschreibt, dessen tatsächliches Menschsein noch bevorsteht. Im politischen Sinn erfährt sich der mündige Mensch bekanntlich erst dann als vervollständigt, wenn er sowohl sein persönliches als auch sein gesellschaftliches Leben wirksam gestalten kann.

Sozialer Aufstieg ist eben nicht beschränkt auf das Emporklettern in der gesellschaftlichen Hierarchie und einer damit verbundenen Vermehrung persönlichen Wohlstands. Psychologisch dramatischer ist das Transzendieren eines inneren Kriechertums hin zur Begegnung mit der Welt auf Augenhöhe. Charakterlich gefestigte Zeitgenossen vermögen solche individuellen Evolutionsbewegungen mit einer Veredelung ihrer inneren Werte zu verknüpfen. Weniger gesegnete Mitmenschen verstolpern sich allzu oft zu neureichen Ichlingen.

Heinz Buschkowsky beispielsweise ist ein Staunen über den eigenen Aufstieg noch immer anzumerken. Der heute 70-Jährige war von 1991 bis 1992 und von 2001 bis 2015 Bezirksbürgermeister von Berlin-Neukölln. Der Stadtteil ist mit rund 330.000 Einwohnern faktisch eine eigene Großstadt und mit einer Arbeitslosenquote von 12,1 Prozent sowie einem Ausländeranteil von 24,4 Prozent ein schon sprichwörtliches Konfliktquartier, das seit Jahrzehnten überwiegend sozialdemokratisch regiert wird. Zum Gespräch empfängt der Alt-Bürgermeister in der weitläufigen Lobby des Estrel-Hotels, eines trabantenstadtähnlichen Betonklotzes, Baujahr 1994, mit 1.125 Vier-Sterne-plus-Zimmern – Deutschlands größte Herberge an der legendären Sonnenallee in Buschkowskys Kiez. Mitten in der Lobby hat sich die italienische Restauration Portofino eingerichtet, mit karierten Tischdecken und südländischer Lebensfreude, die aus den Lautsprecherboxen ertönt.

Ein bisschen wie ein sizilianischer Pate sitzt Buschkowsky am Tisch, im dunkelblauen Anzug, schwarzem Rollkragenpullover und mit weißen Hosenträgern, wie sie für rundliche ältere Herren bequem sind. Er trinkt Cappuccino mit Süßstoff und Mineralwasser und lässt hinter den Gläsern seiner Goldrandbrille warme blaue Augen funkeln. Wer vorbeiläuft, wird begrüßt – Buschkowsky gehört hier zum Inventar.

»Ich komme ja aus einer klassischen Arbeiterfamilie.« Aufgewachsen ist der Sohn eines Schlossers in einer Kellerwohnung – eine vierköpfige Familie in einem Zimmer. »Wie das im zerbombten Berlin eben so war.«[87] Entsprechend konnte es nur aufwärts gehen. Buschkowsky studierte Verwaltungswissenschaften, trat in die SPD ein, arbeitete sich hoch. Warum SPD? »Die CDU war die Partei der Bürgerlichen, die FDP die Partei der Zahnärzte und Rechtsanwälte, nur die SPD war für die kleinen Leute auf der Straße zuständig.« Kapitalismuskritisch war er damals, aber wer war das Ende der sechziger, Anfang der siebziger Jahre nicht? Aber ein Parteilinker war er wiederum nie. »Ich war immer ein rechter Sozialdemokrat. Ich war der Ansicht, wir sollten mit den Alten im Seniorenheim zur Adventszeit eine Lichterfahrt machen und nicht mit ihnen diskutieren, dass ihre Rentenhöhe an der Ausbeutung durch den Kapitalismus liegt. Ich fand, dass wir mehr Werbung für die Jusos machen, wenn wir das Jugendheim renovieren und aufhübschen, als wenn wir die Leute volllabern. Ich war halt pragmatisch.«

Natürlich habe der soziale Aufstieg seine Sichtweisen verändert, gibt er zu. »Das Sein bestimmt das Bewusstsein! Das lehrte schon Karl Marx«, lacht er. »Also ich bin in meinen politischen Ämtern immer sehr ordentlich entlohnt worden. Gemessen an den Margen in der Privatwirtschaft war es natürlich eher dezent. Aber für ein Kind aus einem Arbeiterhaushalt war es schon ein Aufstieg. Und es veränderten sich natürlich auch meine sozialen Kontakte. So wuchs ich Stück für Stück auch bewusstseinsmäßig in die Rolle des Bürgertums und übernahm dessen Ansichten und Werte. Zum Beispiel Ordnungsprinzipien. Es kann nicht jeder machen, was er will, sonst versinkt der Staat im Chaos. Das Zusammenleben der Bürger muss Regeln unterliegen.«

Er kann sich noch gut erinnern, wie er als junger Mann auf derlei bürgerliche Maximen reagiert hat. Als er 20 war, rebellierten

1968 die Studenten. Bürgerlichkeit galt damals als reaktionär, wenn nicht faschistisch. Alltagsfaschismus machte als geflügeltes Wort die Runde. »Sie wissen schon, ›Jeder ist seines Glückes Schmied‹, ›Wer etwas erreichen will, muss sich bewegen‹ – das waren doch Normen, die wir als 18-Jährige, 20-Jährige für völlig von gestern hielten. Aber heute sind das Dinge, die ich hundertprozentig akzeptiere. Und so veränderte sich auch mein Blick darauf, wie eine gerechte Gesellschaft aussieht.«

Gerechtigkeit ist für Buschkowsky nämlich keine Kuschelecke und schon gar keine lebenslange Betreuungsveranstaltung: »Chancengleichheit für jedermann, egal, welche Kompetenzen in der Wiege lagen. Das prägt für mich eine gerechte Gesellschaft.« Nicht weniger, aber auch nicht mehr. Unterschiede sind für ihn die Folge des realen Lebens: »Gerecht ist für mich auch, dass derjenige, der das ganze Leben den Buckel krumm gemacht hat, am Ende mehr Geld in der Tasche hat, als derjenige, der sein Leben lang der Allgemeinheit auf der Tasche lag.« Und genauso wenig wie er in Jugendtagen Banken verstaatlichen wollte, so sehr bestreitet er heute so etwas wie ein Grundrecht auf Wohnen. »Seit wann ist Wohnen ein Grundrecht? Wo auf dieser Welt wird das praktiziert? Jeder Vogel muss sein Nest selber bauen. Leistungserwartungen sind verpönt. Aber das dürfen Sie heute nicht mehr sagen.«

Der Wesenskern der Sozialdemokratie birgt eben mit dem Drang zum Aufstieg zugleich die Konsequenz einer Verbürgerlichung des Bewusstseins. Wer links unten startet, kann rechts oben anlanden. In der SPD spannt sich seit jeher dieses weite Spektrum auf. Den Klassenkampf zwischen Besitzenden, Habenichtsen und Habenwollenden haben die Genossen gleichsam in ihre Partei hineingeholt. An den Reibeenergien dieser Auseinandersetzungen verglühen nicht selten die Kräfte, die eine Gemeinschaft zusammenhalten, die Nächstenliebe, die Brüderlichkeit, die Solidarität. Wo diese Kräfte schwächeln, kommen die Dämonen des Neides, der Engherzigkeit, der Missgunst zum Vorschein. Bei den Sozialdemokraten befremdet stets aufs Neue, wie sehr ihr Anspruch, solidarisch füreinander einzustehen, und die Praxis, miteinander umzugehen, auf groteske Weise auseinanderklaffen.

Missgunst frisst Solidarität

Die Demontage von Genossen durch Parteifreunde scheint in der SPD eine fatale Routine zu sein. Wie in keiner anderen Partei ist es unter Sozialdemokraten üblich, sich in der Öffentlichkeit gegenseitig der Häme, der Kritik und des Vorwurfs auszuliefern. Es ist ganz so, als ob die hehren Ideale aus Parteiprogramm und SPD-Historie wie Freiheit, Gleichheit und Solidarität, Gerechtigkeit und Humanismus durch den Einsatz menschlicher Niederträchtigkeiten erträglich gemacht werden müssten. Wer sich angesichts der moralischen Fallhöhe in der SPD an das Intrigenbiotop des Vatikans erinnert fühlt, dürfte gar nicht so verkehrt liegen. War es doch der einstige Messdiener und zweimalige Parteichef Franz Müntefering, der uns 2004 belehrte: »Das ist das schönste Amt neben dem Papst, Vorsitzender der SPD zu sein.«[88]

Für Harald Christ ist es »ein Kernproblem, dass innerhalb unserer Partei mehr intrigiert und gestritten wird als mit dem politischen Gegner. Das wollen die Menschen nicht. Wer will denn eine Partei wählen, die nicht mal in der Lage ist, ihr eigenes Führungspersonal zusammenzuhalten?«[89] Und wer will einer Partei seine Stimme geben, in der ein Austausch von Meinungsverschiedenheiten im Handumdrehen zu Feindseligkeiten führt, die an Glaubenskriege erinnern?

Nicht mal die Bundesvorsitzende war vor solchen Attacken gefeit. Ende Mai 2018 hatte Andrea Nahles in der Flüchtlingspolitik die Unionsforderung unterstützt, die Maghreb-Staaten zu sicheren Herkunftsländern zu deklarieren, und gesagt: »Wer Schutz braucht, ist willkommen. Aber wir können nicht alle bei uns aufnehmen.«

Prompt beschlossen die Berliner Genossen auf ihrem Landesparteitag einen Antrag, der ihrer Bundeschefin eine »rechte Rhetorik« vorwarf. »Wir fordern unsere Parteiführung auf, sich dafür einzusetzen, dass die Maghreb-Staaten nicht zu sicheren Herkunftsstaaten erklärt werden«, heißt es in dem Papier. Mehr noch: »Wir sehen es mit Sorge und Verärgerung, dass Vertreter*innen der SPD auf Bundesebene meinen, einen rechten vermeintlichen Mainstream bedienen zu müssen, indem sie Ressentiments gegen Geflüchtete aufgreifen.«[90] Auf dem Parteitag wurde sogar darüber diskutiert, »ob man ein Parteiordnungsverfahren gegen die Vorsitzende einleiten solle«, berichtet Heinz Buschkowsky. »Das war wirklich ernst gemeint!«[91]

Ähnlich kleinkariert und verunsichert stümpert sich die SPD an ihrem Parteimitglied Thilo Sarrazin ab. Sarrazin, seit 1973 Sozialdemokrat, von 2002 bis 2009 Berliner Finanzsenator, sorgte 2010 mit seinem Buch *Deutschland schafft sich ab. Wie wir unser Land aufs Spiel setzen* für diskursive Tumulte. Die Streitschrift gilt als meistverkauftes Sachbuch im Hardcover seit Gründung der Bundesrepublik, Gesamtauflage rund 1,5 Millionen Exemplare. Nur wenige Tage nach Buchveröffentlichung wurde Sarrazin zum Rücktritt als Bundesbank-Vorstand gedrängt. Von der Bundeskanzlerin wurde das Pamphlet seinerzeit öffentlich verworfen: »Sarrazins Formulierungen sind überhaupt nicht hilfreich.« Wiewohl sie einräumte: »Ich habe das Buch nicht gelesen.«[92] Auch der jüngste Sarrazin-Titel *Feindliche Übernahme. Wie der Islam den Fortschritt behindert und die Gesellschaft bedroht* veranlasste den SPD-Generalsekretär Lars Klingbeil im August 2018 noch vor Lektüre des Buches, das inzwischen dritte Parteiordnungsverfahren einzuleiten. Die Auseinandersetzung dürfte sich geraume Zeit hinziehen, Sarrazin hat angekündigt, er wolle seine Mitgliedschaft »notfalls bis zum Bundesverfassungsgericht durchkämpfen«[93]. Hilfreich könnte für die Sozialdemokraten in dieser Auseinandersetzung ein Blick in die Parteihistorie sein: In Hamburg regierte von 1983 bis 2001 der Bau- und Verkehrssenator Eugen Wagner und prägte in seinen 19 Amtsjahren, die ihn zum dienstältesten Hamburger Senator werden ließen, eine ganze Ära. Sein rustikaler Politikstil brachte ihm den Spitznamen »Beton-Eugen« ein. Er legte Dossiers mit schmutzigem Material über politische Widersacher an und orientierte sich an seinen Vorbildern Franz Josef Strauß und Helmut Kohl, wenn er mit großem Gespür für die kleinen Leute Klientel-Politik betrieb. Henning Voscherau, von 1988 bis 1997 Erster Bürgermeister in Hamburg, bezeichnete seinen Bausenator Wagner als »unsere Waffe gegen DVU und Republikaner«[94]. Die SPD zeigte sich in der Vergangenheit sichtlich erfolgreicher im Ausbooten der politischen Konkurrenz am rechten Rand.

Mit ungleich weniger Weitblick äußerte Klingbeil in einem Interview auf der Online-Seite des Parteiorgans *Vorwärts*, »dass Thilo Sarrazin sich inhaltlich schon lange von der SPD verabschiedet hat. Er bleibt trotzdem in der Partei, weil er für die Öffentlichkeit natürlich als SPD-Mitglied interessanter ist. Wenn man genau hinsieht, erkennt man einen alten verbitterten Mann, der seine SPD-Mitgliedschaft zur Vermarktung seiner absurden Thesen nutzt.« Für den SPD-General war »klar, dass Thilo Sarrazin sich eine andere politische Heimat suchen sollte«, denn »Menschen, die in die SPD eintreten, bekennen sich damit zu unseren Grundwerten Freiheit, Gerechtigkeit und Solidarität. Menschen wie Sarrazin, die sich von den Grundwerten der SPD verabschiedet haben und trotzdem Mitglied bleiben, sind die absolute Ausnahme«.[95]

Zu diesen Ausnahmen dürfte in Klingbeils Logik auch Klaus von Dohnanyi zählen, der schon aufgrund seines antinazistischen Familienhintergrundes rechtspopulistischer Neigungen unverdächtig ist. Sein Vater Hans von Dohnanyi wurde als Widerstandskämpfer gegen Hitler kurz vor Kriegsende hingerichtet. Der Jurist Klaus von Dohnanyi war Sarrazins Rechtsbeistand im ersten Parteiausschlussverfahren und warf seiner Partei vor, sie habe sich »gewaltig« geirrt. Im Interview mit der FAZ im Juli 2011 erläuterte er: »Die Haltung der SPD war geprägt von der irrigen Annahme, die eugenische Idee der Nationalsozialisten entspringe einer deutschen Quelle. Die Eugenik stammt aber aus den angelsächsischen Ländern. Wir haben ein großes Verbrechen, den Holocaust, der mit der Wahnsinnsidee von Rassismus begründet worden ist. Aber der Rassismus stammt nicht aus Deutschland.«[96]

Dohnanyi nannte es einen »groben politischen Fehler«, dass der damalige SPD-Vorsitzende Sigmar Gabriel behauptet habe, »man dürfe nicht über genetische Themen reden, obwohl man das überall in der Welt tut«. Tatsächlich, so Dohnanyi, gehe es bei Sarrazin gar nicht um Eugenik. »Wenn die SPD der Präimplantationsdiagnostik zustimmt – das ist Eugenik. Wenn man jedoch sagt, wie es Sarrazin tut, »dass 40 Prozent der Frauen in gehobenen Positionen in Deutschland keine Kinder mehr bekommen, dann ist das etwas ganz anderes. Und wenn man hinzufügt, dass man etwas tun sollte, damit auch diese Frauen wieder Kinder bekommen, dann ist das nicht Eugenik, sondern eine völlig normale Form von Bevölkerungspolitik.«[97]

Sogar an dem von Sarrazin verwendeten Begriff »Judengen«, der für Aufregung sorgte, nahm Dohnanyi keinerlei Anstoß: »Diese Aussage Sarrazins war richtig. Es gibt in Israel und in Amerika umfangreiche Studien darüber, dass die Juden auch durch gemeinsame Gene bestimmt werden, weil sie so eng untereinander heiraten. Das zu wissen und es zu sagen kann nicht strafbar sein.«[98]

Bei Erscheinen von *Deutschland schafft sich ab* 2010 warfen ihm Qualitätsblätter wie *Spiegel* und *taz* vor, auf unzulässige Weise einen Zusammenhang von Intelligenz und Erbgut herzustellen. »Sarrazin argumentiert dezidiert biologistisch. Für ihn ist die Unterschicht nicht sozial benachteiligt, sondern genetisch bedingt dümmer als die Oberschicht«, so schlug die *taz* Alarm. Und dies seien »nichts als Vorurteile«.[99] Auch *Spiegel Online* warnte damals vor Sarrazins Thesen: »Die biologische Wurzel der Intelligenz existiert nicht.«[100] Acht Jahre später schienen entweder die Wissenschaft oder die Medien oder beide dazugelernt zu haben. 2018 berichtete die *Zeit* unter der wohlgelaunten Überschrift »Natural Born Schlaumeier« von Forschungserkenntnissen, die bislang als rassistisch galten: »Wie intelligent wir sind, bestimmen vor allem die Gene.« Und fragte: »Können wir den IQ schon bald bei der Geburt vorhersagen?«[101] Wenig später verkündete auch die *FAZ*: »Erbanlagen sind für unsere Entwicklung wichtiger als gedacht. Wie die Menschen sind, darauf haben Familie und Gesellschaft nur wenig Einfluss, verantwortlich sind dafür vor allem die Gene.«[102] Besonders deutlich werde dies, wenn es um die Intelligenz geht. Was anlässlich von Sarrazins Buch noch für Empörung sorgte, war auf einmal kein Problem mehr.

Schon frühzeitig sprang auch der renommierte Gesellschaftshistoriker Hans-Ulrich Wehler (1931–2014) dem attackierten Sarrazin zur Seite. Wehler war zwar nie SPD-Mitglied, zählte aber seit den sechziger Jahren zum intellektuellen Sympathisantenmilieu der Sozialdemokraten. Im sogenannten Historikerstreit 1986 war Wehler neben Jürgen Habermas einer der schärfsten Kritiker der Thesen von Ernst Nolte, an denen sich die Auseinandersetzung entzündet hatte. In der *Zeit* veröffentlichte Wehler im Oktober 2010 eine umfangreiche Verteidigungsschrift des Sarrazin-Werkes. Überschrift: »Ein Buch trifft ins Schwarze«.[103]

Dabei hielt Wehler durchaus Distanz zu den »biologischen Laubsägearbeiten Sarrazins«,[104] wie sie *FAZ*-Herausgeber Jürgen Kaube nannte. Angesichts einer »voreilig geäußerten vernichtenden Kritik« durch »politische Machtträger«, allen voran »Bundeskanzlerin, Bundespräsident, Bundesbankpräsident und der SPD-Vorsitzende Sigmar Gabriel«, sprach Wehler von einer »massiv vorgetragenen Attacke gegen die Meinungsfreiheit und das von offener Diskussion zehrende Gemeinwesen, wie sie die Bundesrepublik in den vergangenen Jahrzehnten noch nicht erlebt hat«.[105]

Aber warum waren »exponierte Persönlichkeiten dieser politischen Klasse« so eilfertig darum bemüht, dass »jede Diskussion abgewürgt wurde«? Klarsichtig machte Wehler hier ein Verschleierungsmuster aus, das sich bis in unsere Gegenwart noch verfeinert hat: »Anstatt die Zuwanderungsprobleme endlich ohne Scheu zu diskutieren, verstecken sich bisher die meisten Kritiker hinter der hohen Mauer ihrer Einwände gegen Sarrazins Rückgriff auf die Erbbiologie. Wer hat schon seine Sorgen im Hinblick auf die Zukunft der deutschen Gesellschaft bereitwillig anerkannt, wer für Sarrazins Kritik an schwerwiegenden Versäumnissen Verständnis geäußert, wer die Lesefreudigkeit eines Bildungsbürgers geschätzt, wer das Reformplädoyer eines geradezu leidenschaftlichen Sozialdemokraten gewürdigt?«[106] Es muss ein erhabener Moment für Thilo Sarrazin gewesen sein, von einem glanzvollen Gelehrten wie Hans-Ulrich Wehler ein »geradezu leidenschaftlicher Sozialdemokrat« genannt zu werden, während die eigene Partei juristisch an seinem Rausschmiss arbeitete.

Und Wehler bringt die politischen Unterlassungen auf den Punkt: »Jahrzehntelang hat die deutsche Einwanderungspolitik nicht auf Qualifikation, Sprachkenntnisse, Integrationswilligkeit geachtet, ganz im Gegensatz zu klassischen Einwanderungsländern wie den Vereinigten Staaten, Kanada, Australien. Millionen wurden ohne Abwägung der sozialen Kosten gemäß der Maxime ›Privatisierung der Gewinne‹ importiert. Jetzt steht unabweisbar die ›Sozialisierung der Verluste‹ an, die nur in Milliardenhöhe kalkuliert werden können.«[107]

Dies, wohlgemerkt, schrieb Wehler anno 2010. Sein Zwischenruf verhallte im Berliner Politikbetrieb, stattdessen wurde der Reflex, politisch unbequeme Meinungen als politisch unkorrekte Regelverstöße zu ächten, zum Verhaltenskodex der sozialdemokratischen Republik Deutschland. Es hat sich ein linksliberaler Konsens etabliert, der parlamentarisch durch die seit einer gefühlten Ewigkeit stagnierende Große Koalition verkörpert und dessen diskursive Hegemonie durch eine subtile gesellschaftliche Denunziationsmeteorologie in Balance gehalten wird. Ob im Internet oder in der wirklichen Welt – allenthalben lauern Sprachpolizisten, Tugendkommissare und Glaubenswächter, um den moralischen Zuckerguss aus Freiheit und Menschenrechten über einer zunehmend verwahrlosenden gesellschaftlichen Realität intakt zu halten und nicht aufplatzen zu lassen. Wir werden an anderer Stelle darauf zurückkommen.

Heinz Buschkowsky hat ein solches innerparteiliches Spießrutenlaufen selber kennengelernt. Als Bezirksbürgermeister von Neukölln hat er sich jahrelang an der Alltagsfront mit den praktischen Schwierigkeiten der Zuwanderung von bildungsfernen Muslims befassen müssen. Im Neuköllner Norden leben rund 160.000 Menschen, davon fast 90.000 Migranten. Zwei Bestseller hat er zu diesen Themen geschrieben: *Neukölln ist überall* (2012) und *Die andere Gesellschaft* (2014). Er genießt seinen Ruf als »Poltergeist von Berlin-Neukölln«[108] (FAZ) und arbeitet mit dem kalkulierten Tabubruch: »2004 habe ich mit meiner Aussage, dass Multikulti in Deutschland gescheitert ist, so eine Grenze überschritten«, sagt er. »Von da an wurde das Thema diskutiert.«[109]

Als Buschkowsky am 30. August 2018 in den Räumen der Berliner Pressekonferenz gemeinsam mit Thilo Sarrazin dessen neu erschienenes Buch *Feindliche Übernahme* präsentierte und diskutierte, machte schon vor Beginn der Veranstaltung am Reichstagsufer kurz vor neun Uhr morgens die Meldung die Runde, Juso-Chef Kevin Kühnert würde ein erneutes Verfahren zum Parteiausschluss Sarrazins einfordern. Zwei Stunden später schob Kühnert (@KuehniKev) auf Twitter nach: »Die Vorstellung des #Sarrazin-Buches übernimmt heute Heinz #Buschkowsky. Das sagt mehr über Buschkowsky, als über den Autor. Gut, dass er jetzt mal deutlich entschieden hat, in welchem Team er spielt. Keine weiteren Fragen.«[110] Ein klassischer Heckenschützen-Sound mit dem Augenzwinkern des Bescheidwissers, der nicht argumentiert, sondern suggeriert.

Einen Monat später beschlossen die Willkommens-Hardliner in Buschkowskys Neuköllner Kreisverband, ihren früheren Bezirksbürgermeister aus der Partei zu werfen. Einstimmig segnete eine Mitgliederversammlung der Arbeitsgemeinschaft Migration und

Vielfalt einen Antrag ab, wonach ein »Parteiordnungsverfahren mit dem Ziel des Parteiausschlusses« gegen ihn eingeleitet werden solle. Begründung: »Heinz Buschkowsky äußert sich wiederholt in der Integrations- und Migrationsdebatte rechtspopulistisch.« Timo Schramm, Vorsitzender der Neuköllner AG Migration und Vielfalt, zeigt klare Kante gegen einen Genossen, der wie Sarrazin seit 1973 Mitglied der SPD ist: »Buschkowskys Aussagen spalten und sind rassistisch geprägt. Er stellt sich gegen die Werte der Sozialdemokratie und missbraucht seine Position als ehemaliger Bezirksbürgermeister zur Selbstdarstellung.«[111]

Anstoß erregten die Aussagen Buschkowskys, dass er Sarrazins Thesen zum Islam ausdrücklich teile. Das »praktische Leben der Muslime« in Deutschland sei geprägt von »Bildungsversagen, Arbeitslosigkeit, Transferbezug« sowie einem »völlig absurden Frauenbild« und »starker Kriminalitätsneigung«. Dazu heißt es im Antrag der Neuköllner Arbeitsgemeinschaft: »Wer soziale und strukturelle Probleme auf eine einzelne Religionszughörigkeit zurückführt, legt den Grundstein für rechtsextremes Gedankengut.« Auch für den Bundesvorsitzenden der AG Migration und Vielfalt in der SPD, den türkischstämmigen Aziz Bozkurt, war der Fall klar: »Seine Aussagen sind tatsächlich rassistisch. Und es ist ja auch nicht das erste Mal, dass Buschkowsky so etwas sagt.«[112]

Ein Vierteljahr später erzählt Genosse Buschkowsky im Estrel Hotel von diesen Attacken mit einer vergnügten Gesichtsröte. »In meiner aktiven Zeit hatte die SPD 43 Prozent.« Bei der Wahl zur Neuköllner Bezirksverordnetenversammlung 2011 holten die Sozialdemokraten mit dem Bezirksbürgermeister Buschkowsky 42,8 Prozent. »Niemand hatte mehr Zustimmung in den vergangenen 20 bis 25 Jahren als ich. Deshalb muss ich mich nicht darüber aufregen, wenn ich von solchen Pappnasen als Rassist angefeindet werde.«[113]

Politisch sieht sich Buschkowsky in bester SPD-Tradition eines Willy Brandt und Helmut Schmidt. Es war Brandt, der vor Hitler nach Norwegen flüchtete und später den Friedensnobelpreis erhielt für seine Ostpolitik und der 1973 als Bundeskanzler einen Anwerbestopp für Gastarbeiter erwirkte. Bereits im Januar des Jahres wies er im Bundestag darauf hin, man müsse »sehr sorgsam überlegen, wo die Aufnahmefähigkeit unserer Gesellschaft erschöpft ist«.[114] Der sozialdemokratische Bundesarbeitsminister Walter Arendt hatte bereits im Jahr zuvor gewarnt, die Gastarbeiterbeschäftigung könne in ein »Minusgeschäft« umschlagen, wenn die Zahl der Ausländer und ihre Aufenthaltsdauer steige und damit auch die öffentlichen Aufwendungen für Eingliederungsmaßnahmen.[115]

Auch Helmut Schmidt äußerte sich immer wieder kritisch zur Einwanderung. Der Altkanzler sagte 2004: »Mit einer demokratischen Gesellschaft ist das Konzept von Multikulti schwer vereinbar.« Insofern sei es ein Fehler gewesen, »dass wir zu Beginn der sechziger Jahre Gastarbeiter aus fremden Kulturen ins Land holten«, so zitiert ihn das *Hamburger Abendblatt*.[116] In seinem Buch *Außer Dienst* (2008) ist zu lesen: Eine »kulturelle Einbürgerung« ausländischer Einwohner der Bundesrepublik sei bislang nur »sehr unzureichend gelungen«. Und: »Wer die Zahlen der Muslime in Deutschland erhöhen will, nimmt eine zunehmende Gefährdung unseres inneren Friedens in Kauf.«[117] 2010 erklärte Schmidt bei Sandra Maischberger: »Zuwanderung aus fremden Zivilisationen schafft mehr Probleme, als es uns auf dem Arbeitsmarkt an positiven Faktoren bringen kann.«[118]

Die Vorstellung ist charmant, dass selbst SPD-Ikonen wie Brandt und Schmidt heute Gefahr liefen, von Multikulti-Hooligans in den eigenen Reihen mit dem Parteiausschluss bedroht zu werden. »Die SPD ist eben eine Partei, die mit ihren Leuten rustikal umgeht«, beschreibt es Buschkowsky.[119] Die Entwicklungen in den vergangenen Jahren hätten »dazu geführt, dass heute die Parteimitglieder ganz anders ticken als die ideologischen Funktionäre. Die Mitglieder sind viel eher auf der Linie eines Buschkowsky, während die Funktionäre in eine Sehnsucht nach links außen abdriften.«

1974 drehte Rainer Werner Fassbinder den preisgekrönten Film *Angst essen Seele auf*. Eine melodramatische Liebesgeschichte zwischen einer betagten Münchner Witwe und einem 20 Jahre jüngeren muslimischen Gastarbeiter aus Marokko. Der Filmtitel, grammatikalisch holprig und dennoch voller Poesie, beschreibt treffend die aktuelle Gemütslage der Sozialdemokraten. Die Missgunst zerfrisst den sozialdemokratischen Markenkern der Solidarität. Und die Existenzangst barbarisiert den zwischenmenschlichen Umgang in der Partei. Der Professor für Theatergeschichte und Dramaturgie an der Berliner Hochschule für Schauspielkunst Ernst Busch, Bernd Stegemann, ist Mitinitiator der linken Sammelbewegung »Aufstehen« und hat seit August 2018 auch mit vielen SPD-Mitgliedern Gespräche geführt, um sie für ein breites Bündnis zu gewinnen. Was der 52-jährige parteilose Dramaturg am Berliner Ensemble bei diesen Begegnungen stets gespürt hat, so erzählt er mir im Gespräch, war eine »blanke Panik« bei den Sozialdemokraten.[120]

Stegemann nennt die SPD eine »Opportunistenpartei«, die ihre Felle davonschwimmen sieht. Mit 15 Prozent Stimmen für die SPD und 9 Prozent für die Linkspartei ist eine linke Regierungsmehrheit im Lande außer Sichtweite. »Viele, die ich von der SPD mittlerweile kennengelernt habe, sind von Angst getrieben, weil die sehen, dass die SPD, wenn sie bei 15 Prozent bleibt oder sogar auf unter 10 Prozent fällt, nicht mehr die Ressourcen hat, um diesen riesigen Apparat am Leben zu erhalten. Da fehlt einfach das Geld! Und die verständliche Angst um den Arbeitsplatz geht da gerade ganz massiv um bei den SPD-Genossen.«

Dass sich die Akteure auf dem sinkenden Schiff einer Volkspartei zunehmend untereinander kannibalisieren, ist wenig verwunderlich. Der *Spiegel*-Reporter Markus Feldenkirchen hat von Frühjahr 2017 bis Frühjahr 2018 den SPD-Kanzlerkandidaten und Parteivorsitzenden Martin Schulz begleitet und konnte auf einzigartige Weise beobachten, wie eine hochneurotische Chaostruppe im Willy-Brandt-Haus vor der staunenden Öffentlichkeit einen Wahlkampf verstümperte, um am Wahltag jene verheerenden 20,5 Prozent einzufahren – das schlechteste Ergebnis der Sozialdemokraten bei einer Bundestagswahl in der Geschichte der Bundesrepublik.

Sind die Sozialdemokraten verrückt geworden? Wer Feldenkirchens eindrucksvolle Langzeitreportage *Die Schulz-Story* liest, gewinnt tatsächlich diesen Eindruck. Da hinterlässt der Parteivorsitzende Sigmar Gabriel seinem Amtsnachfolger Martin Schulz einen Scherbenhaufen an Infrastruktur. Die Pannen im Bundestagswahlkampf 2013 mit dem Kanzlerkandidaten Peer Steinbrück wurden nie analysiert, die Schwachstellen in der Parteizentrale nicht beseitigt. Dabei habe der damalige *FAZ*-Feuilletonchef Nils Minkmar »die Probleme der Steinbrück-Kampagne in seinem Buch ›Der Zirkus‹ sehr klar und anschaulich beschrieben«, schreibt Feldenkirchen. »Sigmar Gabriel bekam im Herbst 2013 von FAZ-Herausgeber Frank Schirrmacher das allererste Exemplar des Buches überreicht, er war der erste Leser des Buches überhaupt. Gabriel kannte die Probleme, aber er unternahm nichts dagegen.«[121]

Stattdessen wurde, so Feldenkirchen, über Gabriel kolportiert, »dass er in seinen sieben Jahren als Vorsitzender jedes Parteimitglied mindestens einmal persönlich beleidigt oder angeschnauzt habe. In der anhaltenden Begeisterung für den Vorsitzenden Schulz im Frühjahr 2017 steckt auch die Erleichterung über das Ende des Vorsitzenden Gabriel.«[122] Schulz wird in dem Buch zitiert: »Der Gabriel hat uns ein Desaster übergeben.«[123]

Zum Verhalten von Genossen untereinander fällt dem *Spiegel*-Reporter nur eine Metapher aus dem Milieu der Kindertagesstätten ein: »Sozialdemokraten zu sagen, sie sollten positiv sein und nicht übereinander herziehen, ist so, als würde man ein Kind bitten, Rosenkohl statt Süßigkeiten zu naschen.«[124] Wie ein Konfirmand probt der Kandidat Schulz mit seinem Beraterteam für eine Talkveranstaltung am Abend mit zwei Redakteurinnen der Frauenzeitschrift *Brigitte* im Maxim-Gorki-Theater. Es geht um den »Menschen Martin Schulz«: »Dann wird ernsthaft geprobt. Er setzt sich seiner Büroleiterin und einem seiner Sprecher gegenüber, rechtes Bein über das linke, bei jeder neuen Frage ändert er leicht die Sitzposition.«[125] Feldenkirchens Innenansichten des Wahlkampfs sind ein Dauerfeuer von solcherlei Peinlichkeiten. Schwer vorstellbar, dass ein Willy Brandt oder ein Helmut Schmidt sich einer derartig würdelosen Persönlichkeitskosmetik unterzogen hätten.

Feldenkirchen erzählt von einem Freund von Schulz in dessen Heimatstadt Würselen: »Der Freund sagte, dass Schulz jetzt anders wahrgenommen werde, weil er sich verändert habe. Die Frische und Unbefangenheit der Anfangszeit seien weg. Es komme ihm, dem Freund, vor, als hätten die Oberbedenkenträger, die in allem ein Risiko sähen, ihn fest in der Hand.«[126]

Erinnern wir uns: Im März 2017 wurde Martin Schulz auf einem SPD-Parteitag in Berlin von 100 Prozent der Delegierten zum Parteivorsitzenden gewählt. Das hatte schon DDR-Qualität und irgendwie wusste niemand so recht, warum in Schulz, erst zwei Monate zuvor von seinem Posten als Präsident des Europäischen Parlaments in Brüssel nach Berlin gewechselt, im Handumdrehen diese Erlöser-Aura hineinfantasiert wurde. Elf Monate später wurde er als Parteichef verstoßen, als hätte er sich an Praktikantinnen vergriffen. Aus dem wohligen Grusel der Anfangstage wurde eine ausgemachte Schreckensgeschichte. Und Feldenkirchen beschreibt »die allerletzte Dienstfahrt des Vorsitzenden«, als würde Schulz gleich in eine Zyankali-Kapsel beißen: »In der SPD hinterlässt er einen Scherbenhaufen. Seine Partei ist in allen Umfragen unter die magische Marke von 20 Prozent gesackt. Sie ist verunsicherter und zerstrittener denn je, das ganze Land lacht über sie. In den Zeitungen steht, die SPD sei nach einem Jahr Schulz nahezu schrottreif, ein Trümmerland.«[127]

Im Beisein seines Eckermann vom *Spiegel* zieht Schulz dann Bilanz. »Ich war ein glückloser Parteiführer«, zitiert ihn Feldenkirchen. »Ich glaube, ich bin nicht politisch gescheitert, aber sicher teilweise an den Strukturen der Partei zerschellt.« Und weiter: »Er habe, so sieht er es rückblickend, häufig mehr mit seinen eigenen

Leuten kämpfen müssen als gegen den politischen Gegner. Es habe eine Strategie der langsamen Zermürbung gegeben, eine lange Strecke des Mobbings liege hinter ihm. Er zählt alle aus der Parteiführung auf, die seiner Ansicht nach ein falsches Spiel mit ihm gespielt haben. Es ist eine längere Liste. ›Deshalb fühle ich mich von manchen auch verraten‹, sagt Schulz.«[128]

Wer die Verräter waren? Das können die Leser nur erraten. Spuren durchziehen die gesamte *Schulz-Story*. So sagt Schulz auf Seite 157: »Der Gabriel ist echt ein Problem.« Stündlich schicke er Ideen per SMS – »immer als Befehl. ›Das ist ein Kommandoton, als sei man selbst der letzte Depp, wenn man das nicht sofort umsetzt‹, sagt Schulz.« Oder Andrea Nahles, die Schulz anschließend im SPD-Vorsitz beerbte. Über sie findet sich auf Seite 282 die Bemerkung über den Bundestagswahlabend 2017. Der Kandidat saß mit seinen engsten Vertrauten beim Nachtmahl im Berliner Hotel Mövenpick und räsonierte: »Er wäre heute Abend zurückgetreten, sagt Schulz, wenn ein kollektiver Rücktritt erfolgt wäre. ›Aber die Tendenz in der Parteiführung war: ›Wir sitzen uns hier weiter unseren Arsch breit.‹ Hoffnung machten ihm nun die Jusos. ›Darauf bauen wir jetzt: auf die jungen Leute statt auf diese alten Sesselpupser, diese Hinterzimmerpolitiker und ihren Klientelismus.‹ Der klassische Fall dieser Berliner Szenerie, das ist man sich am Tisch einig, sei Andrea Nahles.« Aber wohlgemerkt: Feldenkirchen spricht von einer längeren Namensliste.

Unser kleiner Rundgang durch die SPD ruft unwillkürlich das Luther-Wort in Erinnerung: »Aus einem verzagten Arsch kommt kein fröhlicher Furz.« Dementsprechend ist aus dieser traurigen Partei seit langer Zeit keine zündende Idee entwichen, die in der Gesellschaft Begeisterung lodern ließ. Rechthaberisch und zugleich intellektuell kastriert stehen die Genossen da und schauen auf ihre einzigartige und stolze geschichtliche Tradition. Was sie noch zu liefern im Stande sind, ist besserwisserisch, aber ohne Glanz und politische Fantasie.

Als der erste sozialdemokratische Nachkriegskanzler Brandt sich noch anschickte, mehr Demokratie zu wagen, und er mit diesem Projekt einen Horizont aufspannte, der weit über eine Frauenquote und das Einrichten von transsexuellen Toilettenkabinen hinausreichte – da hatte die SPD auf souveräne Weise die gesellschaftliche Diskurshoheit und regierte über das progressive Empfinden der Deutschen. Heute muss Ex-Kanzlerkandidat Peer Steinbrück einräumen: »Der Sinkflug der SPD ist allerdings nicht allein darauf zurückzuführen, dass sie nicht mehr als avantgardistisch und fortschrittlich, sondern eher als altbacken und strukturkonservativ gilt. Ein neues Grundsatzprogramm würde an ihren strukturellen und organisatorischen Problemen zunächst gar nichts ändern. Die SPD ist überaltert – buchstäblich und habituell. Die Funktionselite liegt wie Mehltau über dem notwendigen Erneuerungsprozess und vergrämt junge Leute ebenso wie Quereinsteiger.«[129]

Nicht einmal die Spielkarte Europa können die Sozialdemokraten zücken, was sie immer dann gerne tun, wenn ihnen zur Zukunft sonst nichts mehr einfällt, ohne dass sie in bleichen Phrasen versanden. Den Europawahlkampf 2019 bestritt die SPD mit dem Slogan »Europa ist die Antwort«. Während das Publikum unterdessen von dem bizarren Schauspiel des Brexits in Bann gehalten wurde, erfuhren die Wähler nichts darüber, was denn überhaupt die Fragen seien, auf welche die SPD Europa als Antwort in Stellung brachte. Immerhin blieben die Genossen mit ihrer seltsam ausdrucksarmen Wahlkampffloskel der Großen Koalition treu, denn auch die Frauen-Union Rhein-Sieg stellte bereits im Oktober 2018 ihren Europa-Empfang unter das Motto: »Ein starkes Europa ist die einzige Antwort!«

CDU und SPD erscheinen in der Außenwirkung zunehmend als Schwesterparteien, vereint in ihrer Ratlosigkeit und sprachlichen Einfalt. Sie sind würdige Repräsentanten eines sozialdemokratischen Deutschland, in dem unter Kanzlerin Angela Merkel auch die einst konservative Christlich Demokratische Union in einen linksliberalen gesellschaftlichen Konsens eingemeindet wurde. Es ist ein Land, das »sehr mit sich selbst zufrieden ist«, wie Sigmar Gabriel Anfang Februar 2019 auf einer Veranstaltung der Arbeitsgemeinschaft Selbstständige in der SPD in Hamburg sagte.[130] Was Steinbrück »Mehltau« nannte, illustrierte Gabriel damit, »dass wir uns in der Mitte eines Orkans befinden, da ist es bekanntlich windstill«.[131]

Zu diesem Mehltau gehört die sogenannte Willkommenskultur, die das Land seit 2015 in eine absurde Spaltung getrieben hat. In einen Kulturkampf zwischen den Lagern einer kosmopolitischen Mittel- und Oberschicht einerseits, die die grenzenlosen Annehmlichkeiten einer neoliberalen Globalisierung genießt und diese Privilegien durch einen universalistischen Umgang mit den weltweiten Migrationsbewegungen zu kompensieren versucht. Und andererseits jenen, die mit wachsendem Unbehagen nicht länger bereit sind, die Kollateralphänomene von Masseneinwanderung in Europa zu ignorieren und moralisch zu verschleiern.

KAPITEL 2
DIE GROSSE
WILLKOMMENSLÜGE

»Wir leben gut, weil andere schlechter leben.«[1]

Stephan Lessenich, Neben uns die Sintflut.
Die Externalisierungsgesellschaft und ihr Preis, 2016

»Die Welt zu Gast bei Freunden«

Es war ein weihevoller Moment an diesem Mittwoch, den 9. September 2015, im Deutschen Bundestag. Angesetzt war die Aussprache zum Bundeshaushalt 2016, doch wie das gesamte Land stand auch das Parlament unter dem Eindruck der Einwanderung von Flüchtlingen aus Syrien, Irak, Afghanistan und anderen Ländern, die spätestens seit der Nacht zum 5. September zu Tausenden deutsche Grenzen passierten. So kam die dritte Rednerin in dieser Parlamentsdebatte, die Grünen-Fraktionschefin Katrin Göring-Eckardt, nach wenigen Worten »auf die Flüchtlinge in unserem Land und in Europa und ihre Situation zu sprechen«.[2]

Und auf einmal schien die abgebrochene Theologiestudentin Göring-Eckardt das Rednerpult unter der Reichstagskuppel in eine evangelische Kanzel umwidmen zu wollen: »Wir erleben in

Deutschland derzeit ein echtes Septembermärchen: Am Münchner Hauptbahnhof, in Dortmund, in Saalfeld und auch an vielen anderen Orten stehen Menschen an den Bahnsteigen mit Essen und Trinken, mit Rat und Tat. Wir sind plötzlich Weltmeister der Hilfsbereitschaft und Menschenliebe. ›Die Welt zu Gast bei Freunden‹ – das bekommt plötzlich eine ganz andere Bedeutung. Und ich kann zum ersten Mal sagen, dass ich uneingeschränkt stolz auf mein Land bin.«[3]

In der Tat sind die Deutschen beim Herbstturnier 2015 in der Disziplin Flüchtlingsaufnahme vom Start weg in Führung gegangen und auf europäischem Boden seither uneinholbar. Während in Deutschland von den 1.091.894 registrierten Flüchtlingen im Jahr 2015 immerhin 476.510 einen Asylantrag stellten, folgten Ungarn mit 177.135 Asylanträgen und Schweden mit 162.450. Weit abgeschlagen Italien (84.085), Frankreich (75.750), Niederlande (44.970) und Großbritannien (38.800). Im Folgejahr zog Deutschland mit weiteren 745.155 Asylanträgen den europäischen Partnern davon, auf Rang Zwei anno 2016: Italien (122.960 Asylanträge).

Was ist damals, im Spätsommer und Herbst 2015, in Deutschland geschehen? Was brachte die protestantische Ost-Grüne Göring-Eckardt zu ihrer emotional aufgeputschten Konfession im Bundestag: »Was mich bewegt, ist der Ruck, der durch die Zivilgesellschaft geht. Es gibt Menschen, die bei der Bereitstellung von Unterkünften anpacken und Flüchtlinge bei sich zu Hause aufnehmen – wie unser Kollege Martin Patzelt. Sie bringen ihnen Deutsch bei, vermitteln sie in Arbeit und binden sich sogar lebenslang mit Bürgschaften. Sie zeigen, dass Deutschland ein starkes und funktionsfähiges Land ist.«[4]

Wir erfahren, dass im September 2015 auf einmal ein Ruck durch die Zivilgesellschaft geht, wildfremde Menschen von weither finden Aufnahme nicht nur in staatlicher Obhut, sondern sogar in privaten Quartieren. Mehr noch: In einer Gesellschaft, in der vier von zehn Ehen geschieden werden, binden sich liberale Bürger aus der Mittelschicht »lebenslang mit Bürgschaften« an Menschen, die sie erst seit ein paar Tagen kennen – wenn überhaupt.

Ein Schelm, wer hierbei auf den Gedanken kommt: Was, wenn diese bürgschaftsbegeisterten Gutmenschen schon Jahre zuvor ähnliche Patenschaften flächendeckend für Mitbürger aus der einheimischen Unterschicht übernommen hätten? Wäre diesem Land womöglich der Marsch in eine Zwei-Drittel-Gesellschaft erspart geblieben?

Heute, nach vier Jahren in der Rückschau, keimt der Verdacht, dass die sogenannte Willkommenskultur in Deutschland mit allem Möglichen zu tun gehabt haben mag, am wenigsten mit den Flüchtlingen selbst. Sehen wir genauer hin. Der Journalist Robin Alexander hat 2017 ein zu Recht gerühmtes Buch veröffentlicht: *Die Getriebenen – Merkel und die Flüchtlingspolitik: Report aus dem Innern der Macht.*

Darin schildert Alexander die Ankunft von Tausenden Migranten auf dem Münchner Hauptbahnhof am 5. September 2015: »Es gibt viele bewegende Szenen. Wirklich spektakulär sind andere Bilder, die in jener Nacht entstehen. Auf ihnen sind die Flüchtlinge nur Beiwerk. Die eigentliche Sensation sind die Helfer und Jubelnden – Tausende Münchner sind spontan zum Hauptbahnhof gekommen. Allein 700 Freiwillige zählen die Behörden am Samstag, mehr, als sie für sinnvolle Tätigkeiten einteilen können. Die Menschen bringen Kleidung, Wasserflaschen, Äpfel, Brezeln, Brote und Süßigkeiten. Kein Kind, das aus einem dieser Züge steigt und nicht beschenkt wird. Die Hilfsbereitschaft ist so groß, dass sie logistische Probleme bereitet: Am Bahnsteig stapeln sich Kuscheltiere und Spielzeug. · Während die Ankommenden von den Strapazen der Reise gezeichnet sind, wirken die Menschen, die sie begrüßen, euphorisiert: Sie rufen und winken, viele weinen, einige tanzen.«[5]

Welch eine Vorstellung. Da kämpfen sich Menschenkarawanen über die Balkanroute durch Europa, Regen und Kälte ausgesetzt, Hitze und Durst und Hunger, Dreck und Erschöpfung. Schließlich treffen sie auf deutschen Bahnhöfen in München, Frankfurt am Main und Dortmund ein, wohin einige Züge weitergeleitet wurden, und was sehen die Unglücklichen und Ermatteten? Tanzende und jubelnde Wohlstandsbürger, die ihren überladenen Hausrat spontan entrümpeln, um sich an ihren guten Taten weiden!

Wohlgemerkt: Szenen wie diese fanden außer in Deutschland höchstens noch in Österreich statt. Aus den übrigen europäischen Ländern werden weitaus nüchterne Reaktionen berichtet. Folgt daraus, dass Europa von herzlosen Barbaren bevölkert ist und nur in Deutschland Menschen siedeln, die Hilfsbedürftigen in ihrer Not beistehen? Ausgerechnet das Land, von dem genau 76 Jahre zuvor der Zweite Weltkrieg ausging und das einen Massenmord an den europäischen Juden beging, steht inzwischen als Leuchtturm der Humanität in der Mitte Europas?

Ja, ausgerechnet! Ohne Hitler gäbe keine Willkommenskultur. Was sich hierzulande als geläuterte Gesinnung an sich selbst begeistert, ist nichts anderes als das Echo eines Traumas, ein Reflex im Schockzustand. Die Deutschen haben aus ihrem Schuldkomplex eine Nationalreligion kreiert. Und weil so eine teutonische Variante der Erbsünde eine trostlose Veranstaltung ist, haben sie sich dafür entschieden, aus ihrem Makel eine Tugend zu machen und damit die Welt zu missionieren. Ganz so, als ob es im Grunde gleichgültig sei, ob die Deutschen die größten Menschheitsverbrecher oder die hehrsten Wohltäter seien – Hauptsache Weltmeister!

Es gibt intellektuelle Akteure, die diese kollektiv empfundene Geringwertigkeit zum neurotischen Geschäftsmodell umgeformt haben. Der Soziologe Harald Welzer ist so ein Beispiel. Ein wohlgebräunter Sechziger mit wehender Günter-Netzer-Frisur, der Anfang März 2019 neben der SPD-Chefin Andrea Nahles in der Talkshow »Markus Lanz« saß und ihr gestand: »Ich bin ein enttäuschter Liebhaber Ihrer Partei!«[6]

Das ist noch untertrieben. Tatsächlich ist Welzer, der sich in seinen Büchern als »erprobter Zukunftsarchitekt« und einen »der wichtigsten Vordenker in Deutschland«[7] rühmen lässt, so etwas wie die fleischgewordene Sehnsucht des sozialdemokratischen Mainstreams hierzulande. In ihm haben die meisten Symptome, unter denen das Land krankt, Gestalt gefunden. Gerade das macht seinen Erfolg aus. Seine Bücher bevölkern die *Spiegel*-Bestsellerlisten und heißen etwa *Die smarte Diktatur. Der Angriff auf unsere Freiheit* oder *Selbst denken. Eine Anleitung zum Widerstand.* Der holprige Titel meint vermutlich: »selber denken«.

Was auch immer an Plattitüden im linksliberalen Bürgertum unterwegs ist – bei Harald Welzer sind sie nachzulesen. In seinem neuesten Werk *Alles könnte anders sein. Eine Gesellschaftsutopie für freie Menschen* wünscht er sich in rührender Einfalt: »Eine Welt, in der alle Menschen freundlich miteinander umgehen.«[8] Sodann sollte diese Welt auch keine Schranken mehr haben: »Eine grenzenlose Welt wäre ein gutes Training für Empathie und Solidarität, denn die kategoriale Unterscheidung zwischen ›unserer‹ Welt und ›denen da draußen‹ würde nach und nach verschwinden. Das setzt eine Durchlässigkeit zwischen allen Schichten und Gruppen voraus, die wiederum erst Empathie und Solidarität ermöglicht, und diese Durchlässigkeit müsste es innergesellschaftlich wie international geben.«[9] Unwillkürlich kommt einem das geflügelte Wort in den Sinn: »Wer nach allen Seiten offen ist, der kann nicht ganz dicht sein.«

Was Welzer indes mit innergesellschaftlicher Empathie meint, exerziert er im Buch gleich vor. Weil in den »Nachfolgegesellschaften des ehemaligen Ostblocks, der 1989 zusammenbrach«, noch wenig »generationelle Demokratieübung erfolgt« und daher »dort die Attraktivität der Autokratie noch weit stärker ausgeprägt« sei, existiere »auch der politische Klimaunterschied in West- und Ostdeutschland. Im Osten liebt man die Freiheit noch nicht.«[10]

In Westdeutschland hingegen, so Welzer in *Wir sind die Mehrheit. Für eine offene Gesellschaft*, habe »die deutsche Bevölkerung den eindrucksvollsten Nachweis für ihre demokratische Haltung angetreten, als sie auf den rapiden Anstieg der Flüchtlingszahlen im Sommer 2015 so reagierte, wie sich jede Gemeinschaftskundelehrerin und jeder Geschichtslehrer das wünscht: Lernziel erreicht!«.[11] Auf die Idee, dass sich die Ostdeutschen nach vier Jahrzehnten DDR-Bevormundung nicht bruchlos einem westdeutschen säkular-theokratischen Regime von Gemeinschaftskundelehrerinnen unterwerfen wollen, kam Welzer indes nicht.

Dabei hatten seine Empfindungen damals etwas von einer nationalen Initiation: »Ich war in jenen Wochen unglaublich stolz auf die Bevölkerung meines Landes, ja, habe zum ersten Mal tief empfunden, dass dies mein Land ist.«[12] Und das will etwas heißen. Harald Welzer bekommt nicht nur bei der Nationalhymne einen Schluckauf, sondern schon bei Bertolt Brechts »Kinderhymne« von 1950, in der es heißt: »Und weil wir dies Land verbessern/Lieben und beschirmen wir's/Und das liebste mag's uns scheinen/So wie andern Völkern ihrs.«[13] Auf überraschend unbefangene Weise wagt es Brecht in der letzten Zeile, die Deutschen mit anderen Völkern in eine Reihe zu stellen. Von so viel enthemmtem Patriotismus sieht Welzer seine Schamgrenze bedroht: »Vor dem Hintergrund der deutschen Geschichte ist die Idee, eine egalitäre Rolle einzunehmen und so offen wie verbindlich zu anderen sein zu wollen, geradezu verwegen.«[14]

In Welzer zittert das Hitler-Trauma in ungeronnener Frische. Die erste Zeile des »Liedes der Deutschen«, von August Heinrich Hoffmann von Fallersleben 1841 auf Helgoland gedichtet und zur Musik von Joseph Haydn gesungen, vermag Welzer aus der Fassung zu bringen: »›D, D ... über alles‹, ich kann das gar nicht schreiben.«[15] Schon weil sich unsere Nationalhymne ohnehin auf die dritte Strophe des »Liedes der Deutschen« beschränkt, weil sie in der ersten Zeile »Einigkeit und Recht und Freiheit« preist, hat Welzers Bekenntnis etwas von der Manieriertheit eines Heiko Maas, der im März 2018 bei seiner Antrittsrede als neuer Außenminister vor den Diplomaten des Auswärtigen Amtes verkündete: »Ich bin wegen Auschwitz in die Politik gegangen.«[16]

Es ist der Typus jener Nachgeborenen, die der Schock über die Verbrechen unserer Vorfahren nicht vor sittlicher Überheblichkeit und expansiver Eitelkeit bewahrt hat und die aus den Untaten der Nazis abzuleiten versuchen, sie seien etwas Besonderes. Bloß nicht so sein wie alle anderen Völker! Auf die nationalenthemmten braunen Horden folgten die antifaschistischen Nationalverklemmten. Als wäre eine Bordsteinschwalbe ins Kloster gewechselt. In dem Land der Barbarei-Weltmeister gefallen sich heute die Weltmeister der Tugendhaftigkeit.

Eine solche Polarität hat der Kulturhistoriker Egon Friedell bereits aus Anlass der Französischen Revolution beschrieben: »Pedanterie und Narrheit sind keine Gegensätze, sondern verschiedene Grade desselben Verhältnisses zur Wirklichkeit. Der Pedant ist ein zahmer Narr und der Narr ist eine Art wildgewordener Pedant. Beiden gemeinsam ist eine einseitige, unvollständige und daher falsche Perspektive des Lebens. Sie nehmen sozusagen nur entgegengesetzte Plätze auf der Thermometerskala ein. Der Pedant befindet sich auf dem Gefrierpunkt, der Narr auf dem Siedepunkt.«[17] Wer sich den Pedanten und den Narren übersetzt in Antifaschist und Nazi, dem kann diese Definition zum leuchtenden Kompass werden.

Die Anmaßung des Auserwähltseins ist ein Echo auf einen Minderwertigkeitskomplex. Bei der SPD laufen die Linien von gleich zwei Mangelempfindungen zusammen. Der Status des sozial Benachteiligten, der nach Aufstieg heischt, sowie die Bürde, als Deutscher dem Tätervolk zu entstammen und den nationalsozialistischen Zivilisationsbrüchen nicht ausweichen zu können. Das Erlösungsmantra lautet: Nie wieder! Nie wieder Krieg, nie wieder Auschwitz! Im sozialdemokratischen Milieu hat sich unter diesen Bedingungen der Phänotypus des moralisierenden Aufsteigers etabliert, der über Jahrzehnte hinweg das Entstehen eines gesellschaftlichen Konsenses herbeigeführt hat und das Grauen von Auschwitz zum antifaschistischen Credo, mithin zur nationalen Identitätsstiftung Nachkriegsdeutschlands, werden ließ.

Zu den Merkmalen dieser neoteutonischen Gesinnungsfrömmler zählt die Ablehnung jedweder patriotischen Leidenschaft. Im Dickicht antideutscher Abwehrreaktionen wird die Schande gelebt und die Bußfertigkeit beteuert. Das findet nicht immer so vordergründig statt wie beim Grünen-Chef Robert Habeck, der bereits 2010 ein »linkes Plädoyer« über »Patriotismus« verfasste: »Vaterlandsliebe fand ich stets zum Kotzen. Ich wusste mit Deutschland nichts anzufangen und weiß es bis heute nicht.« Das klingt traumatisiert und das ist es auch. Deshalb setzt Habeck sicherheitshalber lieber auf eine »Weltdemokratie« (»Wäre das schlimm? Eher nicht, oder?«). Nach seiner Vorstellung sollen schon 2035 nationale Wahlen durch europäische ersetzt werden, ein »gewähltes europäisches Kabinett« würde »die Menschen« in einem multikulturellen Superstaat regieren, in dem »humanitäre Werte und Ideale der Aufklärung« fortgeschrieben würden.[18] Zu solchen supranationalen Demokratiefantasien hat Sahra Wagenknecht von der Linkspartei zu Recht darauf hingewiesen: »Demokratie lebt nur in Räumen, die für Menschen überschaubar sind. Nur dort hat der Demos eine Chance, mit politischen Entscheidungsträgern auch in Kontakt zu kommen, sie zu beaufsichtigen und zu kontrollieren.«[19]

Patriotische Prüderie findet aber auch diskreter statt. Bei Welzer bleibt es nicht nur bei der Schreibblockade hinsichtlich der ersten Zeile des Deutschlandliedes. Sorgsam wird der Terminus »Volk« vermieden und durch »Einwohner« oder »Bevölkerung« oder »Menschen in Deutschland« ersetzt. Zur vollen Blüte gelangte das Umtanzen des Volksbegriffs bei Angela Merkel, die im Februar 2017 in Stralsund verkündete: »Das Volk ist jeder, der in diesem Land lebt.«[20] Wobei es sich hierbei um eine Addition handelt von den »Menschen, die schon länger hier leben«, plus denjenigen, »die neu hinzugekommen sind«[21].

Schlagfertig taufte der *Welt*-Korrespondent Dirk Schümer Deutschland um in »Hierland« und empfahl den Deutschen, ihr neurotisches Identitätsgestolpere über das Ausland zu reflektieren: »In

Frankreich wäre Merkels anbiedernder Neusprech unmöglich, denn dort definiert sich die ganze Lebensweise über die Nation: Egal woher die Vorfahren stammen und welcher Religion jemand anhängt – alle sind zuallererst stolze Bürger Frankreichs. Wir können sicher sein: Wenn die Deutschen, allen voran die Kanzlerin, sich für eine bewusst vage Identität entscheiden, dann wird unseren europäischen Partnern dabei eher mulmig. Das in seiner notorischen Unsicherheit so resolute Deutschland ist im Blick aus dem Ausland ein sehr viel exotischeres Land, als sich das die schon länger im Land Lebenden vorstellen können: manchmal unheimlich, oft bewundert oder beneidet, neuerdings immer öfter auch bemitleidet und kopfschüttelnd belächelt.«[22]

Vor allem das streberhafte Tugendgebaren der Deutschen wirkt in der Außenperspektive befremdlich. Wenn Harald Welzer feststellt, dass »mit zwei, drei Generationen Abstand zu totalitärer Herrschaft Menschen«, er meint hier Deutsche, anfangen, »die Demokratie zu lieben. Und freundlich zu werden«[23] – dann liegt hier der klassische Fall einer Kategorienverwahrlosung vor. Demokratie und Freundlichkeit sind nicht notwendig miteinander verwandt, auch wenn Welzer von einer Zwangsadoption halluziniert. Weder das antike Griechenland, Wiege abendländischer Demokratie, noch Großbritannien als Brutstätte der neuzeitlichen Demokratie haben sich durch prinzipielle Philanthropie bekannt gemacht. Egon Friedell weiß zu berichten: »Eine griechische Humanität hat es niemals gegeben: Ihre ersten schwachen Regungen bezeichnen die Auflösung des Hellenentums, und es ist eine pikante Ironie der Kulturgeschichte, dass die ersten Modernen, die wieder bewusst auf die Antike zurückgriffen, sich Humanisten nannten (...) In Wahrheit aber herrschten in Griechenland Sitten von so teuflischer Unmenschlichkeit, dass sie sogar nicht selten den Abscheu der Barbarenvölker erregten.«[24] Auch das britische Empire schaffte es nur durch Gewalttätigkeit, Sklavenhandel und Unterdrückung zum größten Kolonialreich der Weltgeschichte.

Und Deutschland? Die gegenwärtige politische Verfassung ist die freiheitlichste und emanzipierteste Form des Zusammenlebens, die wir kennen. Menschenfreundlich ist unser demokratisches System deshalb noch lange nicht. Unter dem Segel von Liberalität hat sich eine neue Klassengesellschaft installiert, manche sprechen von einem Neofeudalismus, in dem ein neureicher Geldadel seine Privilegien verteidigt, eine dauergestresste Mittelschicht um Zugänge zu den Futtertrögen kämpft und sich in einer wachsenden Unterschicht die Apathie ausbreitet. Soziale Aufstiegsmöglichkeiten schmelzen ab. Wie der Nationale Bildungsbericht 2016 feststellt, beeinflusst kaum ein Indikator den Bildungserfolg von Kindern und Jugendlichen in Deutschland so stark wie ihre soziale Herkunft. Eine Bankrotterklärung des Schulsystems vier Jahrzehnte nach Willy Brandts Demokratie-Offensive in den siebziger Jahren und einem endlosen Reigen an Reformen, die das deutsche Bildungssystem zur Wüstenei verkommen ließen.

Sogar Sozialdemokraten, die ihren sozialen Aufstieg vollbracht haben, schicken ihren Nachwuchs lieber auf private Eliteschulen als in staatliche Anstalten. »Erst neulich habe ich mich mit einem ranghohen Parteifreund unterhalten, der seine beiden Töchter auf ein Marine-Internat nach England schickt«, verrät Heinz Buschkowsky. »Kostenpunkt: 15.000 Euro pro Jahr und Nase. Seine Kinder sollen Disziplin lernen. Sich in eine gewisse Ordnung einfügen, Leistungsdruck aushalten, aufstehen, wenn der Lehrer den Klassenraum betritt. So was findet er gut. Und wissen Sie, was mir der Vater noch erzählt hat? Sie werden es nicht glauben: Die beiden Mädchen sind ganz begeistert. Die sind da richtig gerne!«

Vermutlich genießen die jungen Damen einfach auch nur den Abstand zu den verspannten Verhältnissen in einem Deutschland, das zwischen moralischem Größenwahn und kultureller Schockstarre oszilliert. Der Historiker Heinrich August Winkler, seit 1962 Mitglied in der SPD, hat das im Oktober 2017 im Interview mit der *Neuen Zürcher Zeitung* beschrieben: »Es gibt eine Reihe von Zeugnissen aus dem Jahre 2015, die deutlich machen, dass Politiker, Publizisten, Vertreter der Kirchen und der Zivilgesellschaft das Gefühl vermittelt haben, als bestehe jetzt endlich eine Möglichkeit, sich vom Ruf der Schreckensnation des 20. Jahrhunderts zu befreien. Der Tenor war: Wir können unser schlechtes Image loswerden, indem wir moralisch handeln und andern sagen, sie sollten sich gefälligst an uns ein Beispiel nehmen. Das ist eine neue Form von deutscher Arroganz. Sie hat bei unseren Nachbarn zu Recht sarkastische Reaktionen hervorgerufen. Ich kann vor diesem neuen deutschen Größenwahn nur warnen. So einfach werden wir mit unserer Vergangenheit nicht fertig. Deutschland taugt aufgrund seiner Geschichte nicht zur moralischen Leitnation Europas.«[25]

SPD in der Merkel-Falle

Die Sozialdemokratie tat in der Flüchtlingskrise, was sie am besten kann – sie überließ sich als Spielball den Umständen. Und die Wetterlage der Großen Koalition beherrschte außer Konkurrenz die Bundeskanzlerin Angela Merkel, die mit wenigen Worten (»Wir schaffen das!«) und noch weniger Gesten (Selfie-Fotos mit Neuankömmlingen am 10. September 2015 in der Erstaufnahmeeinrichtung in Berlin-Spandau) die Herzen des linksliberalen Mainstreams eroberte. So ähnlich muss es Kaiser Wilhelm II. empfunden haben, als er am 4. August 1914 im Reichstag die Landsleute in Vibration versetzte: »Ich kenne keine Parteien mehr, ich kenne nur noch Deutsche.«[26]

Ein seltsames Leuchten durchzog im Spätsommer und Herbst 2015 das Land, auf einmal war das kleinliche Gezänk, das die politische Routine in Berlin gemeinhin charakterisiert, gleichsam beurlaubt und eine ungewohnte Einmütigkeit übernahm die Stallwache. Die Leitmedien zogen an einem Strang. Der *Bild*-Chefredakteur ließ Aufkleber drucken: »#refugeeswelcome – Wir helfen«. Der *Spiegel* leitartikelte, dass Flüchtlinge eine Gruppe seien, »die höchst willkommen ist in diesem Land, das Zuzügler braucht«.[27] Ihre Verteilung könne ersetzt werden durch ein Casting: »Die Regierung schreibt einen Wettbewerb aus. Gemeinden können sich um Aufnahme und Integration von Flüchtlingen bewerben.« Auch die Wirtschaft teilte mit, sie sehe allenthalben Chancen, »wir gewinnen neue, teilweise qualifizierte Mitarbeiter dazu«, so der Präsident des Bundesverbandes der Deutschen Industrie, Ulrich Grillo. Denn aufgrund unserer Demografie fehlten uns Arbeitskräfte. »Dieser Mangel kann reduziert werden.« Dieter Zetsche, Chef von Mercedes-Benz, jubelte eine Woche nach der Grenzöffnung: »Im besten Fall kann es auch eine Grundlage für das nächste deutsche Wirtschaftswunder werden.«[28]

In die träge Routine der deutschen Komfortzone war durch die Flüchtlinge plötzlich eine elektrisierende Spannung elementarer Relevanz eingebrochen. Manche verglichen diese Woge unverhofften Glücks mit dem Fußball-Sommermärchen 2006, andere bemühten den Mauerfall 1989 zur Illustration ihres Gefühlshaushaltes. Die Zuwanderer gerieten schnell zur Staffage für die Ekstase, die sie den Willkommensdeutschen bereiteten.

Aber das war eben nur der Firnis des repräsentativen Konsenses, mit dem vorhandener Unmut und Zweifel niedergehalten werden sollten. In der Union brodelte es. Wolfgang Schäuble warnte seine Partei vor einer Selbsttäuschung: Die Parteibasis sei keineswegs von einer christlichen Willkommenskultur erfüllt, die Stimmung sei vielmehr »dramatisch«.[29] Und Horst Seehofer, Chef der bayerischen Schwesterpartei, hatte bereits am Montag nach der Grenzöffnung geäußert: »Die Kanzlerin hat sich meiner Überzeugung nach für eine Vision eines anderen Deutschland entschieden.«[30] Später machte sein Wort von der »Herrschaft des Unrechts« die Runde.[31]

Und auch die SPD erlebte eine zunehmende Spaltung zwischen »den Anhängern einer Willkommenskultur und Verteidigern des großzügigen deutschen Asylrechts auf der einen Seite und den auf Abwehr und Abschottung drängenden Kräften auf der anderen«, stellt Peer Steinbrück nüchtern fest. Der Kanzlerkandidat von 2013 beschreibt die Position seiner Partei »in der Flüchtlings- und Zuwanderungskrise« als »geradezu schicksalhaft zwischen den Stühlen«.[32]

Genauer gesagt: Die SPD saß in der Falle. Denn natürlich erlebte die politische Klasse Berlins in den Monaten August und September 2015 ein kurzes Zeitfenster der Einmütigkeit mit der Mehrheit der Bevölkerung. Denn das Gefühl, stolz sein zu können aufs eigene Land, das viele klassisch nationalskeptische Linksliberale auf einmal in sich verspürten, bedeutete zugleich eine zeitweilige Erlösung von der chronischen Entfremdung zwischen der politischen Elite und dem, was sich hierzulande Zivilgesellschaft getauft hat. Auch die Sozialdemokraten, in deren Reihen die Kritiker an den gesellschaftlichen Verhältnissen traditionell beheimatet sind, mochten sich diesem historischen Moment der bundesdeutschen Eintracht nicht entziehen. Und so verschmolzen im Kielwasser der Masseneinwanderung die Parteien der Großen Koalition zu einer einzigen sozialdemokratischen Wertewolke. Die CDU wurde »zum ersten Mal als eine Partei der linken Mitte wahrgenommen«.[33] Die CDU-Chefin Merkel übernahm gleichsam virtuell den SPD-Vorsitz, während Sigmar Gabriel, der formale Amtsträger, in eine Identitätskrise geriet und Anfang 2017, ein gutes Jahr nach dem deutschen Willkommensherbst, zurücktrat.

Die SPD hatte keine Wahl, keinen Handlungsspielraum, Merkels Alternativlosigkeit lag wie Mehltau auf den Sozialdemokraten, so lautet der Befund von Peer Steinbrück: »Hätte sich die SPD den Forderungen nach einer numerischen Obergrenze und einer hartherzigen Gangart mit Flüchtlingen und Zuwanderern angeschlossen, hätte sie nicht nur ihre politische und moralische Unterstützung der Grenzöffnung im September 2015 durch Angela Merkel und ihr Loblied auf das Bürgerengagement verleugnet und darüber ihre Glaubwürdigkeit eingebüßt.«[34]

Gut möglich, dass der kluge Peer Steinbrück sich hier irrt. Ein Bundesinnenminister Otto Schily, der einst als Rechtsanwalt linksradikale RAF-Terroristen verteidigte, später über die Grünen zur SPD fand und als Polizeiminister eine strikte Law-and-Order-Politik betrieb, hätte ideologisch viel unangreifbarer auf Rechtsstaatlichkeit und professionelle Organisation bei der Einwanderung pochen können als jeder Bundesinnenminister der Union. Bereits kurz nach Amtsantritt 1998 hatte sich Schily in einem Interview mit dem *Tagesspiegel* klar positioniert: »Die Grenze der Belastbarkeit Deutschlands durch Zuwanderung ist überschritten.«[35] Auf die Frage, ob Zuwanderung nicht gesteuert werden könne, sagte der Bundesinnenminister, es spreche überhaupt nichts dagegen, aber dies sei keine Frage, die aktuelle Bedeutung habe. »Selbst wenn wir heute ein Zuwanderungsgesetz hätten, müsste eine Zuwanderungskommission die Zuwanderungsquote auf null setzen.«[36] Gegen die Proteste des grünen Koalitionspartners wehrte sich der Sozialdemokrat damals mit den Worten: »Ich bin doch kein Rechter. Wer meine Biografie kennt, muss das doch wissen.«[37] Möglicherweise hätte gerade jemand wie Otto Schily die Kraft gehabt, sich mit Kanzlerin Merkel anzulegen, als es darum ging, nur eine Woche nach Grenzöffnung den Spuk zu beenden.

Denn schon Tage nach der Öffnung der Grenzen für Tausende Flüchtlinge am 5. September 2015 drängten Unions-Innenpolitiker die Kanzlerin, »ihre beispiellose politische Fehlentscheidung«[38] (Ex-Bundesinnenminister Hans-Peter Friedrich, CSU) rückgängig zu machen. 14 Bundesländer melden dem Bundesinnenministerium, sie könnten keine weiteren Flüchtlinge aufnehmen. Sogar sozialdemokratische Willkommenskulturvertreter wie der Münchner Oberbürgermeister Dieter Reiter, zunächst Verfechter offener Grenzen, rudern zurück: Die Kanzlerin müsse mehr tun, der bayerischen Landeshauptstadt drohe schon nach einer Woche der Kollaps. Der OB musste Brauereien bitten, Bierzelte aufzustellen, und die Bevölkerung um Spenden von Luftmatratzen und Isomatten ersuchen. Der Vorsitzende der Innenministerkonferenz, der Sozialdemokrat Roger Lewentz aus Rheinland-Pfalz, setzte im Namen der Konferenzkollegen einen Hilferuf ab: »Die Länder sind völlig überrascht worden von der Einreiseerlaubnis der Kanzlerin. Wir hätten Zeit für Vorbereitungen gebraucht. Und wir hätten vorher davon wissen müssen.« Nun seien die Bundesländer »in großer Not«.[39] Also bereitete Bundesinnenminister Thomas de Maizière für den 13. September die Schließung der Grenzen vor. Ab 18 Uhr »sollen an den Übergängen von Österreich nach Bayern Polizeikellen hochgehen. Alle Reisenden werden kontrolliert. Wer keinen Pass hat oder kein Visum, wird abgewiesen. Deutschland macht dicht, die Willkommenskultur ist Geschichte – nur eine Woche, nachdem Angela Merkel die Grenze geöffnet hat.«[40]

Die Grenzen blieben bekanntlich offen. Auch wenn Dieter Romann, Chef der Bundespolizei und damit oberster Grenzschützer, sogar ohne Wissen der Politik seine Truppe darauf vorbereitet hatte, dass eine kurzfristige Grenzschließung jederzeit möglich war, zauderten die politisch Verantwortlichen. Merkel entschied sich weder dafür noch dagegen. Stattdessen verlangte sie von de Maizière Zusicherungen, dass die Entscheidung später vor Gericht Bestand haben würde – und dass es keine unschönen Bilder von den Grenzposten geben würde. Beides konnte der amtierende Bundesinnenminister nicht garantieren. Also blieben die Grenzen offen.

Seien wir ehrlich: Einem Otto Schily wäre ein solches Gestümpere nicht passiert.

Spaltpilz Linksliberalismus

Die politischen Konsequenzen sind verheerend. Bis heute. Zwei Jahre nach Grenzöffnung wurde die AfD in den Bundestag gewählt. Ein rechtskonservatives Sammelbecken politisch Vertriebener, Versuchsobjekt für Unterwanderungen durch Nazis und Narren und nicht selten letzte Zuflucht für bürgerliche Protestwähler, die in der Konsenssoße der Altparteien keinerlei Resonanz mehr verspüren.

Allerdings ist diese angebliche »Alternative für Deutschland« mitsamt den sächsischen Wut-Karnevalisten von der Pegida als Straßenopposition keineswegs das Ende unserer Demokratie, sondern vielmehr ihre Bewährungsprobe. Anders gesagt: Die AfD ist ungefähr so anti-demokratisch und staatszersetzend wie die maoistischen K-Gruppen nach 1968 eine Gefahr für die freiheitlich-demokratische Grundordnung waren. In diesen kommunistischen Sekten der siebziger Jahre liefen sich im Übrigen zahlreiche Nachwuchskräfte der gesellschaftlichen Elite warm. Und trotz gegenteiliger Mutmaßungen damals staatstragender Bedenkenträger hat sich die Bonner Republik nach 1968 nicht in ein kommunistisches Regime verwandelt, sondern in eine Kampfzone des Turbokapitalismus. Ebenso wenig haben die Grünen, als sie 1983 mit 28 Abgeordneten in Wollpullovern, mit Sonnenblumen und Zweigen einer umweltkranken Tanne erstmals in den Bundestag einzogen, das Gemeinwesen aus den Angeln gehoben. Mittlerweile verkörpern sie den staatspolitischen Biedermeier.

Gerade Alt-Achtundsechziger sollten sich in dem »besonders gärigen Haufen«, der »stark von Graswurzelbewegungen bestimmt« sei,[41] wie AfD-Chef Alexander Gauland seine Partei beschreibt, strukturell wiedererkennen können. Bemerkenswerterweise haben sich nicht wenige frühere Achtundsechziger-Aktivisten im Laufe ihres Lebens von links nach rechts bewegt. Und ähnlich wild, maßlos, ungehobelt und politisch laienhaft wie die aktuellen Rechts-Oppositionellen haben sich die Akteure der Studentenbewegung vor fünfzig Jahren allemal gebärdet. Wird nicht heute allenthalben die Legende kolportiert, dass die Revolte der Achtundsechziger das Land demokratischer und liberaler gemacht habe? Die substanzielle Lektion sowohl von 1968 wie der AfD für ein demokratisches Selbstverständnis dürfte daher lauten: Wo es Linke gibt, muss es auch Rechte geben – und umgekehrt.

Die SPD verkörpert diese Maxime in ihrer historischen Existenz. Von Anbeginn wetteiferten Parteilinke und Parteirechte miteinander, Utopisten und Reformisten, Antikapitalisten und ökonomische Pragmatiker. Das Verhältnis war stets konfliktgeladen, aber die deutsche Sozialdemokratie übersteht die Spannungen seit anderthalb Jahrhunderten. Und dies, obwohl die Geschichte der Partei durchzogen ist von Abspaltungen. Nach dem Ersten Weltkrieg formierten sich die Kommunisten in der KPD und die linken Sozialdemokraten in der USPD, weil sie den Pragmatismus der Mutterpartei beim Aufbau der Weimarer Republik nicht mittragen mochten. Ende der siebziger Jahre entstanden die Grünen, weil viele Nachachtundsechziger und Alternativ-, Umwelt- und Friedensbewegte in der SPD keine Heimat verspürten, während die Sozialdemokraten selber mit ihrem Nachrüstungskanzler Schmidt haderten. 2004 spalteten sich regierungskritische SPD-Mitglieder und Gewerkschafter ab aus Protest gegen die Agenda 2010 und taten sich in der Wahlalternative Arbeit & soziale Gerechtigkeit (WASG) zusammen, die wiederum 2007 mit der SED-Nachfolgepartei Linkspartei PDS zur Partei Die Linke verschmolzen wurde. Dies alles sind Linksabspaltungen der SPD. Angesichts des Umstands, dass bei der Bundestagswahl 2017 eine halbe Million SPD-Wähler für die AfD gestimmt haben, wäre zu überlegen, ob die AfD eine Rechtsabspaltung nicht nur der Union, sondern auch der Sozialdemokratie darstellt.

Ihre beste Zeit als Volkspartei erlebte die SPD in den Siebzigern, als sie für alle gesellschaftlichen Schichten eine politische Adresse markierte – für den Hilfsarbeiter wie für den aufstrebenden Facharbeiter, für den kleinen Geschäftsmann wie für den Beamten, für den Studenten wie für den Lehrer, für den Handwerker wie für den Intellektuellen. Die SPD war nicht erfolgreich, weil sie links war, das waren viele ihrer Wähler auch nicht, sondern weil sie gesellschaftlichen Aufbruch verhieß und Reformen anpackte, etwa in der Sozialpolitik, Bildungspolitik, Justizpolitik und Außenpolitik. 1972 erlebte die Partei bei der Bundestagswahl ihren Höhepunkt.

Die Jungwähler trugen Sticker: »Willy wählen!« Der langjährige *Bild*-Sportchef Alfred Draxler erinnert sich, wie er mit 19 zum ersten Mal wählen durfte und die SPD ankreuzte: »Das war cool. Wir Jungen wählten gefühlt alle SPD. SPD-Kanzler waren im Gegensatz zu CDU-Kanzlern sexy und hatten Pop-Star-Status. Willy-Poster hingen zu Hause im Kinderzimmer. CDU-Wähler fanden wir alt und spießig. FDP-Wähler habe ich keinen einzigen gekannt.«[42] Neben dem Sex-Appeal strahlten die sozialdemokratischen Kanzler Kompetenz aus, die Deutschen fühlten sich in den Jahren der Ölkrise und des RAF-Terrorismus in guten Händen. Mag der Zeitgeist auf der linken Klaviatur geklimpert haben – für die breite Mehrheit der Bevölkerung waren Sozialleistungen und Lohnerhöhungen wichtig. Und als Ökonomen schufen Sozialdemokraten wie Karl Schiller und Helmut Schmidt eben Vertrauen.

Wenn die Sozialdemokratie heute schwächelt, könnte das an einem Mangel an Polarität liegen. Der SPD fehlen die Pole Charisma und Sex-Appeal so sehr wie die Strahlkraft wirtschaftlicher Expertise. Die Partei, deren Kerngeschäft die Sozialpolitik ist, die ohne Wirtschaftspolitik nicht gestaltbar ist, vermittelt den Wählern nicht mehr das Gefühl, die sozialen Verwerfungen im Lande einhegen zu können. Die Schere zwischen Arm und Reich klafft seit Jahren auseinander und die SPD klempnert bestenfalls an Stellschrauben herum – Mindestlohn, Respektrente, Kindergeld. Aber nichts verfängt beim Wähler, die Unzufriedenheit wächst weiter. Als die Bertelsmann Stiftung 2012 eine Umfrage veröffentlichte, wonach acht von zehn Bundesbürger sich unter dem Eindruck der europaweiten Wirtschafts- und Verschuldungskrise eine neue Wirtschaftsordnung wünschten, blieb die Sozialdemokratie stumm. Keine Idee, keine Debatte, mit nichts machten sich die Genossen bemerkbar. Dabei war die SPD damals in der Opposition, Kanzlerin Merkel regierte mit der FDP, und die Sozialdemokraten hätten im Bundestagswahlkampf 2013 mit neuen Visionen punkten können. Womöglich wäre uns eine AfD mit überzeugenden sozialdemokratischen Alternativen sogar erspart geblieben. Aber die SPD hat ihre Chance damals verschlafen.

Der politische Philosoph Nils Heisterhagen, Sozialdemokrat und mit 31 Jahren ein junger Vordenker seiner Partei, kritisiert, es habe sich in der SPD ein »ideologischer Linksliberalismus« breitgemacht, »der sagt, dass die Welt gut geworden ist«.[43] Eine »liberale Elite« in den Mitte-Links-Parteien und in vielen Mainstream-Medien, sagt Heisterhagen, habe »erst den Neoliberalismus (oder seine Light-Versionen) als Ultima Ratio des Weltgeistes« hingenommen und seit den Nullerjahren in der Gesellschaftspolitik nur mehr »nach Weltoffenheit, Toleranz und dem Ertragen aller Differenzen« gerufen und mithin signalisiert, »dass man doch nach dem erfolgten Ende der Geschichte nun endlich das Leben genießen solle«.[44]

Der ideologische Linksliberalismus, von dem Heisterhagen spricht, ist nichts anders als das moderne Sofakissen, ein sich aufgeklärt gebendes Verlangen nach Ruhe, ein Ausstieg aus den Konflikten der politischen Wirklichkeit, während außerhalb der linksliberalen Wohlstandsfilterblase eine Zwei-Drittel-Gesellschaft heranwucherte. Als dieser Begriff in den achtziger Jahren aufkam, sollte er davor warnen, dass »nur noch zwei Drittel der Erwerbsfähigen im bezahlten Arbeitsverhältnis stehen« und das verbleibende untere Drittel von Arbeitslosengeld und Sozialhilfe alimentiert wird, in staatliche Fördermaßnahmen abgeschoben wird oder sich in Frührente und Teilzeitarbeit zurückzieht.[45] Mittlerweile hat sich die Definition buchstäblich auf den Kopf gestellt. Nun gelten zwei Drittel als mittlere Soziallagen, als ins Abseits des Wirtschaftsgeschehens abgedriftet, während ein oberes Drittel, »die gehobenen Einkommen von den ökonomischen Konzentrationsprozessen« profitiert.[46]

Ist es daher verwunderlich, dass die liberalen Entwicklungen der jüngeren Vergangenheit als Projekte der Bessergestellten wahrgenommen werden – insbesondere von jenen, die sich im neoliberalen Wirtschaftswettrennen abgehängt fühlen? Der französische

Soziologe Didier Eribon beschreibt in seinem Buch *Rückkehr nach Reims*, wie seine eigenen Eltern, als Arbeiter seit jeher kommunistisch gesinnt, sich von den Linksparteien zunehmend übersehen fühlten und schließlich den Front National wählten. »Das war als Warnschuss gedacht, weil es so nicht weitergehen konnte«,[47] zitiert Eribon seine Mutter zu ihrem Votum bei der französischen Präsidentschaftswahl 2002 für Jean-Marie Le Pen. In Deutschland dürfte es vielen langjährigen SPD-Wählern ähnlich ergehen. Bei der Bundestagswahl 2017 wurde eine Abwanderung von rund 510.000 SPD-Wählern zur AfD registriert. Rechnet man die 420.000 Wähler hinzu, die von der Linkspartei zur AfD gewechselt sind, so hat das linke Lager eine knappe Million Stimmen an die rechte Protestpartei verloren. Womöglich hat dies weniger mit einem Rechtsruck bei einer Million Wählern zu tun als mit einer Linksenttäuschung. Oder glaubt jemand ernsthaft, dass zwischen 2013 und 2017 im SPD-Milieu eine halbe Million Gesinnungs-Nazis herangereift sind?

Nicht mal von einem Nachlassen des Willens zur Demokratie kann die Rede sein. Auch wenn, wie uns eine sogenannte »Mitte-Studie« der sozialdemokratischen Friedrich-Ebert-Stiftung im April 2019 weismachen wollte, sich 54,1 Prozent, also mehr als die Hälfte der befragten Deutschen, über asylsuchende Menschen ablehnend äußerten, ist daraus nicht zwingend zu folgern, dass die Befragten keine überzeugten Demokraten seien.[48] So sollten die Studienteilnehmer sich zu diesen beiden Aussagen äußern: »Bei der Prüfung von Asylanträgen sollte der Staat großzügiger sein« und »Die meisten Asylbewerber werden in ihrem Heimatland gar nicht verfolgt«. Vier Antwortoptionen von »stimme überhaupt nicht zu« bis »stimme voll und ganz zu« waren möglich. Wenn ein Teilnehmer also antwortet, er stimme nicht zu, dass der Staat Asylanträge großzügiger prüfen solle, weil die prüfenden Beamten einfach Recht und Gesetz anwenden sollten, dann ist das eine Haltung, die sich weder gegen das Asylrecht, gegen die freiheitlich-demokratische Grundordnung noch überhaupt gegen jene Menschen, die in

Deutschland Asyl beantragen, richtet. Die Forscher am Bielefelder Institut für Interdisziplinäre Konflikt- und Gewaltforschung aber konstruieren hieraus eine rechtspopulistische Gesinnung, es würden sich rechte Einstellungen in der Gesellschaft verfestigen.

Ein Beispiel von unzähligen, wie, in diesem Fall im Auftrag der SPD-nahen Stiftung, Anfeindungen und gesellschaftliche Frontstellungen konstruiert werden, um durch ein Klima der Einschüchterung die Diskurshoheit zu wahren. Es sind Machtinstrumente in einer neurotischen Mediengesellschaft, um weit ins bürgerliche Lager hinein Sprech-, Denk-, ja im Grunde Empfindungsverbote zu implantieren. Eine Form der Indoktrination, der kollektiven Gehirnwäsche. Mit dem raunenden Hinweis, wir wüssten ja aus unserer eigenen Geschichte, wohin so was führe, werden auch die minimalsten Abstoßungsreaktionen eines kulturellen Immunsystems gegenüber Fremdartigem zu potenziellen Vernichtungsvorhaben emporfantasiert, um mündige Bürger wie Kleinkinder an der kurzen universalistischen Werteleine zu führen und auf Spur zu halten.

Dass die Nazi-Vergangenheit, Auschwitz, die Ermordung europäischer Juden und Adolf Hitler hierbei selten ausdrücklich benannt werden, ist ein weiteres Element dieser Herrschaftsrhetorik. Das geschehene Unrecht, die Niedertracht der Nazi-Verbrechen wird zeichenhaft zu Unaussprechbarem, wohl wissend, dass das Verschweigen ein Trauma verfestigt. Das Aussprechen, das Benennen eines Grauens, wir wissen das aus der Psychologie, wäre ein Akt der Befreiung. Aber eine Befreiung vom Nazi-Trauma, vom Schuldgefühl, soll um jeden Preis verhindert werden. Eine solche Befreiung steht an sich schon im Verdacht, vom Motiv getrieben zu sein, sich der historischen Verantwortung entledigen zu wollen. Aus der Geschichte zu lernen, so lautet der Glaubenskern der nachkriegsdeutschen Staatsreligion, verlangt danach, die traumatische Inhaftierung zu akzeptieren, mehr noch, sie gutzuheißen. Wer dagegen aufbegehrt, muss ein Geschichtsrevisionist sein, ein Auschwitzleugner, ein verkappter, wenn nicht ein offener Nazi.

So weit die irrlichternde Hintergrundstrahlung in einem sozialdemokratischen Deutschland, das so weltoffen, so freizügig, so tolerant, so multikulturell wie niemals zuvor in seiner Historie und wie kaum ein anderes Land der Welt ist – und das sich dabei unablässig des Rechtsrucks und eines drohenden Rückfalls in faschistische Dunkelheit bezichtigt. Gelebter Anti-Nazismus bedeutet, Adolf Hitler nicht mehr die Deutungshoheit in unserem Denken und Fühlen zu überlassen. Auch nicht auf spiegelverkehrte Weise. Der Teufel hat erst dann seine Macht über uns verloren, wenn wir ihn auslachen können.

Die Publikumsbeschimpfung der »Mitte-Studie« der Friedrich-Ebert-Stiftung erzürnte sogar Sigmar Gabriel. In einem Kommentar für den *Tagesspiegel* machte der ehemalige SPD-Chef seinem Ärger Luft: »Man kann sich des Verdachts nicht erwehren, hier seien die Ergebnisse einer Studie unter einer bestimmten Vorwahrnehmung ihrer Autoren interpretiert worden. (...) ›Alarmierend‹ an der jüngsten Mitte-Studie sind weniger ihre Ergebnisse als der Umgang damit.«[49] Im Gegensatz zu vielen Parteifunktionären hat sich Gabriel ein Gespür für die Wahrnehmung der Basis bewahrt: »Warum fürchten wir uns eigentlich davor, offen zu sagen, dass es schon lange ein weitverbreitetes Gefühl gibt, dass ›zu viele in zu kurzer Zeit‹ gekommen seien und deshalb die Integration in die deutsche Gesellschaft nicht ausreichend gelungen ist. Und das stimmt doch!«[50] Zur Aufnahme der Flüchtlinge 2015 habe es aus seiner Sicht zwar keine Alternative gegeben. »Aber dass dadurch Reibungen, Auseinandersetzungen, Unsicherheiten und das Gefühl des Kontrollverlustes entstanden sind, ist doch Realität.«[51]

Gabriel kritisierte das Schweigekartell einer linksliberalen Gesellschaftselite, die lieber die Bevölkerung diskreditiert, anstatt die sozialen Konflikte zur Sprache zu bringen: »Indem wir das nicht thematisieren, weil wir Angst davor haben, dass sich die wirklichen Ausländerfeinde und Hassprediger dann bestätigt fühlen und sich der Debatte bemächtigen, pathologisieren wir lieber die genannten

54 Prozent und erklären sie zur ›verlorenen Mitte‹. Es ist unfassbar dumm, wenn man jemanden in die Nähe von Ausländerfeinden rückt, nur weil er meint, dass Recht und Ordnung auch im Asylrecht gelten müssen und zu viele abgelehnte Asylbewerber im Land bleiben. Mit Wissenschaft hat das jedenfalls nichts zu tun.«[52]

In der Phraseologie von Demokratieförderungskonzepten, die in der Studie gefordert werden, sah Gabriel eher das Risiko, »dass sie die Polarisierung in Deutschland eher fördert statt verringert. Was mögen wohl die Befragten denken, wenn sie jetzt lesen und hören, dass sie trotz ihrer Zustimmung zu Demokratie, Europa und offener Gesellschaft als ›gefährdet‹ angesehen werden? Statt auf sie zuzugehen und zu sagen: ›Ja, es ist nicht alles gelungen, und es gibt auch Anlass zur Sorge, was einen Teil der Zugewanderten angeht‹, werden sie selbst zum Problem erklärt.«[53]

Hinter der notorischen Selbstbezichtigungsdoktrin ist die tiefe Verunsicherung zu spüren, die in den Deutschen zittert und die in einigen linken Zirkeln längst zur Selbstverachtung eskaliert ist. Zu Recht wies Gabriel darauf hin, dass auch in der »Mitte-Studie« ein Anspruch auf ethische Exzellenz ruchbar wird: »Und was ist die Norm, an der die Vermessung der Mitte Deutschlands vorgenommen wurde? Es fehlt jedenfalls an einer Vergleichsstudie aus einem anderen Land, das als ›normal‹ einzustufen wäre, wenn Deutschland dies angeblich nicht ist.«[54] Aus Ländern wie Frankreich, Großbritannien, Italien oder Spanien ist nicht bekannt, dass dort eine gesellschaftliche Mitte sich so händeringend wie deutsche Universalisten nach einer Vielfalt von Lebensstilen, Buntheit der Kulturen und der moralischen Vorreiterrolle verzehrt.

Stattdessen blitzt an den linksradikalen Rändern etwas auf, was im Untergrund des sozialdemokratischen Konsenses in unserem Land seit den achtziger Jahren gärt: die Antideutschen. Wir müssen uns diese Bewegung als ein Spiegelbild der sogenannten Reichsbürger vorstellen – genauso närrisch, verborgen und wutgeladen. Ein Harald Welzer, der noch nicht mal imstande ist, die erste Zeile des Deutschland-Liedes aufzuschreiben, und dies mit moralischem Dünkel öffentlich bekundet, ist die bürgerlich verklemmte Ausgabe dieser Geisteshaltung, die im Mainstream seiner Leser entsprechenden Zuspruch finden dürfte.

Was das akademische Bürgertum, das sich bei Kulturveranstaltungen gern mit folgenlosen gesellschaftskritischen Impulsen unterhalten lässt, sich nicht traut zu äußern, übernehmen radikale Gesinnungshooligans mit ihren Parolen, die dann auf Hauswände gesprayt werden, auf Demonstrationstransparenten prangen oder auf Flugblättern verbreitet werden: »Nie wieder Deutschland!«, »Halt's Maul, Deutschland!« oder »Deutschland muss sterben, damit wir leben können!« Auf Gratispostkarten, die in großstädtischen Szenelokalen ausliegen, finden sich aber auch Sinnsprüche wie: »Ausländer, lasst uns nicht allein mit diesen Deutschen!« Diese politische Strömung formierte sich in den Jahren nach Mauerfall und Wiedervereinigung. Der *Spiegel* brachte die Haltung schon 1991 lakonisch auf den Punkt: »Böse Deutsche, gute Ausländer«.[55]

Wer indes meint, solche Torheiten fänden in der sozialdemokratischen Mitte der Gesellschaft keinerlei Resonanz, wurde spätestens anlässlich der gewalttätigen Unruhen während des G20-Gipfels Anfang Juli 2017 in Hamburg eines Besseren belehrt. Unter dem auf Krawall gebürsteten Motto »Welcome to hell« marschierten zahllose wohlsituierte Familien mit Kindern inmitten eines Sammelsuriums aus Linksvermummten des Schwarzen Blocks und anderen Protestfraktionen durch die sommerliche Hitze am Hafenufer in die Wasserwerfer der Polizei – und behaupteten hernach, die Ordnungshüter hätten die Straßenschlachten und die Verwüstungen ganzer Quartiere herausgefordert. Dabei ventilieren die rauflustigen Polit-Hooligans nicht nur ihr ganz persönliches kulturelles Unbehagen, sondern die Alltagsfrustrationen eines klammheimlich erfreuten bürgerlichen Hinterlandes gleich mit.

Psychologisch war die deutsche Willkommenskultur nie ein Ausdruck kollektiver Gastfreundschaft, dazu kam sie zu überdreht,

zu selbstgefällig und zu besserwisserisch daher. Sie war das Auflo-
dern eines schlechten Gewissens, entfacht durch zweierlei Brand-
beschleuniger: das Trauma der Nazi-Schuld und die quälende Gewissheit, dass wir unseren Wohlstand auf Kosten der ärmeren
Weltregionen genießen.

Das schmutzige Familiengeheimnis
der Willkommenskultur

Der europäische Proletarier hat als revolutionäres Subjekt der Linken ausgedient. Als Karl Marx vor gut 170 Jahren seine politische
Utopie entwarf, galt der weiße Arbeiter noch als Heilsgestalt und
Avantgarde einer neuen Zeit, die alles Unrecht aufheben sollte: »Indem wir die allgemeinsten Phasen der Entwicklung des Proletariats
zeichneten, verfolgten wir den mehr oder minder versteckten Bürgerkrieg innerhalb der bestehenden Gesellschaft bis zu dem Punkt,
wo er in eine offene Revolution ausbricht und durch den gewaltsa-
men Sturz der Bourgeoisie das Proletariat seine Herrschaft begründet«, so verkündeten es Marx und sein Sozius Friedrich Engels 1848
in ihrem *Kommunistischen Manifest.*[56]

Von dieser optimistischen Hoffnung ist bei den Linken nichts
geblieben. Im Januar 2017 schrieb Micha Brumlik in den *Blättern
für deutsche und internationale Politik*: »Heute ist zu beobachten, dass
die vermeintlich zur Revolution berufene Klasse, eben die Arbeiterklasse, selbst zum Kern jener politischen Kräfte geworden ist, die
Marx und Engels im Manifest als ›Reaktionäre‹ bezeichnet hatten.
Das zeigen nicht nur die internationalen Wahlergebnisse, von den
USA und Frankreich bis nach Ungarn und Polen, sondern auch
jene in Baden-Württemberg, wo ein überdurchschnittlich hoher Anteil von Gewerkschaftsmitgliedern AfD gewählt hat. Auch im Freistaat Sachsen gaben inzwischen 25 Prozent der Wahlberechtigten
an, AfD wählen zu wollen – das betrifft nicht zuletzt die Arbeiter

und Arbeitslosen.«[57] Aus einer revolutionären Klasse von Lichtge-
stalten ist nun ein Objekt der Verachtung geworden. Der westliche
Proletarier wählt Trump und Le Pen und hat die Utopie einer besseren Welt verraten.

Den Wendepunkt der Entfremdung zwischen Linken und weißer
Arbeiterklasse markiert 1968, als die revolutionär hochmotivierten
Studenten sich einem Proletariat gegenübersahen, das infolge steigenden Wohlstands während des Wirtschaftswunders seit den fünfziger Jahren sich lieber in einem beschaulichen bürgerlichen Dasein
einrichten wollte, anstatt sozialistischen Umsturzplänen nachzu-
hängen. Die enttäuschten Linken mussten nach einem neuen revolutionären Subjekt Ausschau halten und wurden in der Dritten Welt
fündig. Seither werden Migranten, insbesondere die Muslime, von
deutschen Linksintellektuellen verehrt und zu besseren Menschen
verklärt. »Man versucht, an den Moslems wiedergutzumachen, was
man an den Juden verbrochen hat. Damals wäre es ein lebensgefähr-
liches Unterfangen gewesen, heute wird man dafür nach Tutzing
eingeladen«, so hat es Henryk M. Broder lakonisch kommentiert.[58]

Entsprechend hat es immer wieder Bestrebungen gegeben,
den weltweiten Migrationsbewegungen den Leumund der Kata-
strophe zu nehmen und sie salonfähig zu machen. Flucht und Ver-
treibung, die stets mit Entwurzelung und Unbehaustheit zu tun
haben, wurden zum Normalfall schöngeredet. »Wanderungen gehören zur Conditio humana wie Geburt, Fortpflanzung, Krankheit
und Tod«, so der Migrationsforscher Klaus Bade.[59] Der ideologisch
konstruierte Charakter dieser Behauptung liegt auf der Hand. Denn
im Gegensatz zu naturgesetzlichen Unausweichlichkeiten wie Geburt, Krankheit und Tod ist keineswegs jeder Mensch gezwungen,
seine Heimat zu verlassen. Und nur weil zu allen Zeiten Menschen
auswanderten, bedeutet es nicht, dass Migration eine eherne Bedingung menschlichen Lebens ist.

Auch die Gewerkschafter Hartmut Tölle und Patrick Schreiner
eröffnen ihren Sammelband über *Migration und Arbeit in Europa*

mit dem Bekenntnis: »Unseres Erachtens ist Migration als Normalzustand menschlicher Gesellschaften zu verstehen.«[60] Mehr noch: »Während noch in den 1990er-Jahren Einwanderung fast ausschließlich als Gefahr und Problem beschrieben wurde, erinnert sei an die geschmacklose Metapher vom ›vollen Boot‹, wird Migration heute zunehmend als notwendiges, gar erfreuliches Phänomen angesehen.«[61]

Der italienische Sozialdemokrat und Migrationswissenschaftler Massimo Livi Bacci scheut sich nicht, die Mobilisierung von Arbeitskräften, die als gesellschaftliche Norm vor allem die neoliberale Weltwirtschaft aufjubeln lässt, als unverbrüchliche Eigenschaft des Menschen zu definieren: »Sich räumlich zu bewegen ist eine ›Wesenseigenheit‹ des Menschen, ein Bestandteil seines ›Kapitals‹, eine zusätzliche Fähigkeit, um seine Lebensumstände zu verbessern.«[62] Keine Silbe über sozioökonomische Zwänge, Kriege und Klimaveränderungen, die die Menschen aus ihrer Heimat vertreiben. Als ob Migration zum menschlichen Stoffwechsel gehöre wie Hunger und Durst.

Auch im Migrationspakt der Vereinten Nationen, den 164 Staaten am 10. Dezember 2018 auf einer Konferenz in Marrakesch angenommen haben, ist das Bemühen um gesellschaftliche Reputation erkennbar: Migration soll selbstverständlich sein und als etwas Gutes angesehen werden. Migration, so lesen wir unter Punkt 8 der Präambel, »war schon immer Teil der Menschheitsgeschichte, und wir erkennen an, dass sie in unserer globalisierten Welt eine Quelle des Wohlstands, der Innovation und der nachhaltigen Entwicklung darstellt und dass diese positiven Auswirkungen durch eine besser gesteuerte Migrationspolitik optimiert werden können«.[63] Und unter Ziel 17 erfahren wir: »Wir verpflichten uns ferner, in Partnerschaft mit allen Teilen der Gesellschaft einen offenen und auf nachweisbaren Fakten beruhenden öffentlichen Diskurs zu fördern, der zu einer realistischeren, humaneren und konstruktiveren Wahrnehmung von Migration und Migranten führt.«[64] Realistisch, human und konstruktiv ist natürlich nur jene Sichtweise, die Einwanderung prinzipiell gutheißt. Entsprechend wird im gesellschaftlichen Diskurs jede kritische Betrachtung dieses Themas von Migrationsbefürwortern reflexartig als menschenverachtend, rassistisch und faktenfern abgetan.

Kaum zwei Wochen nach dem Eintreffen der ersten Flüchtlinge im September 2015 begrüßte Daimler-Chef Dieter Zetsche die Entscheidung der Kanzlerin. Zweifellos sei es eine Herkulesaufgabe, mehr als 800.000 Menschen in Deutschland aufzunehmen. Zwar sei nicht jeder Flüchtling ein brillanter Ingenieur, Mechaniker oder Unternehmer, aber wer sein komplettes Leben zurücklasse, sei hoch motiviert, sagte Zetsche: »Genau solche Menschen suchen wir bei Mercedes und überall in unserem Land.«[65]

Hier stoßen wir auf das schmutzige Familiengeheimnis der Willkommenskultur. Denn die Triebkräfte zur Aufnahme von Einwanderern waren seit jeher wirtschaftliche Beweggründe, die mit humanitären Motiven bestenfalls maskiert wurden. Der österreichische Sozialhistoriker Hannes Hofbauer hat dies in seinem Buch *Kritik der Migration – Wer profitiert und wer verliert* beschrieben. Bemerkenswert ist Hofbauers Untersuchung deshalb, weil er eine linke Kritik an der Migration formuliert, und nicht, wie sonst üblich, von interessierter rechter Seite. Für ihn sind massenhafte zwischenstaatliche Wanderungsbewegungen »Ausdruck sozialer Missstände, und zwar sowohl in den Herkunfts- als auch in den Zielländern«.[66]

Aber zu welchem Zweck dient die Aufnahme von Migranten? Ganz einfach, sagt Hofbauer: »Für viele Unternehmensbranchen bedeutet Migration nichts anderes als die Mobilisierung von Arbeitskräften, die billig zu haben sind.«[67] Und wird nicht bis heute Gerhard Schröders Agenda 2010 von ihren neoliberalen Verteidigern wegen der Einführung des Niedriglohnsektors gerühmt, welcher jahrelang für neues Wirtschaftswachstum gesorgt haben soll? Hofbauer beschreibt die Willkommenskultur als Verschleierungspropaganda zugunsten der Interessen des globalisierten Turbokapitalismus. »Kapitalvertreter würdigen Migration dementsprechend als positiv, begleitende Medien erfinden dazu eine passende Ideologie und sprechen von ›Weltoffenheit‹.«[68] Als linker Kritiker stellt Hofbauer klar: »Sich dies einzugestehen, darf nicht gleichbedeutend mit einer migrantenfeindlichen Einstellung sein, sollte aber zu einer migrationskritischen Haltung führen.«[69]

Es ist eine gespenstische Lektüre, wenn Hofbauer den historischen Bogen durch die europäischen Migrationsgeschichte zieht und eine eigentümliche Nachbarschaft herstellt zwischen den Zwangsmobilisierungen von Arbeitskräften in den beiden Weltkriegen und den Rekrutierungen sogenannter Gastarbeiter in Westdeutschland Mitte der fünfziger Jahre. 1955 schlossen Deutschland und Italien das erste Anwerbeabkommen für italienische Arbeitskräfte ab. Zwischen 1960 und 1968 unterzeichnete die deutsche Regierung acht weitere Vereinbarungen mit Spanien, der Türkei, Marokko, Jugoslawien und anderen Staaten. Mitte der fünfziger Jahre mussten Bundeswirtschaftsminister Ludwig Erhard und sein Kabinettskollege für besondere Aufgaben, Franz Josef Strauß, noch heftig die Bevölkerung umwerben, denn die Mehrheit der Westdeutschen (55 Prozent) lehnte laut Allensbach Institut die Gastarbeiter ab, nur 20 Prozent befürworteten ihr Kommen. Insbesondere Strauß argumentierte unverblümt damit, dass die ausländischen Arbeitskräfte eine Möglichkeit seien, damit »den Forderungen nach Lohnerhöhungen seitens der deutschen Gewerkschaft entgegengetreten« werden könne.[70] Mithilfe der Arbeitsmigranten sollten die Löhne im Lande niedrig gehalten werden.

Viele Millionen Menschen kamen, um in Deutschland und in anderen westeuropäischen Ländern schlecht bezahlte Lohnarbeit zu verrichten, sie »fungierten als Konjunkturpuffer bzw. als industrielle Reservearmee vor Ort«.[71] Sie hausten in Mehrbett-Zimmern, zum Teil in armseligen Baracken, fern der Heimat und Familie. Das Proletariat des Nachkriegswirtschaftswunders. Erst unter Willy Brandt wurde 1973 ein Anwerbestopp erlassen. Auch dies war nicht etwa ein Akt der Humanität eines sozialdemokratischen Bundeskanzlers, sondern ökonomischer Pragmatismus. Nachdem der Wiederaufbau in den Nachkriegsjahrzehnten vollbracht war, führte eine dem Kapitalismus innewohnende Strukturkrise zu sinkender Nachfrage.

Bis heute sind Migranten eine strukturelle Verschiebemasse auf dem Arbeitsmarkt. »Die Tatsache, dass ArbeiterInnen in Ländern wie Deutschland und Österreich seit Mitte der 1990er-Jahre trotz stetig steigender Produktivität mit Reallohnverlusten konfrontiert sind, ist unter anderem auch mit dem permanenten Zuzug immer neuer ArbeitsmigrantInnen zu erklären«, schreibt Hofbauer.[72] Nach Berechnungen der gewerkschaftsnahen Hans-Böckler-Stiftung sind die deutschen Reallöhne zwischen 1992 und 2012 um 1,6 Prozent gesunken, die Arbeitnehmerentgelte inklusive Lohnsteuer und Sozialversicherung gingen sogar um 11 Prozent nach unten. Erst eine Reallohnerhöhung um 2,6 Prozent im Jahre 2016 sorgte laut Statistischem Bundesamt dafür, dass der preisbereinigte Durchschnittslohn eines Arbeiters in Deutschland erstmals wieder das Niveau von 1992 erreichte. »Erst nach 24 Jahren blieb dem deutschen Werktätigen ein klein wenig mehr im Portemonnaie.«[73] Insofern ist es wenig verwunderlich, dass sich in den sozialdemokratischen Wählerschichten der Arbeiter und des Kleinbürgertums eine migrationsskeptische Haltung breitmachte und bei der Bundestagswahl 2017 gut eine halbe Million bisheriger SPD-Wähler aus Protest bei der AfD ihr Kreuzchen setzten. Die Willkommenskultur ist ein Milieuphänomen der sozial privilegierten Kosmopoliten, die mit dem gemeinen Gemütsdeutschen wenig anfangen können, weil er ihm zu selten auf den Flughäfen dieser Welt begegnet. Dass die SPD eine Zielgruppe immer weniger erreicht, die aus Menschen von herzerweichender Normalität besteht, von provinzieller Einspurigkeit und alltagsroutinierter Verlässlichkeit, der Gegenentwurf also zum irisierenden Kulturkreativen in den Metropolen, das macht der Partei derzeit am meisten zu schaffen. Wer jemals an der Parteibasis diese spezifisch sozialdemokratische, melodiöse Piefigkeit erlebt hat, kann den Kulturbruch ermessen, der sich zwischen den Genossen in der Provinz und der sich weltläufig gebenden Funktionärskaste in den urbanen Zentren auftut. Hier der Traum vom Kleinbürgerglück in einem Marktflecken in Rheinland-Pfalz mit Lohnerhöhung, Bausparvertrag, Feierabendbier und Ehrenamt im Sportverein, dort der Kulturkampf in der Hauptstadt um gegenderte Sprache, Notdurftkabinen für Transsexuelle, vegan produziertes Kinderspielzeug, Vielfalt der Lebensentwürfe und klimaneutrale Fernreisen.

Die SPD ist der liberalen Elite auf den Leim gegangen. Oder wie es Sigmar Gabriel sagte: »Unsere Politik wirkt manchmal aseptisch, klinisch rein, durchgestylt, synthetisch. Und das müssen wir ändern. Wir müssen raus ins Leben; da, wo es laut ist; da, wo es brodelt; da wo es manchmal riecht, gelegentlich auch stinkt. Wir müssen dahin, wo es anstrengend ist. Weil nur da, wo es anstrengend ist, da ist das Leben.«[74]

KAPITEL 3
DIE LIBERALE
VERWAHRLOSUNG

»Auschwitz ist der Urgrund dieses Landes, auf Auschwitz
lässt sich alles zurückführen, wegen Auschwitz zerfleischt
sich dieses Land selbst.«[1]

Iris Hanika, Chronik, 2002

Abschied von der Erdenschwere

Unter Architektur- und Städtebau-Liebhabern kursiert ein Bonmot,
welches besagt: Was die Alliierten im Zweiten Weltkrieg nicht zer-
bomben konnten, wurde anschließend von Sozialdemokraten platt-
gemacht.

In der Tat verdanken wir die Unwirtlichkeit unserer Städte, die
Mitte der sechziger Jahre bereits von Alexander Mitscherlich als
»niederdrückend« beklagt wurde,[2] einem Modernitätsfuror, der
in erster Linie auf dem Aberglauben an den Fortschritt fußt und
sich seit Beginn der Neuzeit in den Köpfen der Menschen einge-
nistet hat. Dass ausgerechnet die Sozialdemokraten zu Taliban der
Fortschrittsidee wurden, ist nicht überraschend. Im Gegensatz zu
Aristokratie und Bürgertum waren aufstiegsorientierte Arbeiter

entschlossene Habenichtse, die schon deshalb alles Konservative bekämpften, weil sie selbst keinen Besitz zu verteidigen hatten.

In der Rückschau drängt sich der Verdacht auf, dass, wer nichts besitzt, offenbar auch keinen verfeinerten Geschmack entwickelt. Denn die Monotonie unserer Innenstädte mit ihren austauschbaren Fußgängerzonen, maschinenförmigen Parkhäusern und Gebäuden aus Augenkrebsbeton ist häufig genug dem Konsumfetischismus, der Sachlichkeitsverherrlichung, Innovationsanbetung und Traditionsverachtung sozialdemokratischer Stadtväter geschuldet.

In den ersten Nachkriegsjahrzehnten wurde die marode Bausubstanz vergangener Jahrhunderte nicht, wie wir heute sagen würden, kultursensibel saniert, sondern abgerissen und durch nichtssagende Zweckbauten ersetzt. Erst später fiel auf, dass im Auftrag der Sozialdemokraten auch Schüler von Hitlers Chefarchitekten Albert Speer, die ihrerseits eine weitere Generation von Städteplanern prägten, an der Verschandelung deutscher Stadtsilhouetten beteiligt waren. All dies geschah durchaus im Sinne Hitlers, der die altmodischen Stadtkerne hasste und nebenher Konzepte entwarf, wie nach einem siegreichen Krieg die Städte im nationalsozialistischen Reich modern und zweckdienlich neu erschaffen werden sollten.

Psychologisch erinnert das lieblose Einerlei der deutschen Nachkriegsarchitektur allerdings eher an die Symptomatik misshandelter Menschen, die auf ihre unverarbeiteten Traumatisierungen mit Selbstverletzungen reagieren. Sie schneiden sich ins eigene Fleisch, um sich unbewusst für erlittene Qualen selbst zu bestrafen, indem sie die erfahrenen Schmerzen gleichsam rituell wiederholen. Der Anblick deutscher Städte wirkt ebenfalls wie eine unbewusste kollektive Selbstsanktionierung. Darf ein Tätervolk etwa in einer schönen Umgebung leben?

Der hellsichtige Zeitdiagnostiker Martin Mosebach hat in einem Vortrag anlässlich eines Symposiums »Zwischen Traum und Trauma – Die Stadt nach 1945« an der Hochschule für Bildende

Künste in Braunschweig 2010 an die Gründerjahre zwischen 1880 und 1910 erinnert. Damals wurde vom Menschen erhabener gedacht als heute. Es wurden Wohnungen gebaut, die das Ideal aristokratischer Paläste auf bürgerliches Maß übertrugen: die hohen Decken, der Stuck, die Flügeltüren, das Parkett. »Jeder sollte in einem Schloss wohnen können.«[3] Tausendfach wurde dies »für Beamte und Professoren, für Ärzte und Anwälte verwirklicht, die bis dahin, auch wenn sie wohlhabend waren, in den beschränkten Kammern und Stübchen der ehrwürdigen dichtgedrängten Altstadthäuser gelebt hatten«.[4]

Bis heute hat sich dieses architektonische Konzept bewährt, sagt Mosebach. »In unserer Gegenwart will ja eigentlich niemand eine andere als eine Gründerzeitwohnung haben; selbst ehrgeizige Architekten, die ihrer Klientel millionenteure Villen hinsetzen, ziehen für sich selbst eine Gründerzeitwohnung vor. Die Matratzenlager studentischer Wohngemeinschaften, die Chintzsofas und Ahnenporträts der Aristokraten, die dreißig Meter langen Bücherwände asketischer Intellektueller und die schwarzen Ledersofas von Cy-Twombly-Sammlern fügen sich bestens in Gründerzeitwohnungen ein.«[5] Wir würden heute von einem nachhaltigen Konzept sprechen: »Ein Grundgesetz des Bauens offenbarte sich in ihnen: dass sich der architektonische Wert eines Gebäudes erst erweist, wenn es in vollkommen gewandelten ästhetischen und politischen Verhältnissen nicht nur standhält, sondern ihnen sogar noch entgegenkommt.«[6]

Mosebach hält die Architektur der Gründerzeit für einen Schlussstein einer Art des Bauens, die andauerte »vom Anbeginn der Welt von Hütten und Pfahlbauten und Trulli und Iglus bis in die zwanziger Jahre des zwanzigsten Jahrhunderts«.[7] Danach setzte eine Revolution ein, das Bauen mit Stahl und Beton, ein Schnitt »zwischen zwei Menschheitsepochen«.[8] Das Bauen unter dem Gesetz des Materials wurde abgelöst durch die »scheinhafte Befreiung von jeder Materialgesetzlichkeit, theatralische Aufhebung von physikalischen Gesetzen – das ist das Prinzip in der Luft schwebender Riesenmassen, die von unsichtbaren Trossen gehalten werden«.[9]

Diese Loslösung des Bauens von der Erdenschwere, vom Material, beansprucht uns Menschen in der Tiefe unserer Gefühle, erklärt Mosebach. »Man wird anerkennen müssen, dass die vollkommene Freiheit uns auf eine Probe stellt, auf die wir nicht vorbereitet sind und für die wir wahrscheinlich noch lange nicht gerüstet sein werden: Schönheit unserer Willkür abverlangen zu müssen, anstatt sie den naturgegebenen Materialien abzulauschen.«[10]

Was Mosebach über den Wandel der Bauweise sagt, können wir mühelos auf die rasanten Veränderungen unserer Lebensweise übertragen. Auch hier scheint die Schwerkraft gleichsam aufgehoben. Seit fünf Jahrzehnten, seit der sogenannten Kulturrevolution von 1968, liefern wir uns einen Überbietungswettbewerb im Brechen von gesellschaftlichen Tabus. Wir werfen Sitten und Bräuche über den Haufen, deklarieren Althergebrachtes allein deshalb schon als zweifelhaft, weil es althergebracht ist. Überliefertes Wissen wird verworfen, da die akademische Wissenschaft allwöchentlich neue Erkenntnisse liefert, die sich oft auch im selben Rhythmus schon wieder annullieren.

So vorteilhaft es gewiss ist, so freizügig leben zu können, wie wohl kaum eine Menschengeneration vor uns, so unzweifelhaft drängt sich auch der Eindruck auf, dass über uns ein Liberalisierungsgewitter niedergeht, das womöglich genauso zum Bestandteil einer bevorstehenden Klimakatastrophe gerechnet werden muss wie die steigenden Meeresspiegel, extreme Unwetterereignisse und Niederschläge, Hitzewellen und Dürren.

In den siebziger Jahren prägte der Wissenschaftstheoretiker Paul Feyerabend den Slogan »Anything goes«,[11] der von progressiven Liberalen alsbald vergesellschaftet wurde. Mit seinem Schlagwort riss der gebürtige Wiener Feyerabend, der 30 Jahre lang in Kalifornien lehrte, alle Gewissheiten ein, es könnte so etwas geben wie eine universell gültige wissenschaftliche Methodologie oder gar

ewige Wahrheiten: »Wer sich dem reichen, von der Geschichte ge-
lieferten Material zuwendet und es nicht darauf abgesehen hat, es
zu verdünnen, um seine niederen Instinkte zu befriedigen, nämlich die Sucht nach geistiger Sicherheit in Form von Klarheit, Prä-
zision, ›Objektivität‹, ›Wahrheit‹, der wird einsehen, dass es nur
einen Grundsatz gibt, der sich unter allen Umständen und in allen
Stadien der menschlichen Entwicklung vertreten lässt. Es ist der
Grundsatz: Anything goes.«[12]

Wer sich schwertut mit der intellektuellen Zumutung, dass
Feyerabend die geistige Sicherheit in Form von Klarheit und Prä-
zision nicht nur als Sucht definiert, sondern überdies bei den niederen Instinkten einsortiert, könnte beim Kirchenvater Augustinus (354–430) Aufmunterung finden, der uns aus der Spätantike
eine ungleich pfiffigere Pointe überliefert: »Liebe und tu, was du
willst.«[13]

Feyerabends Parole indes wurde mit ihrem schwerlosen Nihi-
lismus zum wohlfeilen Schlachtruf derer, die sich anschickten, die
Gesellschaft in Mikro-Interessen zu parzellieren und somit Identitätspolitik zu betreiben. Die Öffentlichkeit wird zur politischen Ca-
feteria für Lobbygruppen in schillernden Spektralfarben. Auf dem
Marktplatz der Benachteiligungen kämpft jede Ich-AG um Anerkennung, Teilhabe und Vorteilsnahme. Ein Jeglicher schaut auf
sich und seine persönlichen Bedürfnisse, aber möglichst wenig
aufs Ganze. Denn das Ganze ist der Zusammenhang, der Sinn stif-
tet. In theologischer Währung könnten wir von Gott sprechen. Aber
dieses Wertpapier ist auf dem Börsenparkett von Skeptizismus und
angetäuschter Aufklärung in freien Fall geraten. Sinnzusammen-
hang, das Ganze also, dies haben wir von einem Starphilosophen
der Achtundsechziger, Theodor W. Adorno, gelernt: »Das Ganze ist
das Unwahre.«[14] Der Pate der Kritischen Theorie ist der geistige
Urheber einer Gesellschaft der Ichlinge. Und diese amorphe An-
sammlung sinnvergessener Isolationshäftlinge ist, wen wundert's,
offenbar längst am Durchdrehen.

Rüpelrepublik Deutschland

Wo Ich ist, soll alles nach meiner Pfeife tanzen. Ein Streifzug durch Hamburg oder Berlin oder eine andere deutsche Großstadt reicht aus, um einschlägige Beispiele einzusammeln. Selten begegnen einem aufmerksame, freundliche Passanten, der Blickkontakt wird meistens vermieden, die Gesichter angespannt und verschlossen. An Einlasstüren wird gedrängelt, die gepflegte Sitte des Vortrittlassens scheint aus der Zeit gefallen. Radfahrer sind auf pfeilschnellen Drahteseln unterwegs und mit Helmen und gepolsterten Trikots kampfuniformiert. Im Autoverkehr dominieren SUVs, Sport Utility Vehicles, also Geländelimousinen, die dem Fahrer auch im Stadtverkehr das Gefühl bescheren, in einem Geschoss zu sitzen. Angriffslust funkelt allenthalben.

Eine Presseschau im März 2019 zum Thema »Ausraster« fördert ein Panoptikum an Eskalationen zutage. Dem *Spiegel* war es eine Titelgeschichte wert.[15] Während einer Livesendung des ZDF-Morgenmagazins stürmte eine Frau aus dem Publikum auf die Bühne, drängte Moderatorin Dunja Hayali zur Seite und zeterte vor laufender Kamera: »Müsst ihr hier eigentlich alle anlügen? Lügenpresse, Lügenfresse, oder was?!« Auf dem Düsseldorfer Hauptbahnhof fiel ein Zug aus, prompt rannte ein Mann mit einem Klappmesser in der Hand über den Bahnsteig und brüllte: »Drecks-Bundesbahn, wo seid ihr? Euch müsste man alle abschlachten und ausbluten lassen!«

In Hannover irrte ein Mann, versunken in sein Smartphone, auf die Straße. Ein Radfahrer prügelte daraufhin dermaßen auf ihn ein, dass er drei Tage später an seinen Verletzungen starb. In der Oberpfalz hetzte ein Hausbewohner seinen Hund auf eine Polizistin, die wegen eines Brandes am Vorabend ermittelte. Feuerwehrleute wurden mit Flaschen beworfen, Busfahrer geschlagen, weil sie sich weigerten, individuellen Haltewünschen nachzukommen. Deutschland scheint durchzudrehen.

»Die Gesellschaft wird insgesamt rabiater«, stellt Andreas Zick, Leiter des Instituts für interdisziplinäre Konflikt- und Gewaltforschung an der Universität Bielefeld, fest. Aber warum? »Schließlich wird auf allen Ebenen seit Jahren vor allem Durchsetzungsfähigkeit und Eigeninteresse gepredigt«,[16] erklärt Zick. Insbesondere seit Ausbruch der Weltfinanzkrise 2008 sei eine wachsende Gewaltbereitschaft zu beobachten.

Der Autor der *Spiegel*-Titelstory, Jörg Schindler, hat bereits 2012 einschlägige Befunde in einem Buch zusammengetragen: *Die Rüpel-Republik – Warum sind wir so unsozial?* Schon damals sah Schindler unsere Gesellschaft auseinanderdriften. »Unsere Staatsreligion lautet längst Individualismus.«[17] Nur 5 Prozent der Menschen empfinden sich als Teil einer Bürgergesellschaft. Kein Wunder, denn ihr Leben findet mehr und mehr in Vereinzelung statt. Jährlich werden um die 150.000 Ehen geschieden, jährlich steigt die Zahl der Scheidungswaisen um gut 120.000 Kinder. Anderthalb Millionen Menschen sind in Deutschland alleinerziehend, oft sind sie aufgrund von Zeit- und Geldmangel sozial isoliert. In Vater-Mutter-Kind-Familien wächst jedes vierte Kind ohne Geschwister auf, ein entsprechendes Sozialverhalten mit Bruder oder Schwester können sie nicht einüben. Die Vereinzelung durchseucht auch die Freizeitaktivitäten: Anstatt sich mit anderen Menschen zu umgeben, gucken die Deutschen lieber fern, hören Radio, lesen Zeitschriften oder surfen im Internet. Schindler hält die Ideologie der Selbstverwirklichung eher für einen Fluch. »Tatsache jedenfalls ist, dass nicht alle mit dieser Art zu leben glücklich sind.«[18] Die grassierenden Rüpelhaftigkeiten im Umgang miteinander sind dann auch nicht überraschend: »Wer die meiste Zeit mit sich selbst beschäftigt ist, weiß womöglich gar nicht mehr, wie er sich gegenüber anderen verhalten soll.«[19]

Diese aufgeheizte Gemütslage hat auch die politische Auseinandersetzung erreicht. Bemerkenswert ist in diesem Zusammenhang der Begriff des »Wutbürgers«. Entstanden ist dieser Ausdruck im Umfeld der Proteste gegen den Umbau des Stuttgarter Hauptbahnhofs, das Bauprojekt Stuttgart 21, die sich im sonst so beschaulichen Ländle zu überraschenden Unruhen steigerten. Zu anfänglicher Prominenz gelangte der Terminus Wutbürger durch einen Essay im *Spiegel* im Oktober 2010. Darin unterrichtete uns der Autor Dirk Kurbjuweit: »Eine neue Gestalt macht sich wichtig in der deutschen Gesellschaft: Das ist der Wutbürger. Er bricht mit der bürgerlichen Tradition, dass zur politischen Mitte auch eine innere Mitte gehört, also Gelassenheit, Contenance. Der Wutbürger buht, schreit, hasst. Er ist konservativ, wohlhabend und nicht mehr jung. Früher war er staatstragend, jetzt ist er zutiefst empört über die Politiker. Er zeigt sich bei Veranstaltungen mit Thilo Sarrazin und bei Demonstrationen gegen das Bahnhofsprojekt Stuttgart 21.«[20]

Hier wurde eine erstaunliche Diskurswende deutlich. Seit jeher wurde das Demonstrieren und Protestieren gleichsam zur linksliberalen Hofetikette gerechnet, das kritische Bewusstsein und Infragestellen von Autoritäten galt als Gebetshaltung der progressiven Milieus im Lande. Auf einmal stellte der *Spiegel*, vom Gründer Rudolf Augstein einst als »ein liberales, ein im Zweifelsfall linkes Blatt« charakterisiert,[21] die Frage: »Warum die Deutschen so viel protestieren«.[22] Kurbjuweits Essay signalisierte einen Seitenwechsel. Die linksliberale Elite, bislang habituell kritisch den Verhältnissen gegenüber, gab sich strukturkonservativ, indem sie die mittlerweile gesellschaftlich durchgesetzte Leitideologie von Fortschritt, Dynamik und Innovation gegen ihre Verächter in Schutz nahm. Bei Kurbjuweit liest sich das so: »Der Hauptbahnhof, ein moderner Glaspalast, ist ein stolzes Wahrzeichen Berlins geworden, so wie es andernorts Schlösser und Museen sind.«[23] Tatsächlich gilt der Berliner Hauptbahnhof als missratenes Warenhaus mit Gleisanschluss, in dem weder der Aufenthalt noch das Einkaufen Freude bereitet, geschweige denn die Bahnverbindung auf Anhieb zu finden ist. Aber Kurbjuweit findet offenbar Gefallen an dem maschinenraumartigen Etagenlabyrinth in Sichtweite des Kanzleramtes. »Wie empfängt Stuttgart einen Reisenden? Mit Miefigkeit, mit einem kleinen Willkommen, nicht mit einem großen. Hier ist Provinz, du musst nicht unbedingt bleiben – das sagt dieser Bahnhof. Sein Nachfolger würde das ändern, er ist so kühn und elegant, dass er das Image dieser Stadt aufpolieren kann. Stuttgart würde im globalen Wettbewerb der Metropolen weit besser aussehen.«[24]

In diesen eisigen Sätzen spüren wir nicht nur einen Verfall ästhetischer Empfindungen, wie sonst könnte der *Spiegel*-Autor einen menschenabweisenden Glaspalast in Berlin als ein großes Willkommen bezeichnen, wie sonst könnte ihm zu dem eingetragenen Stuttgarter Kulturdenkmal aus dem Jahre 1928 nichts als »Miefigkeit« einfallen. Darüber hinaus schwingt in dieser Beschreibung die unsentimentale Akzeptanz einer Herrschaft des Ökonomischen, eines Diktats des Funktionalen, dem wir uns unterzuordnen haben. Dass das neoliberale Großmannsprojekt der Deutschen Bahn massenhaft arglose, bis dahin zumeist unpolitische Bürger in Baden-Württemberg mobilisierte, weil sie durch kurzatmige wirtschaftliche Wachstumserwägungen die Ökologie und das historisch-kulturelle Erbe des Stadtbildes beschädigt sahen, ignoriert Kurbjuweit.

Im Terminus Wutbürger kristallisiert sich also ein Kulturkampf, in dem Menschen aufmucken wider die Zumutungen der neuen Zeit. Wer, wie der *Spiegel*-Autor, missbilligt, dass die Wutbürger es an Contenance fehlen lassen und bisweilen buhen, schreien und hassen, sollte nicht übersehen: Die Zumutungen sind auch nicht zimperlich.

Ausgerechnet im *Spiegel* war gut 17 Jahre zuvor ein anderer Essay erschienen, diesmal aus der Feder des feinnervigen Zeitdiagnostikers Botho Strauß, mit dem berühmten Titel: »Anschwellender Bocksgesang«. Der Dichter Strauß sah die gewittrige kulturelle Großwetterlage früher als andere heraufziehen: »Wir warnen etwas zu selbstgefällig vor den nationalistischen Strömungen in den osteuropäischen und mittelasiatischen Neu-Staaten. Dass jemand in Tadschikistan es als politischen Auftrag begreift, seine Sprache zu erhalten, wie wir unsere Gewässer, das verstehen wir nicht mehr.

Dass ein Volk sein Sittengesetz gegen andere behaupten will und dafür bereit ist, Blutopfer zu bringen, das verstehen wir nicht mehr und halten es in unserer liberal-libertären Selbstbezogenheit für falsch und verwerflich. Es ziehen aber Konflikte herauf, die sich nicht mehr ökonomisch befrieden lassen; bei denen es eine nachteilige Rolle spielen könnte, dass der reiche Westeuropäer sozusagen auch sittlich über seine Verhältnisse gelebt hat, da hier das ›Machbare‹ am wenigsten an eine Grenze stieß. Es ist gleichgültig, wie wir es bewerten, es wird schwer zu bekämpfen sein: dass die alten Dinge nicht einfach überlebt und tot sind, dass der Mensch, der einzelne wie der Volkszugehörige, nicht einfach nur von heute ist. Zwischen den Kräften des Hergebrachten und denen des ständigen Fortbringens, Abservierens und Auslöschens wird es Krieg geben.«[25]

Bei Erscheinen im Februar 1993 trat diese Textpassage eine Welle von Empörung und Spott los – heute wissen wir, dass Botho Strauß das, was gegenwärtig ein Rechtsruck im Lande genannt wird, ungleich luzider und komplexer erklärt, als das im endlosen Karussell von Leitartikeln, Reportagen, TV-Talkshows und Politikerphrasen geschieht. Schon damals erkannte Strauß, dass »der reiche Westeuropäer sozusagen auch sittlich über seine Verhältnisse gelebt hat« und er die Überdehnungen in seiner Lebensweise technisch wie ökonomisch zu kompensieren sucht. Hinzufügen müssen wir noch einen geradezu hysterischen Humanitätsanspruch, mit dem sich privilegierte linksliberale deutsche Spießer ihre Schuldgefühle in einen moralischen Überschuss umgebucht haben. Kein Tag vergeht, an dem nicht auf die Vergangenheit von uns Deutschen hingewiesen wird, welche uns zu einer außerordentlichen Gutherzigkeit verpflichten würde.

Wie peinlich dieses angestrengt selbstgerechte Tugendgetue sein kann, ist dem Altlinken Ulrich Greiner aufgefallen. Greiner war Feuilletonchef der *Zeit*, schreibt bis heute für das Wochenblatt und hat sich mit Anfang 70 dazu bekannt, zu den Konservativen übergelaufen zu sein. Seine einschlägigen Bekenntnisse veröffentlichte er unter dem Titel *Heimatlos*. Darin schildert er einen Fernsehbeitrag über die Verwerfungen der Energiewende, der ihn, den einstigen überzeugten Linken, schaudern ließ: »In dieser Sendung sah man Anton Hofreiter, den Bundestagsabgeordneten der Grünen, wie er eine Demonstration für Windenergie anführte und mit einer Leidenschaft, die an eine neue Weltrevolution denken ließ, ins Mikrofon schrie, die alternativen Energien seien der einzige Weg, die Klimakatastrophe abzuwenden, und er verstieg sich zu dem Satz: ›Es geht um die Rettung der Menschheit!‹«[26]

Nicht die Forderung, Energie intelligent zu generieren und mit dem Planeten pfleglich umzugehen, bereitete Greiner Grusel, sondern diese eschatologische Selbstgewissheit, mit der hier das Denken und Fühlen zum Äußersten getrieben wurde. Dorthin, wo der Verstand aussetzt und die Panik beginnt. Greiner: »Wenn es um die Rettung der Menschheit geht, sind Rücksichten nicht mehr angebracht. Man wird sich vor diesen Rettern retten müssen.«[27]

Aktivismus als Gesellschaftsspiel

Dieses Narrativ auf unschlagbare Weise auf die Spitze zu treiben gelang einem zierlichen blonden Mädchen aus Stockholm. »My name is Greta Thunberg. I am 16 years old. I come from Sweden and I want you to panic.«[28] So eröffnete sie ihre Ansprache vor dem Umweltausschuss des Europäischen Parlaments in Straßburg im April 2019. Niemand weiß, wer ihre Reden wirklich schreibt. Aber diese Zeilen könnten ein fulminanter Romaneinstieg sein.

Greta Thunberg ist nur 1,53 Meter groß, aber die Lichtgestalt der Klimareligiösen. Sie wurde inzwischen für den Friedensnobelpreis vorgeschlagen. Die TV-Postille *Hörzu* verlieh ihr spontan die Goldene Kamera. Der katholische Bischof in Berlin, Heiner Koch, verglich sie mit Jesus von Nazareth, woraufhin sie der Papst in Rom empfing. Zuvor trat sie im Dezember 2018 auf der Weltklimakonferenz in Kattowitz vor die Mikrofone und las im Januar 2019 den Mächtigen auf dem Weltwirtschaftsforum in Davos die Leviten. Wäre die Klimaaktivistin eine Popsängerin, könnten wir sagen, sie hätte mit ihrem Ohrwurm »Our House is on fire« den Sommerhit der Erderwärmung gelandet. Dabei hatte das ernst dreinschauende Mädchen nach den Sommerferien im August 2018 lediglich ein großformatiges Pappschild mit »Skolstrejk för Klimatet«, zu Deutsch »Schulstreik für das Klima«, bepinselt und jeden Freitag den Schulunterricht ausfallen lassen, um vor dem schwedischen Parlament ihren mahnenden Karton hochzuhalten.

In den Sozialen Medien machte ihr Hashtag #FridaysForFuture die Runde und infizierte in aller Welt Schülergruppen, vornehmlich in den westlichen Industrienationen. Zehntausende junge Menschen stellten auf einmal fest, dass ihr digitales Dasein, das Posten von Fotos bei Facebook und Instagram sowie das Chatten bei WhatsApp, ihnen doch nicht die letztgültige Erfüllung bereitet und dass sich die Rettung unseres Planeten passgenau mit der wohlfeilen Regelverletzung des Schulschwänzens am Ende der Unterrichtswoche verbinden lässt. Am Freitag, den 15. März 2019, verweigerten an 1.650 Orten in 105 Ländern der Erde Heranwachsende ihre Schulpflicht wegen Klimawandel: In Berlin demonstrierten mehr als 20.000, in ganz Deutschland rund 300.000 Schüler, weltweit schätzten die Veranstalter die Teilnehmerzahl auf über anderthalb Millionen.

Bei so viel symbolischen Druck taten wahlabhängige Politiker das einzig Richtige – sie zeigten sich unverzüglich begeistert. Während des Weltklimagipfels in Kattowitz traf sich Uno-Generalsekretär António Guterres mit Greta. In Davos schüttelte Christine Lagarde, Direktorin des Internationalen Währungsfonds, dem Mädchen die Hand und twitterte hernach: »Dank Jugendlichen wie Greta Thunberg schaue ich optimistisch in die Zukunft.«[29] Die Bundeskanzlerin lobte die Schülerproteste gegen den Klimawandel in ihrem Video-Podcast: »Dass dieses Signal gesetzt wird, ›da gibt es

Sorge‹ – das ist für uns gut.« Es sei richtig, »dass ihr uns Dampf macht«.[30]

Bundestagspräsident Wolfgang Schäuble zeigte sich gleichfalls wohlwollend: »Es ist nur zu begrüßen, dass sich junge Menschen für zentrale und globale politische Fragen interessieren, und es ist traurig, dass die Politik offenbar diesen Druck braucht, um beim Klimaschutz die vielen Widerstände zu überwinden.«[31] Es war, als ob die Herrschenden jahrelang darauf gewartet hätten, dass ein paar Halbwüchsige sie auffordern, endlich ihren Job zu machen.

Noch absurder gebärdete sich das wählende Volk. Unter dem Label »Scientists for future« schlossen sich in Deutschland, Österreich und der Schweiz 12.000 Wissenschaftler per Petition den Schülerprotesten an. Einer von ihnen, Volker Quaschning, Professor für Regenerative Energiesysteme an der Berliner Hochschule für Technik und Wirtschaft, konterte auf die Kritik von FDP-Chef Christian Lindner, das Thema sei eine Sache für Profis: »Wir sind die Profis, wir sagen: Die junge Generation hat recht. Es ist ja auch mutig, mal nicht in die Schule zu gehen.«[32] Wieso haben diese Profis seit vierzig Jahren nichts getan? Schon 1979 hat die erste Weltklimakonferenz in Genf die Erderwärmung durch die Medien gejagt. Damals waren die Eltern von Greta Thunberg neun und zehn Jahre alt. Und überhaupt: Warum haben jene Erwachsenen, die Greta und ihre streikenden Mitschüler verehren und in den sozialen Medien mitunter hymnisch besingen, als ob sie nicht seit Jahren über den Klimawandel Bescheid wussten, nicht selber den Mächtigen Dampf gemacht, einen Generalstreik organisiert und jeden Freitag ihre Arbeit niedergelegt? Aber so ist das eben in Deutschland: Wenn der Antrag nicht bewilligt wird, muss die Revolution eben ausfallen.

Umso lebhafter sind solche Möchtegern-Veränderer indes unterwegs, wenn es darum geht, Gegenstimmen zum Verstummen zu bringen. Nachdenkliche Geister, die sich der enthusiastischen Gefolgschaft intuitiv verweigerten und Fragen stellten, wurden in den Sozialen Netzwerken mit Shitstorms überzogen und als Hetzer,

Hasser, Klimaleugner und Rechtsradikale gebrandmarkt. Rechtsradikal deshalb, weil im Milieu von Nichtlinken und AfD sich Widerspruch regt gegen die plötzliche klimapolitische Einträchtigkeit. Im Übrigen ist »Klimaleugner« eine sinnleere Wortschöpfung, denn das Klima zu leugnen ist genauso unmöglich wie das Ignorieren der Schwerkraft, und das tun angebliche Klimaleugner auch gar nicht. Vielmehr fragen sie laut, ob der Wandel des Klimas, die Erderwärmung, tatsächlich menschengemacht ist und ob wir die meteorologischen Großveränderungen aufhalten können. Aber bereits solche Fragen verstoßen gegen die Glaubensgrundlagen von Klimareligiösen, weshalb diese sich jeglicher Diskussion und Neuüberprüfung entziehen und auf naturwissenschaftliche Studienergebnisse verweisen, die allerdings, wie wir wissen, der Vergänglichkeit der wissenschaftlichen Erkenntnisevolution unterliegen.

Auch der Vorwurf, Kritiker der Greta-Performance kämen aus der rechten Ecke, wird überraschend relativiert, wenn wir bei Google die Stichworte »Greta Thunberg« und »Kritiker« eingeben. Schon unter den ersten Ergebnissen der Suchmaschine tauchen eher linksverortete Medien auf. Die *taz*, der *Freitag, Jungle World, Telepolis*, die *Frankfurter Rundschau* tadeln die Klima-Schüler samt ihrer schwedischen Galionsfigur ungleich profunder, als es etwa der Monatsschrift *Compact*, eine Art *Wachtturm*-Magazin für Rechtsfrustrierte, gelingt, wenn sie auf dem Titelblatt der Aprilausgabe und auf Aufklebern dreisilbig »Greta nervt« verbreitet.[33] Immerhin hat auch die *taz* in der Aufregung um Greta »bedrohliche Züge« entdeckt.[34] Gleichwohl: »Daraus ist dem jungen Mädchen kein Vorwurf zu machen. Die 16-Jährige kann nichts dafür, wenn weite Teile der Öffentlichkeit durchdrehen.«[35]

Tatsächlich lässt sich an dem Rummel um Greta und die Dringlichkeit einer Klimarettung das Drama der liberalen Verwahrlosung aufs Schönste ablesen. Denn der eben erwähnte Glaubenscharakter aller Standpunkte, die sich in der Klimawandeldebatte einnehmen lassen, besagt zwar nicht, dass die Klimawandel-Propagandisten oder die Skeptiker nicht am Ende recht haben könnten, sondern lediglich, dass wir es nicht wissen können. Wir haben es hier mit Hochrechnungen, Modellmessungen und Näherungswerten zu tun, um die sich Forscher zanken wie Marktweiber, und schon der tägliche Wetterbericht beschränkt uns allzu oft auf die Erfahrungsgewissheit, dass, wenn's nicht regnet, womöglich die Sonne scheint. Kurzum, wenn, wie Adorno bemerkte, der Okkultismus »die Metaphysik der dummen Kerle« ist,[36] dann ist die Meteorologie der Okkultismus derer, die der Metaphysik nicht trauen.

Auf dieser Spielwiese der Ungewissheiten muss es also um andere Dinge gehen als um gesicherte Vorhersagen. Etwa um gesellschaftliche Macht und um kommerzielle Interessen. Wie von unsichtbarer Hand geführt, scheinen liberale soziale Bewegungen unweigerlich in neoliberale Wirtschaftsanwendungen destilliert zu werden. So stellt das Online-Magazin *Telepolis* fest: »Wenigstens muss Thunberg, wenn sie gute Finanzberater hat, sich um ihr persönliches Wohlergeben dann keine Sorgen mehr machen.«[37] Nach Recherchen des *Svenska Dagbladet* unterhält Greta Thunberg enge Verbindungen zum schwedischen Geschäftsmann Ingmar Rentzhog, der zugab, das Schulmädchen vor dem Reichstag in Stockholm gemeinsam mit einem Fotografen entdeckt zu haben. Es sei eine surreale Szene gewesen: Ein Mädchen allein mit seiner Schrifttafel und niemand habe sich um es gekümmert. Rentzhog ließ Bilder knipsen, veröffentlichte einen Beitrag auf Facebook und ein Video auf dem YouTube-Kanal seines Unternehmens »We don't have time«, das sich unter anderem mit dem Handel von CO_2-Zertifikaten beschäftigen soll. In einem firmeneigenen Prospekt für Investoren wurde Greta laut *Svenska Dagbladet* mehrfach erwähnt. Rentzhog selbst räumte in einer Pressemitteilung Anfang Februar 2019 ein, dass die Schülerin von Oktober 2018 bis Januar 2019 als »Youth Advisor« in der Unternehmensstiftung tätig war. Diese Tätigkeit habe Greta Thunberg jedoch beendet, um unabhängig zu sein. Rentzhogs Start-up warb nach eigener Auskunft mit dem Prospekt bei den Investoren bislang 13 Millionen schwedische Kronen ein, etwa 1,2 Millionen Euro. Es geht also um handfeste finanzielle Interessen.

Wie sollte ein junges Mädchen sich auch ohne professionellen Apparat im Hintergrund für den UN-Klimagipfel in Kattowitz akkreditieren, sich Zutritt zum Weltwirtschaftsforum in Davos verschaffen sowie Redezeiten vor den Parlamenten in Straßburg und London? Greta selbst behauptet hingegen: »Ich bin kein Teil irgendeiner Organisation. Ich bin absolut unabhängig und repräsentiere nur mich selbst.«[38] Auch bekäme sie keine finanzielle Unterstützung von Interessengruppen. In einem Eintrag auf Facebook schreibt sie: »Ich reise nur mit Erlaubnis meiner Schule und meine Eltern zahlen für Tickets und Unterkünfte. Ich bin absolut unabhängig. Ich habe kein Geld oder Versprechen künftiger Zahlungen jeglicher Art erhalten. Und natürlich wird das so bleiben.«[39]

Dabei war spätestens beim brillant choreografierten Auftritt bei der Verleihung der Goldenen Kamera in Berlin für jedermann augenfällig, dass hier keine unbedarfte Schülerin unterwegs ist, sondern ausgefuchste Kampagnenprofis, die genau wissen, wie sie die Weltöffentlichkeit in Bann ziehen. Ein schmächtiges Mädchen in weißem Kleid und mit offenem Haar stand sterntalermädchengleich auf einer weitläufigen Bühne, redete dem Publikum wie einstudiert ins Gewissen, kein Stottern, kein Stolpern. Selbst die routinierten Berufsschauspieler nahmen an diesem Abend ihre Trophäen aufgewühlter entgegen.

Es war ein vollendet inszeniertes Schaulaufen für die heißbelüftete Als-ob-Gesellschaft. Erwachsene Menschen zelebrierten eine heilige Moral-Messe, badeten im reinigenden Grusel ob ihres sündhaften Lebensstils und genossen den Gestus der Abbitte. Aus diesem Grund behält auch nach zwei Jahrtausenden die Bergpredigt des Neuen Testaments ihre wirkungsfrohe Frische. Auch hier paaren sich Fluch und Segen, Irrweg und Umkehr, menschliche Verfehlungen und die Sehnsucht nach Erlösung. Den Als-ob-Charakter einer Gesellschaftsschicht, die sich die Probleme aufgeklärt vom Leibe halten will, hat der linksliberale Journalist Walter Wüllenweber treffsicher zum Ausdruck gebracht: *Frohe Botschaft. Es steht nicht gut um die Menschheit – aber besser als jemals zuvor,*[40] so überschrieb er 2018 seine Verteidigungsschrift des Gegebenen. Die Anstandseinschränkung im Buchtitel ist bezeichnend: Linker Biedermeier redet das Vorgefundene ebenso schön wie zuvor der rechte Mainstream, aber die apokalyptische Grundmelodie darf heute nicht mehr vernachlässigt werden.

Heute erleben wir einen infantilen Rollentausch. Die Jungen treten als Ankläger auf und maßregeln die Alten. Strukturell hat dies ein Vorbild in 1968, als die linken Studenten ihre Nazieltern zur Rede stellten. Jetzt entzündet sich eine nächste Raketenstufe, indem eine heranwachsende Generation, die bislang üblicherweise wider das Regelwerk der Erwachsenenwelt aufbegehrte, ihren Eltern noch mehr Vorschriften macht. Als ob die Kinder eine verwaltete Welt, in die sie hineingeboren wurden, mit noch mehr Verwaltung in die Karikatur treiben wollten. Allerdings ohne jeden Anflug von Ironie. Überhaupt fällt bei dieser Generation die völlige Abwesenheit von Humor auf. Eine Kohorte von Ernstlern, wie Robert Gernhardt sagen würde, schickt sich an, die Welt zu verbessern, und verwandelt sie in ein Schreckensregime der Streber.

Wobei der Klimaschutz-Furor ein gesellschaftliches Elitenphänomen zu sein scheint und sich auf die Oberschulen beschränkt. Von Erderwärmungsstreiks an deutschen Hauptschulen ist wenig bekannt geworden. Offenbar sind die Unterschichten, die zu mittellos sind, um den Planeten zu zerstören, von einem Klimawandel entsprechend weniger beunruhigt. Und gerade bei den Grünen-Wählern, deren Partei sich Ende der siebziger Jahre als eine Art öko-liberale Abspaltung von der Sozialdemokratie formiert hatte, ist die Bigotterie besonders ausgeprägt: Obwohl laut Umweltbundesamt keine Fortbewegungsart klimaschädlicher ist als das Flugzeug, sind die Anhänger der Grünen am intensivsten im Luftverkehr unterwegs. In einer Umfrage 2014 der Forschungsgruppe Wahlen im Auftrag des Bundesverbandes der Deutschen Luftverkehrswirtschaft (BDL) gaben 49 Prozent der Grünen-Wähler an, in den vergangenen zwölf Monaten geflogen zu sein. Danach folgten die Linken mit 42 Prozent, die CDU-Anhänger mit 36 Prozent und die SPD-Gefolgsleute mit 32 Prozent. Bei der Verteilung der Nichtflieger sind die Unterschiede noch augenfälliger. Als einzige Wählergruppe gaben null Prozent der Grünen-Wähler an, noch nie im Leben geflogen zu sein. Bei den Linkspartei-Wählern waren es 17 Prozent und bei den sozialdemokratischen 13 Prozent. Im grünen Milieu stehen eben Werte wie persönliche Freiheit und Selbstverwirklichung an oberster Stelle, die Sorge um die Natur ist eher eine Hintergrundstrahlung, die der säkular-religiösen Erbauung und wohlstandsbedingten Kompensation von Schuldgefühlen dient.

Zu diesem Bedürfnis passt der Kreuzzug der altklugen Kinder, als deren Anführerin Greta Thunberg wie geschaffen scheint: »Manche Menschen behaupten, meine Eltern hätten mich gehirngewaschen. Aber es war umgekehrt: Ich habe meinen Eltern das Gehirn gewaschen. Ich habe sie überzeugt, nicht mehr zu fliegen und kein Fleisch mehr zu essen.«[41]

Adorno war der Stichwortgeber der Achtundsechziger und wusste um »die schmähliche Alternative, vor welche insgeheim der späte Kapitalismus all seine Angehörigen stellt: auch ein Erwachsener zu werden oder ein Kind zu bleiben«.[42] Bekanntlich war der Frankfurter Philosoph zeitlebens darum bemüht, nicht vollends erwachsen zu werden, ohne infantil zu bleiben. Den Verlust seiner verwöhnten Kindheit in Amorbach im Odenwald vermochten ihm spätere konsumistische Wohltaten der Industriegesellschaft nie zu ersetzen. Das Paradies der Kindertage blieb der Kompass seines kritischen Bewusstseins. Dieses Ideal einer Geisteshaltung scheint sich mittlerweile verflüchtigt zu haben. Heute hat sich ein Gebot der Popkultur durchgesetzt, das von uns »Forever young« einfordert. Eine Beschwörung, die wir Bob Dylan aus dem Jahre 1974 verdanken und die sich längst zu einem verkitschten Jugendwahn verselbstständigt hat.

Der Wiener Philosoph Robert Pfaller beobachtet »eine gesellschaftliche Entwicklung, in deren Verlauf Erwachsenheit nicht mehr selbstverständlich von erwachsenen Menschen erwartet werden darf«.[43] Damit meint Pfaller durchaus nicht vordergründig die habituellen Regressionen, die wir allerorten zur Kenntnis nehmen müssen. Etwa den verbissenen Kleinkrieg gegen den körperlichen Verfall durch Fitnesstraining, Kosmetik und ästhetische Chirurgie. Auch nicht der Würdeverlust im Erscheinungsbild alternder Menschen, die bedenkenlos in den Garderoben nachwachsender Generationen wildern, was uns welkende Girlies und Bübchen-Männer jenseits der 50 in T-Shirt und Kapuzenpulli auf den Straßen beschert.

Derlei Phänomene sind, so Pfaller, nur Symptome eines Qualitätsverlusts im sozialen Zusammenleben und eines Mangels an »Politikfähigkeit der Menschen. Wenn nicht mehr Erwachsenheit – und alles, was dazugehört – öffentlicher Standard ist, sondern diverse Empfindlichkeiten, Herkünfte oder sonstige Beschaffenheiten, dann ist es den Profiteuren der neoliberalen Umverteilung nicht nur gelungen, die Verlierer in lauter irrelevante oder verfeindete Untergruppen auseinanderzudividieren.«[44] Ruiniert worden sei auch der gesellschaftliche Zusammenhalt, eben »jene Öffentlichkeit, in der solche Gruppen sich auch nur so weit solidarisieren könnten, dass sich erörtern ließe, wie sie trotz aller Divergenzen friedlich und für alle erträglich zusammenleben könnten«.[45]

Anders gesagt: Unsere Gesellschaft zerfällt in immer schmalere Befindlichkeitsparzellen, in denen die individuellen Besorgnisse über das Gemeinwohl triumphieren. Die Demokratie definiert sich ausdrücklich nicht mehr über die Repräsentation des Mehrheitswillens, sondern sieht ihren humanistischen Glutkern im Lobbyismus der Mikrointeressen unterschiedlichster Minderheiten. »Das Zentrum von Demokratie ist der Schutz der Minderheiten«,[46] behauptet denn auch der Auslandsbischof der Evangelischen Kirche in Deutschland, Martin Schindehütte. Aus der Herrschaft des Volkes, wie die wörtliche Übersetzung des Begriffs »Demokratie« aus dem Griechischen lautet, ist eine Hegemonie von Randgruppen geworden, die zunehmend den politischen Diskurs vereinnahmen. Robert Pfaller nennt diese Entwicklung »Pseudopolitik«.[47] Sie bestehe darin, politische Probleme auszuklammern und sich stattdessen mit Alltagsbanalitäten zu beschäftigen, »die erwachsene Menschen durchaus selbst handhaben können«.[48] Sensibilisierung ist zur allfälligen Phrase geraten. »Durch Ermunterung zur Empfindlichkeit hat sie Menschen infantilisiert.«[49]

Der vermeintliche zivilisatorische Fortschritt, der darin hätte bestehen können, dass eine allgemeine Anhebung des zwischenmenschlichen Mitempfindens, der Empathie in der Gesellschaft zu einem Zuwachs an Gerechtigkeit und Freundlichkeit führt, hat sich in der Praxis umgekehrt und eine gesellschaftliche Spaltung verursacht. Linksliberale Bildungsbürger mit dem vorgeblichen Willen zu sozialer Harmonisierung überziehen mindergebildete und prekär lebende Bevölkerungsgruppen mit Verachtung, mit Vorwürfen des Rassismus und Sexismus, ohne sich die Frage zu stellen, woher die Wut in den Unterschichten rührt, die diese Menschen in die Arme rechtspopulistischer Rattenfänger treibt.

Wenn ein Hartz-IV-Empfänger wahrnimmt, dass die politische Elite sich lieber um die Belange von Randgruppen bemüht, die ein drittes Geschlecht im Pass vermerkt haben wollen, die ihre gleichgeschlechtliche Lebenspartnerschaft zur vollwertigen bürgerlichen Ehegemeinschaft aufgewertet wissen wollen und die kostspielige Einrichtung von Toilettenkabinen für Transsexuelle begehren, dieser Hartz IV-Empfänger aber zugleich erlebt, wie sein Jobcenter ihn mit Antragsformularen tyrannisiert, wenn er einen neuen Kühlschrank benötigt oder nicht weiß, wie er die Schulbücher seiner Kinder bezahlen soll, dann hat die gesellschaftliche Spaltung ein konkretes Antlitz und die Empörung einen starken Grund.

Wenn dieser Hartz-IV-Empfänger auch noch in den Nachrichten erfährt, dass seine Bundesregierung künftig für Migranten sogenannte Mentoren organisieren will, die in Form von Patenschaften sich persönlich um die Neubürger kümmern und sogar für zwei Jahre deren Kaltmiete bezahlen sollen, dann dürfte sich die Frage aufdrängen: Warum werde ich als Einheimischer von solchen Wohlstandsbürgern abfällig als »Hartzer« betitelt, anstatt dass mich ein Mentor aus diesen Kreisen an die Hand nimmt und in die Komfortzonen dieses Landes integriert, indem er zwei Jahre lang meine Kaltmiete bezahlt?

Zweifellos ist dieses Projekt »Neustart im Team« (NesT) »charmant«, wie es der Parlamentarische Staatssekretär im Bundesinnenministerium, Stephan Mayer (CSU), nennt, indem sich Bürger engagieren, »besonders schutzbedürftige Personen in Deutschland aufzunehmen und ihnen auch eine Bleibeperspektive in Deutschland zu geben«.[50] Glaubwürdig wäre es jedoch erst, wenn dieses Land zunächst seine Hausaufgaben macht und sich um die eigenen Bevölkerungsgruppen kümmert, die am Verelenden sind. Dies wäre ein genuin sozialdemokratisches Unterfangen.

»Sonnenscheinliberalismus«

Für Nils Heisterhagen sind diese Versäumnisse nicht nur ein Versagen der SPD, sondern überdies eine »Verirrung der Geschichte«.[51] Denn »nach dem Zweiten Weltkrieg ging es nur um eine Befreiung von allen Totalitarismen. Deshalb hatten der Befreiungsexistenzialismus nach dem Zweiten Weltkrieg und dann später der Liberalismus eine so große Wirkmächtigkeit.«[52] Die zweite Hälfte des 20. Jahrhunderts bezeichnet Heisterhagen rechnerisch großzügig als »Befreiungsjahrhundert«.[53]

Wir treffen uns kurz vor Weihnachten 2018 in einem italienischen Restaurant am Gutenbergplatz in Mainz. Heisterhagen ist 31, ein schlaksiger Blondschopf mit wachen Augen hinter den Brillengläsern und Dreitagebart. Der Sozialdemokrat hat 2016 in politischer Philosophie über »Existenziellen Republikanismus« promoviert und zählt zu den nachwachsenden intellektuellen Hoffnungsträgern der Partei. Ein arbeitsreiches Jahr liegt hinter ihm: 2018 schrieb er sein Buch *Die liberale Illusion* und Essays in den wichtigen Zeitungen über die Erneuerung der SPD. In der Partei hat er sich damit ausreichend unbeliebt gemacht, um seinen Hauptjob zu verlieren: Die rheinland-pfälzische Landtagsfraktion feuerte ihn als Grundsatzreferenten. Die Flüchtlingspolitik der Bundesregierung kritisiert er von links: »Die Liberalen wollen kaum noch Debatte, weil sie glauben, dass alles schon bestens geregelt ist. Sie erwarten nur noch, dass man seinen täglichen moralischen Fahnenappell ableistet.«[54]

Seine eigene Partei sei in eine liberale Falle geraten. Nach dem Zusammenbruch der Sowjetunion und dem Ende des Kalten Krieges fielen auch die Sozialdemokraten auf die These vom »Ende der Geschichte« des US-Politologen Francis Fukuyama herein, wonach Demokratie und Liberalismus ihren historischen Sieg errungen hätten. »Tatsächlich aber war eine neoliberale Form des Liberalismus damit gemeint, was daran ersichtlich ist, dass überall in der Welt die soziale Zähmung des Kapitalismus heruntergefahren wurde. Und die Sozialdemokraten – allen voran Bill Clinton in den USA, dann Tony Blair in Großbritannien und schließlich Gerhard Schröder in Deutschland – haben hierbei munter mitgemacht. Die soziale Frage geriet in Vergessenheit, Systemkritik, die ja in der SPD weit verbreitet war, fand immer seltener statt.«

Stattdessen machte sich in der Sozialdemokratie eine »liberale Selbstzufriedenheit« breit, so Heisterhagen. »Das Individuum wurde in den Mittelpunkt gerückt, auf einmal war von Ich-AGs die Rede. Die Solidarität geriet dabei unter die Räder. Die Sozialdemokratie hat sich vom Neoliberalismus den Schneid abkaufen lassen – begrifflich wie programmatisch.« Nun propagierten auch Sozialdemokraten die neoliberalen Ertüchtigungsparolen wie »Jeder ist seines Glückes Schmied« und »Du musst nur fest an dich glauben«. Aus der sozioökonomischen Gesellschaftskritik wurde eine individuelle Selbstbespiegelung. »Laut des neuen postmodern-liberalen Zeitgeistes sollte man nur noch um die Frage kreisen, wer man ist, anstatt sich damit zu beschäftigen, was man ökonomisch für sich und die Gesellschaft erreichen möchte. So haben allmählich kulturelle Themen die materiellen Probleme aus der politischen Debatte verdrängt.« Heute werde, sagt Heisterhagen, zu viel über das Gendern und zu wenig über die Verteilung des Reichtums diskutiert.

Er nennt das »Sonnenscheinliberalismus«. Ein »von einer neuen Akademikerklasse vorangetriebenes Selbstverwirklichungsdenken für Menschen, welche aus den größten ökonomischen Nöten schon längst herausgewachsen sind, also im Grunde Identitätspolitik für Postmaterialisten«. Eine bizarre Selbstgefälligkeit nahm, so Heisterhagen, Quartier in einem sich links wähnenden, wohlversorgten Bürgertum. Und »es entstand eine liberale Alles-ist-doch-gut-Philosophie, die suggeriert, dass es keine großen Probleme mehr gibt und man grundsätzlich auf dem richtigen Weg ist«.[55]

Eine Untersuchung über die deutsche Wählerschaft, von der gewerkschaftsnahen Hans-Böckler-Stiftung im Februar 2018 veröffentlicht, bestätigt dies. In der Studie wurden neun politische Typen identifiziert und in drei Gruppen sortiert. Die größte Gruppe sind die Zufriedenen aus Ober- und Mittelschicht, 43 Prozent der Wahlberechtigten. Zu den Verunsicherten zählen 32 Prozent, ebenfalls aus Ober- und Mittelschicht, die sich durch technologischen Wandel, Globalisierung und Zuwanderung bedroht fühlen. Hinzu kommen noch 25 Prozent Enttäuschte, die sich als soziale Verlierer abgehängt fühlen und vor allem aus der Unterschicht kommen.[56] Bemerkenswert an dem Untersuchungsergebnis ist, dass sowohl die SPD (zu 25 Prozent) als auch die Union (zu 41 Prozent) ihren stärksten Rückhalt nur noch bei den Zufriedenen finden.[57] Für die Christdemokraten ist dies keine Überraschung, für die Sozialdemokraten ist es fatal. Die SPD ist offenkundig längst keine politische Adresse mehr für Menschen, die sich sozial benachteiligt fühlen und Gerechtigkeit einfordern. Während die Bildungsbürger sich Richtung Grüne orientieren, fischt die AfD die Frustrierten ab.

Die SPD ist zu einer Partei geworden, die wie viele ihrer Wähler mit den Verhältnissen einverstanden ist, wiewohl, so lautet die stets angefügte Floskel, alles natürlich noch besser werden könne. Ironisch gewendet formuliert: Wer die Sozialdemokraten wählt, muss es sich leisten können, dass in diesem Land so gut wie keine grundlegenden Veränderungen stattfinden. Moralische Kosmetik ist das Spielfeld für diejenigen, die ihre materiellen Probleme hinter sich lassen können. Der Sonnenscheinliberalismus der Angekommenen, des gutverdienenden und gesinnungskorrekten Bürgertums, nimmt von Not und Elend vorrangig zur Kenntnis, um das eigene Weltbild zu bestätigen, nicht aber um die sozialen Verwerfungen zu beseitigen.

So wird auch verständlich, weshalb sich in diesen Milieus wohl Mentoren finden, die notleidende Flüchtlinge aus fernen Ländern unter ihre Fittiche nehmen und ihnen die Kaltmiete zahlen, aber keiner je auf die Idee kommt, etwas Vergleichbares für einheimische Bedürftige zu unternehmen. Das hätte das wohlige Lebensgefühl einer »liberalen Alles-ist-doch-gut-Philosophie« torpediert, das hieße, zuzugeben, dass hierzulande Erhebliches im Argen liegt.

Auf der Strecke geblieben sind in dieser Eliten-Behaglichkeit »die kleinen Leute und die Besorgten in der Mittelschicht«, sagt Heisterhagen. »Sie wurden mit ihren Sorgen und Nöten zuletzt kaum noch repräsentiert von der SPD. Deshalb wanderten viele von ihnen aus Frust, Trotz und Enttäuschung ab zu den Rechtspopulisten.«[58]

Die belgische Politikwissenschaftlerin Chantal Mouffe spricht von einer »typisch liberalen Taschenspielerei«, mit der die kosmopolitischen Milieus auf diese Fahnenflucht reagierten.[59] Um die Illusion einer heilen liberalen Welt aufrechtzuerhalten, musste »auf der moralischen Ebene die Grenzlinie zwischen den ›guten Demokraten‹ und den ›bösen Rechtsextremisten‹« gezogen werden.[60] Nun wurde ein drohender Rechtsruck beschworen, die Heimsuchung durch nationalistische Dämonen, deren Unheilverheißung in deutschen Ohren passgenau mit dem Trauma der Nach-Auschwitz-Gesellschaft in Resonanz gebracht werden konnte.

Wie wirklichkeitsfremd müssen Menschen sein, die sich im Deutschland von heute vor einer Gefahr von rechts fürchten? In einem Land, dessen Mainstream sich kulturell linksliberal gebärdet? In dem sich die demokratischen Altparteien im Bundestag auf einem sozialdemokratischen Konsens versammeln, dem sich weder die Union noch die FDP, geschweige denn die Linkspartei entziehen kann? Sogar die AfD dürfte in gewisser Weise anschlussfähig sein. Denn neben den extremistischen Krawallbrüdern existiert in diesem protestfreudigen Sammelbecken auch ein bürgerlicher Block, den die Darmstädter Soziologin Cornelia Koppetsch erkundet hat: »Ich habe für meine Forschung an Treffen des liberalen Flügels teilgenommen, die sich von denen linksliberaler Unidozenten kaum unterschieden. Auf einem Fest in der Adventszeit wurden Weihnachtslieder gesungen, alles ganz heimelig, ich fühlte mich an mein Elternhaus erinnert. Wenn wir diese Anschlussfähigkeit unterschätzen, indem wir sie moralisch diffamieren, treiben wir die Spaltung unserer Gesellschaft weiter voran.«[61]

Üblicherweise wird eine Spaltung der Gesellschaft derzeit auf der rechten Flanke des politischen Koordinatensystems diagnostiziert. Dort, wo konservative Kräfte der Beharrung sich der Atemlosigkeit und der Ziellosigkeit eines selbstreferenziellen Fortschritts widersetzen. Dabei täten auch politisch Linke gut daran, sich an die Definition des Konservativseins zu erinnern: Ein Konservativer bewahrt, was möglich ist, und verändert nur das, was nötig ist. In Bewegung gesetzt und gesteuert wird unsere Epoche von ökonomischen Wachstumserwartungen, die sich längst von den aufklärerischen Ideen eines geistigen Fortschritts abgekoppelt haben. Vielmehr hat die kulturelle Elite die ökonomische Logik mit dem Bewegungsdrang der Aufklärung zu einem progressiven Neoliberalismus verschmolzen. Fortschritt ist, was Wohlstand bringt. Wer hier bremst und innehalten will, gilt schnell als Reaktionär. Es benötigte wohl das elastische Temperament eines Botho Strauß, um darauf hinzuweisen: »Der Reaktionär ist eben nicht der Aufhalter oder unverbesserliche Rückschrittler, zu dem ihn die politische Denunziation macht – er schreitet im Gegenteil voran, wenn es darum geht, etwas Vergessenes wieder in Erinnerung zu bringen. Er hat jetzt und hier *vor* sich die dichten Schleier des technischen Scheins und der Bedeutungsleere, und er will sie teilen, zumindest für lichte Augenblicke, in denen Anwesenheit, Sinn, Logos offenbar werden.«[62]

Hinzu kommt, dass die elementarsten Veränderungen unserer Lebenswirklichkeit der jüngeren Gegenwart ohne förmliche demokratische Legitimation auskamen. Die Digitale Revolution geschah vollständig nach den Gesetzen des kapitalistischen Marktes – zu keinem Zeitpunkt wurde der demokratische Souverän konsultiert, ob er sein Leben dem Regime der Maschinen unterordnen wollte. Auch die Masseneinwanderung wurde 2015 handstreichartig beschlossen, ohne dass der Bundestag um Zustimmung ersucht wurde. Stattdessen müssen sich Migrationskritiker der Demokratiefeindlichkeit zeihen lassen.

In der Vergangenheit geschahen Umbrüche solchen Ausmaßes in der Taktung von Generationen. Die Fliehkräfte der Beschleunigungsepoche lassen die Veränderungsrhythmen zur Raserei werden. Der Sozialforscher Hartmut Rosa von der Universität Jena hat über unsere Entfremdungen in der beschleunigten Zeit viel nachgedacht. Er sagt: »Früher regulierten sich Gesellschaften über ethische Vorgaben: Dieses darf man, jenes darf man nicht. Unsere Gesellschaft kann man dagegen als wahnsinnig frei beschreiben. Doch es gibt auch das Getriebensein, das Gefühl der Überforderung, die Angst, abgehängt zu werden. Hier wird nicht mehr durch Ethik reguliert, sondern durch die Logik des Wettbewerbs.«[63] Wobei dieser Wettbewerb laut Rosa nicht vorrangig ums Geld geführt wird: »Vor

allem geht es um Privilegien.«[64] Um Status, um Aufmerksamkeit.
Ein Rattenrennen der Vorteilsnahme.

Wobei sich Fragen aufdrängen: Wie viele Veränderungen ver-
kraftet eine Menschengeneration, ohne verrückt zu werden? Wie
viele Gewohnheiten können wir entbehren? Wie viele Tabus dürfen wir brechen, ohne uns selbst zu verlieren? Möglicherweise sind
jene, die heute aufbegehren gegen liberalistische Rasereien, nur un-
vollständig dadurch charakterisiert, dass sie rückständige Provinzler
seien, faschismussuspekte Nationalisten und autoritätshörige Anti-
modernisten. Womöglich finden sich darunter auch Sendboten des
gesunden Menschenverstandes, der vom linksliberalen Zentralko-
mitee eilfertig als gesundes Volksempfinden geschmäht wird.

Und überhaupt: Wie sollte sich derzeit eine Opposition gegen
das herrschende System formieren, wenn nicht nicht-links? In einer politischen Großwetterlage, in der die ultralinke Antifa im Frühjahr 2018 bei einer Gegendemonstration wider eine mehrhundert-
köpfige Protestkundgebung mit »Merkel muss weg«-Schildern auf
dem Hamburger Jungfernstieg den Schulterschluss mit der christdemokratischen Bundeskanzlerin vollführt? In einem Klima, in
dem im linksalternativen Berlin-Neukölln feministisch durchtönte
Akademikerinnen, die nie ernstlich auf die Idee kämen, CDU zu
wählen, in ihren Wohnküchen sitzen und sich gegenseitig von Angela Merkel vorschwärmen? Wenn von einem Rechtsruck die Rede
sein kann, der die Gesellschaft prägt, dann insofern als die kritische
Linke staatstragend und regierungskonform geworden ist.

In Parolengewittern

Die kulturliberalistische Praxis, wie sie Nils Heisterhagen beschreibt, ist gleichsam der Feuilletonbetrieb der sozialdemokratischen Republik. Eine Kampfzone der täglichen mikroskopischen
Verunsicherungen. Hier findet die vielfach beschworene Spaltung

der Gesellschaft statt. Auf der einen Seite die Philosophie der guten Welt, mit der die liberale Elite als Profiteure der Globalisierung den Status quo idealisieren und eine Verwaltungs- und Stillstandspolitik eines Endes der Geschichte betreiben. Auf der anderen Seite jene, die sich durch die Veränderungen in unserer Gesellschaft überrollt und verunsichert fühlen, weil sie zu schnell und zu umfassend geschehen. Hier keimt auch ein Unbehagen darüber auf, dass wir in einer technokratisch durchrationalisierten Welt leben, die aber mit Verstand immer weniger zu tun zu haben scheint. Wenn eine Elite zwar Gleichheit beteuert, dabei aber die Gräben unentwegt verbreitert, dann können wir mit Heisterhagen »Deutschland Züge einer Neofeudalgesellschaft attestieren, in der Bildungserfolg stark von der Herkunft abhängt und in der es auch keine ernst gemeinte Kultur der ›zweiten‹ und ›dritten‹ Chance gibt«.[65]

In dieser Bemerkung wird das ganze Drama des Versagens der Sozialdemokratie sichtbar. Waren die Bildungsreformen seit Mitte der sechziger Jahre noch dazu angetan, soziale Aufstiege zu ermöglichen, so räumt ein Profiteur dieser ursozialdemokratischen Politik, Altkanzler Gerhard Schröder, im Rückblick ein: »Diese Zeiten sind offenbar vorbei. Ich glaube nicht, dass eine Karriere wie die meine heute noch einmal möglich wäre.«[66]

Ein neues feudales Oben und Unten ist entstanden. Unten wächst die Wut und ein Empfinden von Ungerechtigkeit und Unverhältnismäßigkeit. Oben zahlten die Spitzenverdiener zu Zeiten des christdemokratischen Kanzlers Helmut Kohl noch 53 Prozent Steuern. Die rot-grüne Regierung unter Gerhard Schröder senkte den Spitzensteuersatz auf 42 Prozent, der bereits ab dem 1,8-fachen des Durchschnittseinkommens fällig wird: ab einem zu versteuernden Jahreseinkommen von 54.058 Euro. Sogar wohlhabende SPD-Genossen wie der Reeder Erck Rickmers fordern höhere Steuern für Begüterte. Die Leistungsstarken müssten sich wieder mehr an der Gemeinschaft beteiligen, meint er. Und viele Unternehmer, die er kenne, wollten dies auch. Warum seine Partei in diesem Punkt so zögerlich sei, sei ihm schleierhaft. Im Bundestagswahlprogramm 2017 notierte die SPD immerhin eine Erhöhung des Spitzensteuersatzes auf 45 Prozent (ab 76.200 Euro zu versteuerndes Einkommen für Singles) und obendrauf drei Prozent Reichensteuer für Ledige ab 250.000 Euro. Macht einen maximalen Steuersatz von 48 Prozent – immer noch fünf Prozent weniger als unter Helmut Kohl. Zum Gefühl sozialer Schieflage gehören auch die befristeten Arbeitsverträge, die Leiharbeit, die Reallohnverluste und die steigende Armutsquote. All das entzündet die Wut von unten.

Oben hingegen werden jene, die im Wettrennen nicht mithalten können, als Abgehängte verhöhnt. Ihnen wird eingeredet, so Heisterhagen, »dass sie eigentlich selbst schuld seien, wenn sie sich auf dem Markt nicht durchsetzen, und dass sie sich für ihre prekäre Lage auch noch schämen sollten«. Die Zäsur setzt Heisterhagen mit der Finanzkrise 2008 an. Damals hörten die Betroffenen »langsam auf, sich selbst dafür zu beschuldigen, dass sie es nicht geschafft hatten, aufzusteigen oder sich eine solidere und gut bezahlte Beschäftigung zu suchen«. Stattdessen begannen sie »wütend darüber zu werden, dass sie in Leiharbeit abrutschten oder nur noch Anstellung im Niedriglohnsektor fanden. Sie begannen, dem System die Schuld für ihre prekäre Lage zu geben.«[67]

Zur Verhöhnung der Abgehängten am unteren Rand gesellte sich oben das Moralisieren. Gerade das Beispiel der Panama-Papers und der Paradise-Papers, die 2016 und 2017 veröffentlicht wurden und aufzeigten, wie die Reichen ihre Vermögen in Steueroasen vor dem Fiskus in Sicherheit bringen, zeigt den moralisierenden Mechanismus: Kurzzeitige Empörungsstürme durchzogen die mediale Berichterstattung und die Sozialen Medien. Dann war wieder Ruhe. Gegen die Übermacht der Finanzelite wurde keine Partei aktiv. Auch das wäre Kernaufgabe der SPD. Stattdessen stellte Jakob Augstein auf *Spiegel-Online* fest: »Der Skandal wird aufgedeckt – und besteht fort. Weil die Macht inzwischen so verteilt ist, dass Korrekturen nicht mehr möglich sind.«[68] Es bleibt bei Entrüstung und

Achselzucken. Liberaler Moralismus wird zur Pose, um den Status quo zu betonieren.

Politische Korrektheit heißt der Mehltau, der die zentralen Ungerechtigkeiten verschleiern soll, während wir mit Nebensächlichkeiten in Schach gehalten werden. Zu den Großveranstaltungen dieser Art gehörten in der jüngeren Vergangenheit die MeToo-Kampagne, die Kopftuchdebatte, Frauenquote oder Ehe für alle. Einen kleineren Anlass bot die Debatte, ob wir unsere Nationalhymne auswechseln sollten. Thüringens Ministerpräsident Bodo Ramelow, Linkspartei, hat dies allen Ernstes vorgeschlagen, weil er beim Singen der dritten Strophe von Hoffmann von Fallerslebens Deutschlandlied, 1841 gedichtet, »das Bild der Nazi-Aufmärsche 1933 bis 1945 nicht ausblenden« könne.[69]

Moral wird zum Marketinginstrument in einer Aufmerksamkeitsökonomie. Hollywoodstars haben diese Form der Selbstaufwertung längst für sich entdeckt. Als das Sultanat Brunei Anfang April 2019 die Todesstrafe für homosexuelle Handlungen einführte, kündigte George Clooney umgehend an, fortan die Luxushotels im Besitz des Sultans zu boykottieren und anderswo zu übernachten. Immerhin ein Protestakt, an dem der verarmte Teil der Menschheit mühelos teilnehmen kann. Dem Marktwert Clooneys dürfte dieses aufrechte Eintreten für Menschenrechte zweifellos zugutekommen, so kann er weiterhin wohldotiert für Kapselkaffee werben und die Umwelt mit Aluminiumschrott zumüllen.

Alte weiße Männer erfreuen sich derzeit besonderer Beliebtheit als Zielscheibe derer, die sich feministisch aufhübschen möchten. Als der ADAC nach der Hauptversammlung 2019 sein neugewähltes Präsidium präsentierte, das aus acht graumelierten Herren besteht, zog ein Sturm der Häme und Entrüstung durch die Sozialen Medien. Eine Chefredakteurin außer Dienst und gewohnheitsmäßige Sozialdemokratin, die aus Begeisterung für Kanzlerin Merkel in die CDU wechselte, postete: »Der ADAC schreibt erstmals rote Zahlen und das ist der neue Vorstand des ADAC: ausschließlich Männer, zudem alte Männer und nur Biodeutsche.« Also keine Frauen und keine Menschen mit Migrationshintergrund. Die Dame weiter: »Was für eine Ignoranz, was für eine Unverschämtheit. Ich würde aus dem Verein sofort austreten, wenn ich denn noch Mitglied wäre.« Und wir stellen uns für einen vergnügten Moment vor, so etwas hätte jemand über einen Vorstand geäußert, der ausschließlich aus Frauen bestünde oder aus Einwanderern. Die Tumulte würden kein Ende nehmen.

Aber auch die Triebe sind politisch und werden von den diensthabenden Gesinnungspatrouillen auf liberale Reinlichkeit überprüft. So verlangte die Berliner SPD auf ihrem Landesparteitag im Juni 2018 eine Filmförderung für feministische Pornofilme. Den Antrag hatten die Jungsozialisten eingebracht, offenbar eingeschüchtert von »Mainstream-Pornos«,[70] die sie an Leistungssport erinnerten, da stets alles auf Anhieb funktioniere und kein Ausprobieren, Scheitern und Wieder-Ausprobieren zu beobachten sei. Diese Filme »zeigen in der Regel sexistische und rassistische Stereotype, in denen Konsens kein Thema sei und die einen bestimmten, ›optimalen‹ Körpertyp zum Standard erheben«,[71] heißt es in dem Antrag. Der Kriterienkatalog für steuerzahlergestützte feministische Pornografie, den sich die Jusos ausgedacht haben, liest sich denn auch so, als wollten vegan lebende Sozialarbeiter in einer evangelischen Akademie einen prickelnden Nudisten-Nachmittag veranstalten: »Regisseur*innen und Produzent*innen, die die Vielfalt der Gesellschaft abbilden; gute und gerechte Arbeitsbedingungen und Bezahlung; die Darstellung von Vielfalt an Körperformen, Geschlechtern, ethnischer Herkunft, Sexualität und Sexualpraktiken; die realistische Darstellung von Lust aller Beteiligter; Verhütung (wenn nicht, dann nur im (dokumentierten) Konsens); die explizite Darstellung von Konsens und Kommunikation.«[72]

Die Idee haben die Berliner Jungsozialisten übrigens aus Schweden abgeguckt. Dort ist seit dem 1. Juli 2018 auch eine Verschärfung des Strafrechts in Kraft, wonach potenzielle Sexualpartner verpflichtet sind, vor dem Geschlechtsverkehr gegenseitig das Einverständnis einzuholen, andernfalls droht eine Verurteilung wegen Vergewaltigung. Wie dieses Einvernehmen in einer intimen Situation, in der selten Zeugen anwesend sind, anschließend gegenüber Dritten nachweisbar sein soll, haben die schwedischen Gesetzgeber offen gelassen. Aber natürlich gibt es auch für solche Zwecke längst einschlägige Apps. Denn alles Liberale mündet irgendwann ein in die neoliberale Verwertbarkeit und wird käuflich.

KAPITEL 4
DAS MÄRCHEN VON
DER SOZIALEN
GERECHTIGKEIT

»Wenn es heute überhaupt eine Gemeinsamkeit in den
Lebensformen der westlichen Welt gibt, dann ist es der
Konsumismus. Das ist eine Welthaltung, die sich an der
Logik des Marktes orientiert und der die kapitalistische
Wirtschaftsform zur zweiten Natur geworden ist.«[1]

Norbert Bolz, Die Sinngesellschaft, 2012

Die kapitalistische Revolution der Linken

Alles Liberale, so haben wir festgestellt, kippt mal früher, mal später ins Neoliberale und fällt der kommerziellen Verwertung anheim.
Die Achtundsechziger-Bewegung macht das sehr anschaulich.

Zu den hartnäckigsten Legenden über die Studentenbewegung
um 1968 gehört, die Proteste seien antikapitalistisch motiviert gewesen. Tatsächlich war das linksgestrickte Lebensgefühl, das die
junge Generation damals erfüllte, ein Gestus von Modernität und
Aufbruch und diente vor allem zur Abgrenzung gegenüber den El-

tern und Großeltern, die den Fluch der Nazi-Vergangenheit mit sich trugen wie eine chronische Virusinfektion, die jederzeit erneut auszubrechen droht. Sogar der Spross einer erzkonservativen Offenburger Verlegerdynastie wie Hubert Burda fühlte sich während seines Studiums der Kunstgeschichte in München als Linker. »In den sechziger Jahren waren das doch viele«, sagt er in der Rückschau. »Aber dann kam die Niederschlagung des Prager Frühlings 1968 durch die Truppen des Warschauer Paktes. Da war klar, dass der Kommunismus keine Zukunft hat.«[2]

Bewirkt hat dieser Aufstand der Gefühle, die Entfesselung des Kopfkinos, sexuelle Revolution genannt, und das Delirieren einer ungestümen Existenz, die 1969 mit dem US-Kinofilm *Easy Rider* und dessen Klangteppich »Born to be wild« ihren fahrtwindumwitterten Ausdruck fand, eine gesellschaftliche »Fundamentalliberalisierung«, wie Jürgen Habermas es bezeichnete.[3] Der Marsch durch die Institutionen, den Rudi Dutschke 1967 ausrief, hat die Gesellschaft allerdings nicht zum Kommunismus hin verwandelt, sondern zum Konsumismus. Denn »was heißt fundamentale Liberalisierung?«, fragt der Alt-Achtundsechziger Peter Sloterdijk. »Im Lichte der heute gemachten Erfahrungen bedeutet das die Freigabe aller Dinge fürs Neu-Design und für den Verbrauch. Man hat mehr Demokratie gewagt, um mehr Konsum zu wagen. Alle Wege von 68 führen letzten Endes in den Supermarkt.«[4]

Als ob im Genpool der Achtundsechziger-Liberalität ein marktradikaler Neoliberalismus verankert wäre. Auch der Historiker Hans-Ulrich Wehler weist in seiner *Deutschen Gesellschaftsgeschichte* darauf hin, von den »ursprünglichen politischen Zielen« der Achtundsechziger sei »nur eine einzige Forderung: freie Bahn für den Individualismus im Verein mit einem unbeschwerten Lebens- und Konsumgenuss, übrig geblieben«.[5] So überraschend dieser Befund wirkt, das Phänomen scheint nicht neu zu sein. Bereits über den Sturm auf die Bastille 1789 weiß der Kulturhistoriker Egon Friedell zu berichten: »Die Gleichheit hat die Französische Revolution nicht gebracht; sie hat nur zu einer anderen, noch viel verwerflicheren Form der Ungleichheit geführt: der kapitalistischen.«[6]

Der französische Achtundsechziger-Veteran Pascal Bruckner beklagt das Echo der einstigen neoromantischen Mai-Unruhen: »Der neue Kapitalismus unterdrückt uns durch jene Slogans, die uns einst befreien sollten.«[7] Aus dem Schoße der Popkultur, einem Erbe der sechziger Jahre, stammt unser Hunger nach Erlebnisintensität, nach Abwechslung und nach individueller Unverwechselbarkeit. Der Konsumindustrie bescheren solche Bedürfnisse eine nie versiegende Nachfrage mit endlosen Wachstumsmöglichkeiten, denn unser ruheloses Selbst bleibt unersättlich und stets auf der Jagd nach etwas Neuem. Produkte werden heute danach befragt, wie sehr sich unsere Persönlichkeit an ihnen entfalten kann. Ein Auto soll die Maximierung unserer Selbstverwirklichung garantieren: »Nichts ist unmöglich« (Toyota). Ein Computer soll unsere Fähigkeit zum Querdenken sicherstellen: »Think different« (Apple).

Wenn derzeit gern zur Verteidigung der westlichen Werte aufgewiegelt wird, bilden die humanistischen Prinzipien wie Freiheit, Gleichheit, Brüderlichkeit, die angeblich den Glutkern der liberalen Demokratien ausmachen, nur den Firnis unserer Zivilisation. In der Tiefe darunter regieren ökonomische Leitbilder wie der Aberglaube an ewigwährenden Fortschritt und endlos mögliches Wachstum, die Segnung der Technik, die alternativlose Schubkraft der Profitmaximierung und die erlösende Wirksamkeit des Konsums. Ob die humanistischen Maßstäbe unterwegs verräterisch die Seiten gewechselt haben oder ob diese Entwicklung zur Paradoxie zum dialektischen Geschäftsmodell der Aufklärung gehört, wie Adorno und Horkheimer mutmaßen, sei einstweilen dahingestellt.

Spätestens seit der Ökonom Joseph Schumpeter 1942 den »Prozess der schöpferischen Zerstörung« zum wesentlichen Faktum des Kapitalismus erklärte,[8] können der Unternehmer und der Revolutionär als Zwillingspaar gelten – vereint beim Vortäuschen von Weltverbesserung. »To make the world a better place« hat als hymnisches Versprechen die Unternehmensphilosophien von digitalen Marktführern wie Google, Apple, Facebook und Amazon erobert.

Das Verschmelzen von politischer Korrektheit und Profitmaximierung lässt sich historisch präzise nachvollziehen. Es geschah zur Zeitenwende 1979, als sich die Linke zur ökologischen Bewegung formierte und die Marktradikalen ihren Siegeszug antraten. Im Mai 1979 trat Margaret Thatcher, Chefin der konservativen Tories, in Großbritannien ihre Regierung an, ihre Amtsübernahme gilt als Geburtsstunde für das weltweite Vordringen des Neoliberalismus. In den USA wurde 1980 Ronald Reagan zum 40. Präsidenten gewählt und vollzog im Anschluss an die eher sozialdemokratische Nachfragepolitik seines Vorgängers Jimmy Carter einen Paradigmenwechsel nach Thatchers Vorbild hin zur angebotsorientierten Wirtschaftspolitik, den sogenannten Reaganomics. Steuersenkungen sollten mehr Investitionen stimulieren, die mehr Arbeitsplätze schaffen und wiederum zu höheren Steuereinnahmen führen würden. Nach der Logik der Trickle-down-Theorie würde der wachsende Wohlstand von den oberen zu den unteren Gesellschaftsschichten durchsickern. In Westdeutschland bereitete sich Franz Josef Strauß im Sommer 1979 auf die Unions-Kanzlerkandidatur im Folgejahr vor und erklärte: »Ich bin der deutsche Thatcher.«[9]

Zeitgleich schlossen sich westdeutsche Gruppierungen aus der Umweltbewegung, linksalternativen Zirkeln und Sozialdemokraten, die in der SPD des Macher-Kanzlers Helmut Schmidt keine Heimatgefühle mehr empfanden, zur Antiparteienpartei »Die Grünen« zusammen. Im März 1979 trat eine »Sonstige Politische Vereinigung Die Grünen« zur Europawahl an und gewann 3,2 Prozent der Stimmen. Ende desselben Jahres wurden erste Landesverbände gegründet, im Oktober zog die Bremer Grüne Liste ins Landesparlament ein. Nach Gründung der Bundespartei Die Grünen im Januar 1980 gelang drei Jahre später sogar der Sprung in den Bundestag mit 5,6 Prozent der Zweitstimmen und 28 Abgeordneten.

»Ökologie und Neoliberalismus betraten somit zeitgleich die politische Bühne«, stellt der Potsdamer Historiker Frank Bösch fest.[10] Die SPD hatte Ende der siebziger Jahre mit erheblichen »Identitätsproblemen« zu kämpfen, wie Peter Glotz, damals Wissenschaftssenator in Berlin und später Bundesgeschäftsführer der Partei, einräumte.[11] »Ich meine, dass es in der Tat eine Neudefinition von ›links‹ gibt. Die Definition, die vom Marxismus, von einem Ökonomismus her kam, scheint sich mir in der Tat weitgehend totgelaufen zu haben. Es beginnt jetzt eine Neuorientierung der Linken eher in Richtung auf neue Werte, die sich in der Frauenbewegung, der Ökologiebewegung, in der neuen Jugendbewegung zeigen. Die ist sicher noch nicht vollzogen, insofern ist es richtig, dass es sozusagen zwischen ›altlinks‹ und ›neulinks‹ manche Verständnisschwierigkeiten und auch strategische Diskussionen gibt und die Linke zurzeit gegenüber der Politik, die Helmut Schmidt macht, und der Politik, die die Mehrheit der Partei macht, keine so überzeugende Alternative darbietet.«[12] In der Partei begannen die neuen Kulturlinken die alten Umverteilungslinken abzulösen und machten Front gegen ihren eigenen Kanzler Schmidt wegen seines marktwirtschaftlichen Pragmatismus und seiner Initiative für den Nato-Doppelbeschluss einer atomaren Nachrüstung gegen die Sowjets. Die Sozialdemokratie brauchte die folgenden 16 Jahre, die Dauer der Kanzlerschaft Helmut Kohls, um die Gegensätze von Ökologie und Neoliberalismus miteinander zu vereinen und in Gerhard Schröder die öffentlichkeitswirksame Inkarnation zu finden, um 1998 mit den Grünen auf dem Beifahrersitz wieder das Kanzleramt zu erobern. Was beide Strömungen, Ökologie und Neoliberalismus, miteinander verband, war ein Rigorismus, zu dem Margaret Thatcher in den Anfangsjahren ihrer Regierung das Stichwort gab: »There is no alternative.«[13] Damit rechtfertigte sie ihren Thatcherismus, den Abbau des Sozialstaates und marktliberale Umgestaltungen. Das Akronym ihrer Parole TINA machte als Spitzname für Thatcher die Runde.

Das Schlagwort von der Alternativlosigkeit entsprach gleich-wohl auch dem Geist der Umweltbewegung, die ebenso wie die Thatcher-Anhänger eine Endzeitstimmung verspürte. Die Ökologen waren verstört durch die düsteren Prophezeiungen von den »Gren-zen des Wachstums« des Club of Rome 1972, von der ersten Ölkrise 1973 und der zweiten Ölkrise 1979, dem Reaktorunfall im US-ame-rikanischen Atomkraftwerk Three Mile Island bei Harrisburg im März 1979 sowie einem neuen atomaren Wettrüsten von USA und Sowjetunion. Die Neoliberalen sahen die galoppierenden Staats-schulden und die drohende Inflation als Katastrophenindizien. Beide Lager plädierten für neue Sparsamkeit – »die einen, um die Umwelt zu schonen, die anderen, um den Haushalt zu sanieren«.[14] Und »beide lebten von geradezu apokalyptischen Krisendiagnosen, die mit einer Pathologisierung von Staat und Gesellschaft einher-gingen. Es war ihre Überzeugung, an einem Abgrund zu stehen. Was für Thatchers Anhänger im ›winter of discontent‹ der streik-bedingte Müll in den Städten war, war für die Grünen die vermüllte Natur«, so der Historiker Bösch.[15]

Es waren also Hysterien des Niedergangs, unter deren Eindruck so widersetzliche Haltungen zueinander fanden. In einer auf so zen-trale Weise die Gesellschaft prägenden Partei wie die SPD zittern sie bis heute nach. So wird erklärlich, weshalb ein heute kulturell links-liberaler Mainstream, das Bürgertum der Mitte, sich zwar in gesell-schaftlichen Fragen fortschrittlich gibt und Homo-Ehe, Multikulti und Traditionsvergessenheiten mehrheitsfähig macht, hingegen bei ökonomischen Themen reflexartig zur Veränderungsstarre neigt. Das Armutsregime durch die Agenda 2010 wird seit 2005 geduldet, ein wachsendes Prekariat im Niedriglohnbereich in Kauf genom-men, und wenn ein Juso-Vorsitzender wie Kevin Kühnert so arg-los wie improvisiert von Konzern-Verstaatlichung und Gemeinwohl murmelt, geht ein Aufruhr durchs Land, als hätte ein AfD-Rabauke einmal mehr am Schorf der deutschen Hitler-Wunde gefingert. Ökologie und Neoliberalismus sind emotionale Flirtkandidaten und haben in der rot-grünen Koalition unter Gerhard Schröder in wilder Ehe zusammengefunden.

Für die SPD wurde sie zu einer Belastungsstörung, die in der Partei noch immer nachzittert. Unter dem Schock der Hartz-IV-Reformen leidet die Partei bis heute. Ihre Stellung als Advokat der sozialen Gerechtigkeit hat die Sozialdemokratie seither im Ansehen ihrer einstigen Wähler eingebüßt.

Der neoliberale Infekt der SPD

Die Geschichte der Agenda 2010 begann im Jahre 1999. Am 8. Juni, wenige Tage vor der Europawahl, legten Gerhard Schröder und Tony Blair in London ein Konzept zur Modernisierung der Sozialdemokratie vor, das sogenannte Schröder-Blair-Papier. Der Originaltitel der deutschen Fassung lautete »Der Weg nach vorne für Europas Sozialdemokraten«, der englische Titel lapidar »The Third Way«. Verfasst hatten das Manifest der damalige Kanzleramtsminister Bodo Hombach und der Blair-Vertraute Peter Mandelson.

»In fast allen Ländern der Europäischen Union regieren Sozialdemokraten«, verkündete das Papier stolz.[16] Die Sozialdemokratie »hat neue Zustimmung auch gewonnen, weil sie nicht nur für soziale Gerechtigkeit, sondern auch für wirtschaftliche Dynamisierung und für die Freisetzung von Kreativität und Innovation steht. Markenzeichen dafür ist die ›Neue Mitte‹ in Deutschland, der ›Dritte Weg‹ im Vereinigten Königreich.«[17] Die Autoren nahmen Abschied von dem »Dogma von Links und Rechts« und machten sich stark für »eine neue angebotsorientierte Agenda für die Linke.«[18] Wer sich hier an die neoliberale Revolution der Margaret Thatcher erinnert fühlt, liegt richtig. Nicht ohne Grund antwortete Thatcher in späteren Jahren auf die Frage nach ihrer größten Leistung: »Tony Blair und New Labour. Wir haben unsere Gegner zum Umdenken gezwungen.«[19] Als Thatcher »aus der Regierung ausschied, war die neoliberale Vision so tief im Common Sense verankert, dass die Labour Party, als sie 1997 mit Tony Blair wieder an die Macht kam, nicht einmal versuchte, die neoliberale Hegemonie infrage zu stellen«,[20] berichtet die Politikwissenschaftlerin Chantal Mouffe.

Auch hier entdecken wir eine weitere Parallelität in der Entwicklung von Ökologie und Neoliberalismus. Ähnliches lässt sich nämlich als Wirkung der Grünen feststellen. Nach einem Vierteljahrhundert des Einwirkens in die deutsche Gesellschaft und nach dem »Verantwortungsschub«[21] durch die Regierungsübernahme 1998 hatten die Grünen einen allseits prägenden kulturliberalen Konsens hergestellt, dem sich auch Union und SPD in ihren Großen Koalitionen ab 2005 nicht entziehen konnten und darüber immer verwechselbarer wurden. Richtungsentscheidungen wie Merkels Energiewende, die Ehe für alle und die Flüchtlingspolitik sind ein Echo dieses Konsenses. Zwischen SPD und Union vollzog sich in den Jahren der Großen Koalitionen eine Angleichung. Die Neoliberalisierung der SPD ging mit der Sozialdemokratisierung der CDU einher. Und alles unter dem klingenden Spiel einer Modernisierung.

Der nächste Schritt zur Agenda folgte 2002. Gerhard Schröder war seit vier Jahren Kanzler und Deutschland galt als »kranker Mann Europas«. Die Wirtschaft erlebte eine Stagnation mit 4,4 Millionen Arbeitslosen und null Prozent Wachstum. Das Land verstieß wiederholt gegen die EU-Stabilitätskriterien. Und Gerhard Schröder saß ein Wahlversprechen von vor vier Jahren im Nacken: Er wurde auch zum Bundeskanzler gewählt, weil er die Arbeitslosigkeit auf 3,5 Millionen senken wollte.

Im Februar 2002 beauftragte Schröder den VW-Personalvorstand Peter Hartz, ein Konzept gegen die Massenarbeitslosigkeit auszuarbeiten. Fünf Monate später, rechtzeitig vor der Bundestagswahl im September, legte die 15-köpfige Kommission unter dem Titel »Moderne Dienstleistungen am Arbeitsmarkt« die 13 Module ihres Masterplans vor. Im März 2003 machte der wiedergewählte Kanzler Schröder seine Agenda 2010 publik: »Fördern und Fordern«

lautete die Losung. Die vier Hartz-Gesetze wurden schrittweise beschlossen, die praktische Umsetzung startete am 1. Januar 2005. Da waren die Proteste schon in vollem Gang. In Ostdeutschland gingen Zehntausende neuerlich zu Montagsdemonstrationen auf die Straße, diesmal gegen Hartz IV, die Zusammenlegung von Arbeitslosenhilfe und Sozialhilfe. Empörte Sozialdemokraten wechselten zur Linkspartei, die damals noch PDS hieß. Wohlfahrtsverbände, Teile der Gewerkschaften und Wirtschaftsweise wie der Ökonom Peter Bofinger übten scharfe Kritik. Das Vorhaben komme ihm vor »wie eine Bypass-Operation für einen Asthmakranken«, sagte der Wirtschaftsprofessor, dessen Position viele seiner Kollegen durchaus nicht teilten.[22]

Eine treffsichere Bildsprache, denn zeitgleich bauten die Sozialdemokraten das Gesundheitswesen nach neoliberalen Grundsätzen um. Von 2001 bis 2009 war Ulla Schmidt Gesundheitsministerin, niemand amtierte bislang länger in diesem Ressort. Eine rheinische Katholikin aus Aachen, die in ihrer Studentenzeit in maoistischen Politsekten aktiv war und zur Bundestagswahl 1976 als Direktkandidatin des Kommunistischen Bundes Westdeutschland (KBW) im Wahlkreis Aachen-Stadt sowie auf Platz zwei der Landesliste antrat, Der examinierten Sonderschullehrerin brachte dies jahrelange Auseinandersetzungen mit der Schulbehörde ein, die sie wegen des »Erschleichens des Beamtenverhältnisses rausschmeißen« wollte.[23] Schmidt obsiegte im Staatsdienst, wechselte 1983 zur SPD und 1990 in den Bundestag.

Kommunistin war sie nach eigenem Bekunden nie, umso unbefangener führte sie während ihrer fast neun Jahre im Gesundheitsministerium das System der Fallpauschalen ein, wonach Mediziner die Behandlung ihrer Patienten innerhalb eines zuvor festgelegten Kostenrahmens zu gestalten haben. Heilkunst im Korsett von Profitabilität. Die Sozialdemokraten brachten marktkonforme Effizienz ins Gesundheitswesen. Schlagzeilen wie »Ärztetag prangert Ausbeutung junger Ärzte an« oder »Lage in Kliniken unerträglich« per-

lten an der SPD-Ministerin ab.[24] Ein Arzt, der vor den deutschen
Zuständen nach Neuseeland entfloh, schrieb ans *Deutsche Ärzteblatt*: »Der Kranke und seine Behandler werden in eine Maschine-
rie gedrängt, in der ökonomisch hocheffizient medizinische Maßnahmen in möglichst kurzer Zeit erbracht werden sollen. Die Zeit
für Zuwendungen bleibt auf der Strecke.«[25] Ulla Schmidt blieb davon unbeeindruckt. Als sie 2009 aus dem Gesundheitsressort ausschied, zog sie Bilanz: »Heute wissen wir: Die Verweildauer konnte
verkürzt werden, es konnten effizientere Strukturen aufgebaut werden. Mehr als die Hälfte der Kliniken sind auf einem guten Weg.«[26]

Wir müssen uns die Sozialdemokratie um die Jahrtausendwende
in einer ausgeprägten Machtbesoffenheit vorstellen. 16 Jahre währte
in Deutschland die Amtszeit Helmut Kohls, 18 Jahre lang musste in
Großbritannien die Labour-Partei unter der Regierung der Konservativen ausharren. Dann endlich kamen Gerhard Schröder (1998)
und Tony Blair (1997) ans Ruder und wollten sich zeitgemäß ins 21.
Jahrhundert ausrichten. Die »Neue Mitte« hieß es in Deutschland,
»Dritter Weg« auf den Britischen Inseln, eine Politik jenseits von
alten Links-Rechts-Mustern. Progressivität jetzt noch fortschrittli-
cher. Spätestens seit dem Ende des Kalten Krieges war die neoliberale Hegemonie so fest in den westlichen Gesellschaften verankert und jede kapitalismuskritische Agenda durch den Bankrott der
Warschauer-Pakt-Welt diskreditiert, dass den Sozialdemokraten ihre
Kernmission, einen demokratischen Sozialismus herbeizuführen,
geradezu peinlich wurde.

Lieber wurde ein sogenannter Konsens der Mitte gebastelt, in-
haltsleer genug, um sich stromlinienförmig dem globalisierten Turbokapitalismus anzupassen, der mit dem neuen Digital-Medium Internet an Geschwindigkeit gewann. Von einer gereiften Form der
Demokratie war jetzt die Rede, in der die gesellschaftlichen Gegensätze überwunden wären. »Dieses konsensorientierte Modell des
›Dritten Weges‹ wurde später zum Credo aller großen sozialdemokratischen und sozialistischen Parteien Europas«, schreibt Chantal

Mouffe. »Nach dem Zusammenbruch der Sowjetunion wurde dieses Modell für eine demokratische Linke zur einzigen akzeptablen Vision einer demokratischen Linken; die Verwandlung der Sozialdemokratie in den Sozialliberalismus war abgeschlossen.«[27]

Und Sozialliberalismus sieht sich eben nicht mehr dafür zuständig, wie der britische Soziologe Stuart Hall feststellt, »die vom Schicksal weniger Begünstigten oder Ohnmächtigen einer Gesellschaft zu unterstützen, die ›natürlicherweise‹ ein hohes Maß an Ungleichheit in Sachen Wohlstand, Macht und Aufstiegschancen hervorbringe, sondern den Menschen zur Selbsthilfe zu helfen, damit sie all ihre Bedürfnisse – von der ärztlichen Betreuung und Bildung über den Umweltschutz, das Reisen und das Wohnenkönnen bis hin zur Kinderbetreuung, zur Vorsorge im Fall von Arbeitslosigkeit, zur Altersvorsorge usw. – selbst befriedigen könnten«.[28]

Resultat dieser sozialdemokratischen Neuausrichtung war eine neoliberale Überbietung der konservativen Vorgängerregierungen, in Deutschland wie in Großbritannien. Gerhard Schröder senkte in Deutschland den Spitzensteuersatz und bastelte die Agenda 2010. Tony Blair war vom Geist des Neoliberalismus so durchdrungen, dass er bei den Privatisierungen weiterging, als es Margaret Thatcher je in den Sinn gekommen wäre. Er führte Marktinstrumente sogar in der Justiz und im Gefängniswesen ein, er deregulierte das britische Postwesen und machte wie die Deutschen das nationale Gesundheitswesen markteffizient.

New Labour und Schröders SPD entledigten sich ihrer linken Identität, indem sie sich vom Kampf um Gleichheit verabschiedeten. Stattdessen wurden »Wahlmöglichkeiten« propagiert, beschreibt Chantal Mouffe: »Die Klassen sind verschwunden, die Schlüsselbegriffe heißen nunmehr ›Inklusion‹ und ›Exklusion‹. Die Gesellschaft wird grundsätzlich als Gebilde von Mittelschichten betrachtet; die einzigen Ausnahmen sind eine kleine Elite von Superreichen auf der einen Seite und die ›Ausgeschlossenen‹ auf der anderen.«[29]

Das schmutzige Familiengeheimnis der SPD im beginnenden 21. Jahrhundert ist der Neoliberalismus, die Verichlichung des Menschenbildes, das Bild einer Gesellschaft von Einzelkämpfern, die sich mit Solidaritäts-Einflüsterungen in Balance halten, um selbst daraus noch den individuellen Mehrwert eines Gutmenschentums zu generieren. Der Terminus Solidarität setzte als Floskel zu einem Höhenflug an, je weniger diese politische Variante der Nächstenliebe wert war, desto eindringlicher wurde sie beteuert. Überhaupt wurde Liebe in dieser Zeit zunehmend als chemischer Vorgang im Hormonhaushalt entlarvt und zwischenmenschliche Beziehungen zu Transfergemeinschaften verdinglicht. Liebespaare etikettierten sich zu Partnerschaften um, die sorgsam auf ihre emotionalen Kontostände achteten. Archaische Familienbande passten nicht mehr in den profitorientierten Zeitgeist, die selbstverwirklichungsoptimierten Geschäftsmodelle im privaten Bereich hießen nun pluralistische Lebensentwürfe. Auch die nächstgrößere Dimension des Gemeinschaftslebens blieb nicht verschont: Das Nationale wurde zur *bad bank* des Kollektiven deklariert, im Deutschsein ein nationalsozialistischer Gencode entziffert, wogegen nur die homöopathische Verdünnung durch Multikulti therapeutisch helfe. »Ausländer, schützt uns vor diesen Deutschen!«, war auf Szene-Kaffeebechern zu lesen. Und auch die maximale Größe eines Zusammenhangs in dieser Welt, den der Gottesbegriff improvisiert, rutschte im Leumund abwärts, nicht weil die Menschen aufhörten, Religion auszuüben, das können sie so wenig, wie den Stoffwechsel einzustellen, sondern weil das größte Ganze nicht bezifferbar ist und sich mithin der Verwertung entzieht. Am Ende behielt Hans Fallada recht mit seinem melodischen Einsamkeitsdiktum: »Jeder stirbt für sich allein.« Womöglich schon zu Lebzeiten.

Die damals einsetzende kommerzielle Eroberung des Internets durch die sogenannte New Economy war ein weiteres Signum des Dranges, alle Bereiche unseres Lebens möglichst lückenlos ökonomischen Kennziffern unterzuordnen. Das Platzen der Dotcom-

Blase, das im Jahr 2000 vor allem Kleinanlegern Verluste brachte, hatte an der verbreiteten Euphorie so wenig geändert wie die Weltfinanzkrise 2008. Nach der üblichen kurzzeitigen Aufregung ging alles weiter wie bisher. Kaum etwas charakterisiert die sozialdemokratische Republik ironischer als der Umstand, dass die Deutschen um die Jahrtausendwende anfingen, ihre Mülltonnen mit Sicherheitsschlössern zu versperren. Der Abfall wurde als schützenswertes Privateigentum entdeckt. Die Wegwerfgesellschaft zeigte sich von der Habenseite.

Der Gestus des klassischen Salonlinken, links reden, aber rechts leben, wurde durch die Aneignung des Neoliberalismus durch die Sozialdemokraten in der gesellschaftlichen Mitte als paradoxer Konsens alltäglicher Heuchelei kultiviert. Die SPD selber verfiel in eine intellektuelle Lähmung, in der sie bis heute verharrt. Das Infragestellen des real existierenden Wirtschaftssystems ist in der Partei in Vergessenheit geraten. Denn wo in den Funktionärsetagen des Willy-Brandt-Hauses sollten geistige Kraftwerke sitzen, die auf ambitionierte Weise einen Diskurs darüber entfachen könnten, wie der gesellschaftliche Reichtum künftig verteilt werden soll?

Stattdessen wird unverbindlich darüber schwadroniert, dass wir die Soziale Marktwirtschaft wiederbeleben müssten. Ein löblicher Vorsatz, allerdings ist damit inhaltlich nichts gesagt und aus Mündern jener Genossen, die nach Kräften an der Überwindung der Sozialen Marktwirtschaft mitgearbeitet haben, klingt so was wie »ein tönend Erz«.[30] Wo bleiben die funkelnden Debatten darüber, welche marktwirtschaftlichen Alternativen möglich sind? Denn nicht jede Marktwirtschaft muss kapitalistisch organisiert sein. Eine funktionierende Wirtschaft ernährt sich auch nicht zwingend durch eine optimale Profitmaximierung. Wirtschaft ist zunächst einmal ein gesellschaftlicher Vorgang, der darin besteht, dass wir alle miteinander und füreinander tätig sind. Es ist ein »permanenter Prozess des Füreinanderleistens«, wie der Gründer der Drogeriemarktkette DM, Götz W. Werner, sagt.[31]

Noch nicht einmal das Konkurrenzprinzip ist für den wirtschaftlichen Erfolg zwingend erforderlich. Der Verhaltensökonom Ernst Fehr, Professor an der Universität Zürich, hat durch seine Experimente das in der wissenschaftlichen Ökonomie vorherrschende Menschenbild des Homo oeconomicus ins Wanken gebracht. Nach dieser herkömmlichen Vorstellung ist der Mensch ein rationales Wesen, das sich ausschließlich von Zweckmäßigkeiten, also egoistischen Vorteilserwägungen, leiten lässt. Fehr hingegen hat Faktoren wie Vertrauen, Fairness, Zusammenarbeit und Altruismus untersucht. Er kann belegen, dass wir Menschen ein Gespür für Gerechtigkeit haben und entsprechend handeln, auch wenn uns dies keinen vordergründigen Nutzen verschafft. Wir Menschen teilen gern. Und zwar aus dem simplen Grund, weil beim Teilen im Gehirn ein Belohnungssystem aktiviert wird. Ein Hormoncocktail bereitet uns Lustgefühle.

Kurzum: Wirtschaft könnte auf ganz anderen Grundlagen stattfinden, als uns derzeit bewusst ist. Jenseits von überholten Mustern aus Zeiten des Kalten Krieges, jenseits von Kapitalismus und Kommunismus.

Rechte Themen links aneignen

Für den SPD-Vordenker Nils Heisterhagen steht fest: Das Projekt einer neuen Linken, das sich in Großbritannien New Labour nennt und für die Sozialdemokratie die ideologische Aneignung marktentfesselter Wertmaßstäbe bedeutet, muss beendet werden. »Ihr neoliberales Anbiederungsprojekt ist tot. Die SPD steht im Niemandsland.« Die Partei müsse raus aus der »Koalition des liberalen Moralismus aus CDU, SPD, Grünen und FDP«, in die sie sich unter Merkel hat führen lassen, »paradoxerweise ohne die CSU, die nur aus Opportunismus und Machtfetisch mitmacht«. Die SPD, sagt Heisterhagen, müsse ihren Platz woanders finden. »Sie muss wieder eine linke Volkspartei mit dem Anspruch auf Demokratisierung der Wirtschaft und sozialer Einhegung des Kapitalismus werden. Sie muss wieder eine kapitalismuskritische Partei werden. Sie muss wieder eine Partei der sozialen Marktwirtschaft werden. Ihr neues Credo muss lauten: Für die Menschen, nicht für die Märkte!«[32]

Einen »linken Realismus« nennt er das. Und schon in dieser eigentlich schlichten Formel verwendet er einen Begriff, mit dem sich Nicht-Linke bislang von den Linken abgrenzten. Realismus als Haltung galt seit jeher als Gegenmodell zu einem linksgewebten Theoriefetischismus, insbesondere seit der Studentenbewegung Ende der sechziger Jahre. Die akademische Protestkohorte denunzierte Realismus als Kapitulation vor den Gegebenheiten, als Anpassung an das System, und begnügte sich mit szenischen Entwürfen, die dann abstrakt Theorie und Praxis genannt wurden. Dass real existierende arbeitende Menschen mit diesem geistigen Bauschaum wenig anzufangen wussten und sich lieber staatstragenden politischen Kräften zuwandten, die ihnen zumindest in Zeiten florierender Konjunktur steigende Löhne, wachsende soziale Absicherungen und vermehrte Konsumangebote offerierten, wurde von kritischen Intellektuellen als Verrat an ihren Revolutionshalluzinationen empfunden. Die Entfremdung zwischen der intellektuell-aktivistischen Kaste und dem gemeinen werktätigen Volk ist seit 1968 nie wieder vollends verheilt.

Umso entlarvender klingen heute die Beteuerungen der liberalen politischen Elite, dass sie die Sorgen der Bürger ernst nehmen wolle. Auch hier gilt: Je mehr darüber öffentlich gesprochen wird, desto weniger wird es eingelöst. All die »Wir haben verstanden!«-Schwüre, die nach Wahlniederlagen verbreitet werden, geben keine Politiker zu erkennen, die von einer neuen Erkenntnis ergriffen sind, sondern machen deutlich, wie sehr sie bislang offensichtlich nicht verstanden haben. Denn das Verstehen, den Bürger den Puls zu fühlen, sich in die Bedürfnisse des Volkes, des Souveräns, wie das Grundgesetz sagt, einzuspüren, sollten Tagesgeschäft und handwerkliche Routine der Volksvertreter in einer repräsentativen Demokratie sein. Stattdessen verkommt der Parlamentarismus zusehends zu einer Karriererampe für praxisfremde Politprofis, die nur mit kalten Duschen durch Wahlschlappen und dem Auftreten populistischer Krawallfreaks von den Wählern in Schach gehalten werden. Dass der Höhenflug einer Gurkentruppe wie der AfD sich keineswegs deren eigener Substanz verdankt, sondern ausschließlich dem anhaltenden Versagen der liberal-moralistischen Vierer-Koalition aus CDU, SPD, Grünen und FDP – dies geht den Protagonisten nur in seltenen hellen Momenten auf.

Eine dieser Sternstunden ereignete sich am Sonntag vor der Europawahl im Mai 2019 in der ARD-Talkrunde bei *Anne Will*. Dort saß die SPD-Spitzenkandidatin fürs EU-Parlament, Katarina Barley, neben dem AfD-Frontmann Jörg Meuthen und sagte gegen Ende der Sendung etwas Bemerkenswertes: »Wenn wir hier jetzt wieder rausgehen und der Eindruck entsteht bei den Leuten, alle sind so und nur die (Anm.: gemeint ist die AfD) sind irgendwie anders, das ist ein Fehler, das ist genau das, was denen (Anm.: gemeint ist die AfD) in die Karten spielt. Deswegen ist es so wichtig, dass wir in diesem demokratischen Wettbewerb, auch im Wahlkampf, auch heute Abend, immer mal wieder klarmachen, es gibt gravierende Unterschiede zwischen CDU/CSU, den Grünen, der SPD – und auch FDP und Linkspartei, die jetzt nicht hier sitzen. Also es gibt gravierende Unterschiede zwischen diesen demokratischen Parteien. Weil wenn wir deren Märchen (Anm.: gemeint ist die AfD) jetzt mitspielen, wenn wir alle immer nur darüber reden, was wir gegen die (Anm.: gemeint ist die AfD) machen können, dann spielen wir ihnen in die Karten.«[33]

So deutlich wird es nicht oft ausgesprochen: Nicht nur, dass die Bundesjustizministerin Barley seltsam fremdelnd über die Deutschen, auf die sie vereidigt ist, spricht und sie »Leute« nennt, als seien sie lästige Mondmenschen – sie bestätigt vor allem, dass »wir alle«, das ist die liberal-moralistische Viererkoalition plus Linkspartei, »immer nur darüber reden, was wir gegen die«, also die rechts-renitente AfD, »machen können«. Damit bestätigt sie, vermutlich unbeabsichtigt, dass der etablierte Politikbetrieb sich seit Jahren in Verschleierungsmechanik erschöpft, indem er mit hohem Kraftauf-wand einen Rechtsruck beklagt, den er durch die eigene politische Untätigkeit überhaupt erst zur gegenwärtigen Größe hat anwachsen lassen. Die politische Elite beschränkt sich, anstatt die Probleme zu lösen, lieber auf die Verteidigung des eingefahrenen Status quo.

Genau hier setzt auch Heisterhagens Kritik ein, die immerhin sichtbar macht, dass in der SPD unterhalb einer ausgelaugten Füh-rungsebene durchaus Widerständige zu finden sind, die sich einen unverstellten Blick auf die Wirklichkeit bewahrt haben. Im Kern geht es um einen Tabubruch, der unausweichlich ist, wenn ein Pers-pektivwechsel vollzogen werden soll. Der Perspektivwechsel bedeu-tet nichts anderes, als die Überwindung des Links-Rechts-Schemas endlich ernst zu nehmen und in die Praxis umzusetzen. Der Ta-bubruch lautet: Die Linken müssen sich rechte Themen auf linke Weise aneignen, anstatt sie aufgrund ihrer Hitler-Traumatisierung reflexartig von sich zu weisen. Dazu gehört zunächst einmal das Ein-geständnis, dass die Rechten mitunter die richtigen Fragen stellen. Wenn sie dazu nicht die richtigen Antworten liefern, ist das nicht verwunderlich. Aber widerlegt werden irrlichternde Argumente der Rechten von Linken nicht durch hysterische Diskussionsverweige-rung, sondern durch überzeugende politische Lösungen.

Hier findet sich ein Einstieg in die Überwindung der sogenann-ten gesellschaftlichen Spaltung. Dies meint Heisterhagen, wenn er gegenüber der Wiener Tageszeitung *Standard* feststellt: »Ich sage ja nicht, die Sozialdemokratie muss wieder eine Arbeiterpartei wer-den. Ich will auch die besser situierten Wähler nicht geringschätzen. Es wäre aber ein gewaltiger Fehlschluss, würde man die Stammkli-entel der Linken einfach aufgeben. Man muss sich ernsthaft für die Lebenslagen der weniger Betuchten interessieren, sonst kann man SPD und SPÖ gleich zusperren. Natürlich darf man die Meinung haben, dass eine Gleichstellungspolitik wichtiger ist als die ökonomische Lage der breiten Masse. Dann wird man bei den Grünen oder Liberalen aber ohnehin gut aufgehoben sein.«[34]

Tatsächlich ist die Sozialdemokratie im Nachbarland Österreich ein aufschlussreiches Versuchslabor. Erst der bizarre Gangsterskandal um das Ibiza-Video mit dem Chef der Freiheitlichen Partei Österreichs (FPÖ), Heinz-Christian Strache, hat den Blick darauf gelenkt, dass die SPÖ ihre eigenen Erfahrungen in der Zusammenarbeit mit der austro-nationalen FPÖ hat. Während in Deutschland eine Koalition zwischen SPD und AfD einer Aufhebung der Gravitationskraft gleichkäme, regieren im Burgenland seit 2015 die Genossen mit den Freiheitlichen in einer rot-blauen Koalition. Die Konstellation unter dem SPÖ-Landeshauptmann (das Amt entspricht einem deutschen Ministerpräsidenten) Hans Peter Doskozil war innerhalb der österreichischen Sozialdemokratie umstritten, allerdings, so räumt sogar Ex-SPD-Chef Sigmar Gabriel ein, »galt sie im Burgenland durchaus als erfolgreich«.[35] Schon 1970 ließ sich nach den Nationalratswahlen 1970 der legendäre Kanzler Bruno Kreisky, der ein Ansehen genoss wie in Deutschland nur Willy Brandt, von der FPÖ in einer Minderheitsregierung stützen. Zwischen 1983 und 1987 bildete die SPÖ mit ihren Kanzlern Fred Sinowatz und anschließend Franz Vranitzky eine Regierungskoalition mit dem FPÖ-Vizekanzler Norbert Steger. »Kenner der österreichischen Geschichte werden einwenden, damals sei die FPÖ noch eine andere Partei gewesen, aber das stimmt eben nur teilweise«, so Gabriel. »Ihre Genetik wies damals schon im Wesentlichen rechte Elemente auf.«[36]

Das Beispiel Burgenland lässt den früheren SPD-Vorsitzenden aufhorchen, denn der dortige Regierungschef Hans-Peter Doskozil gehört zum eher rechten Flügel der österreichischen Sozialdemokraten: »Während der Flüchtlingskrise zeigte er ein beeindruckendes humanitäres Engagement, um den nach Österreich strömenden Flüchtlingen zu helfen, und verteidigte diese Hilfe gegen Kritik von rechts. Nicht zuletzt, weil er von Beruf Polizist ist, waren ihm aber auch die mit einer weitgehend unkontrollierten Aufnahme verbundenen Risiken immer bewusst. Heute gehört er zu dem Teil der österreichischen Politik, der offensiv für eine Begrenzung der Zuwanderung eintritt. Nicht aus Fremdenfeindlichkeit, sondern weil er weiß, dass eine gute und nachhaltige Integration ihre Grenzen hat, wenn die Zahl der Zuwanderer sehr hoch ist. Er wird im Burgenland vermutlich neben den sozialen und wirtschaftlichen Themen stark für Sicherheit und Ordnung eintreten.«[37]

In Österreich entdeckt Gabriel Möglichkeiten einer Doppelstrategie auf Bundesebene wie auf regionaler Ebene, die für die deutschen Sozialdemokraten lehrreich sein könnten. Beide Vorgehensweisen dienen gewissermaßen als Rückrufaktion der SPÖ, um Wähler zu erreichen, die früher sozialdemokratisch wählten und sich zwischenzeitlich enttäuscht der FPÖ zuwendeten. »Vor allem Frauen aus den unteren und mittleren Einkommensgruppen, die zwischenzeitlich FPÖ gewählt hatten, dürfte die Strache-Posse ein Graus sein. Die SPÖ versucht, diese Wähler(innen) zurückzuholen. Entweder durch einen scharfen Linkskurs in der Sozial- und Wirtschaftspolitik oder durch die Kombination aus sozialer und innerer Sicherheit. Man darf gespannt darauf sein, welche der beiden politischen Strategien zum Erfolg führt.«[38]

Einen ähnlichen Spagat vollführen auch die Sozialdemokraten in Dänemark, im Kapitel »Ausblick« gehen wir ausführlicher darauf ein: in Sachen innere Sicherheit sowie in der Migrationspolitik sehr restriktiv, innerhalb der politischen Koordinaten also rechts, und in sozialen und wirtschaftlichen Angelegenheiten eher links. Der Grund dafür ist einfach: Genau dies entspricht den Bedürfnissen und dem Lebensgefühl jener Wählerschaft, die bislang sozialdemokratisch wählte.

Es entbehrt nicht der Komik, festzustellen, dass die SPD zu einer politischen Marginalie schrumpft, weil sie gleichzeitig zu wenig rechts und zu wenig links ist. Dabei kann eine gesellschaftliche Mitte nur erreicht werden, wenn sie von allen Seiten zugleich umzingelt wird. Der *Zeit*-Chefredakteur Giovanni di Lorenzo hat in einer Talkshow zur demokratischen Mehrheitsbildung gesagt: »Eine Position muss immer auch versuchen, einen Teil der Wähler der anderen Seite mitzunehmen. Sonst bleibt sie in der Opposition.«[39] Oder sie geht unter wie die SPD.

Indes: Muss die SPD wirklich untergehen? Eine Partei, die zu führen das schönste Amt ist neben dem Papst, wie uns Franz Müntefering versicherte? Und tatsächlich weisen ja die Römische Kirche als älteste existierende Institution der Welt und die SPD als älteste existierende Partei Deutschlands artverwandte Burn-out-Symptome auf. Beide ehrwürdigen Einrichtungen haben unter den Anfechtungen des liberalen Zeitgeistes ihre Strahlkraft eingebüßt, im Supermarkt der Erlösungsoptionen laufen ihnen die Kunden davon, weil sie nach Sinn, Autorität und Orientierung begehren.

Schon 1970, als Joseph Ratzinger noch nicht Papst Benedikt XVI. war, sondern als Professor für Dogmatik an der Universität Regensburg lehrte, sah er das Dilemma seiner Kirche scharfsinnig voraus. Damals notierte er seine Vision einer Kirche der Zukunft, die auch Sozialdemokraten inspirieren könnte: »Sagen wir es positiv: Die Zukunft der Kirche wird auch dieses Mal, wie immer, von den Heiligen neu geprägt werden. Von Menschen also, die mehr wahrnehmen als die Phrasen, die gerade modern sind.«[40] Die Kirche der Zukunft werde nicht »von denen kommen, die nur dem jeweiligen Augenblick sich anpassen. Sie wird nicht von denen kommen, die nur andere kritisieren, aber sich selbst als unfehlbaren Maßstab annehmen. Sie wird also auch nicht von denen kommen, die nur den bequemen Weg wählen.« Die Kirche, die kommen wird, »wird klein werden, weithin ganz von vorne anfangen müssen. Sie wird viele der Bauten nicht mehr füllen können, die in der Hochkonjunktur geschaffen wurden. Sie wird mit der Zahl der Anhänger viele ihrer Privilegien in der Gesellschaft verlieren.« Und es wird »eine verinnerlichte Kirche sein, die nicht auf ihr politisches Mandat pocht und mit der Linken so wenig flirtet wie mit der Rechten. Sie wird es mühsam haben. Denn der Vorgang der Kristallisation und der Klärung wird ihr auch manche guten Kräfte kosten. Er wird sie arm machen, zu einer Kirche der Kleinen sie werden lassen.«[41]

Zurück zu den Wurzeln und »weithin ganz von vorne anfangen«: Auch nach einem Ende der Sozialdemokratie als politische Volkskirche kann der Kampf in den Katakomben umso inbrünstiger fortgeführt werden. Manch ein Genosse dürfte sich ohne die Privilegien, aber mit »der Passion des Glaubens«[42] ungleich lebendiger fühlen und den Ruf vernehmen: »Die Zeit der Verwaltungspolitik ist vorbei. Die Zeit der Visionen ist gekommen.«[43]

KAPITEL 5
DA GEHT NOCH WAS!

»Wir leben in einer merkwürdigen Welt, in der es niemand
wagt, über unser gegenwärtiges politisches System
hinauszuschauen – obwohl klar ist, dass die Antworten,
nach denen wir suchen, sich nicht in der heutigen Politik
finden lassen werden.«[1]

*Greta Thunberg, 16-jährige Klimaaktivistin aus
Schweden, bei der Verleihung der Goldenen Kamera,
Sonderpreis Klimaschutz, am 30. März 2019 in Berlin*

Verändern und weitermachen wie bisher

Einer der hellsichtigsten Filme über unsere Gegenwart kam vor
zwanzig Jahren in deutsche Kinos: *Matrix* von den Gebrüdern Wa-
chowski lieferte 1999, zu einer Zeit des allmählich sich ausbreiten-
den Internets, ein Szenario, wonach unsere Realität nichts anderes
ist als eine computergenerierte Traumwelt, aus der keiner entrinnen
kann. Die philosophische Vorlage zu diesem Plot stammt von Jean
Baudrillard, der in seinem 1976 erschienenen Hauptwerk *Der symbolische Tausch und der Tod* postulierte, wir lebten in einem Zeitalter
der Simulation. Unsere Wirklichkeitswahrnehmung wird nach Baudrillard zunehmend von Zeichen regiert, die in der Welt der Fak-

ten und der Dinge keine Entsprechung mehr finden. Die Zeichen haben sich von dem, was sie zu bezeichnen vorgeben, abgelöst, sie sind referenzlos, mithin reiner Selbstzweck geworden. Baudrillard nahm auf philosophischem Parkett vorweg, was später auf dem Börsenparkett eingelöst wurde: ein Finanzspekulationsmarkt, der sich von der Realwirtschaft, der Ökonomie der hergestellten Dinge, abgekoppelt hat.

Matrix hat Baudrillards Befund zu einer verstörenden Realitätsdeutung kondensiert und stieß damit im Lebensgefühl des Publikums auf gewaltige Resonanz. Die Filmemacher drehten noch zwei Fortsetzungen, die Trilogie wurde zum spektakulären Kassenschlager. Mehr als 1,6 Milliarden US-Dollar spielte sie weltweit ein. Das unterschwellige Unbehagen angesichts einer eventuell bevorstehenden Unterwerfung unseres Lebens unter das Regime von Maschinen zu Beginn der digitalen Revolution, das Empfinden einer seltsamen Entwirklichung unserer Wahrnehmung durch virtuelle Realitäten, der Verlust vitaler Sinnlichkeit – all das dürfte den Kinoerfolg beflügelt haben. Ein weiteres Motiv für die große Resonanz dieses Films findet sich in einer zwischenmenschlichen Haltung, die schon Baudrillard zu seiner Simulationstheorie veranlasste. Der französische Medientheoretiker, der 2007 im Alter von 77 Jahren verstarb, hat vorausgespürt, wie sehr sich unser öffentliches Leben in eine Als-ob-Gesellschaft verwandelt. Politik, so scheint es, erschöpft sich immer mehr in Symbolik. Zeichensetzung überragt die Praxis; das Reden über das Handeln ersetzt das Handeln selber, ja, es wird mit dem Handeln selber verwechselt.

Bestes Beispiel sind die Klimaproteste seit Jahresbeginn 2019. Da bejubelt eine Elterngeneration ihre eigenen Kinder, weil diese endlich aktiv werden, um die Klimakatastrophe zu verhindern. Sie schwänzen freitags ihren Schulunterricht und mobilisieren weltweit Demonstrationen, die die Verminderung des CO_2-Ausstoßes einfordern, wie es die Pariser Klimaziele gebieten. Den reich verzierten Symbolismus haben wir im dritten Kapitel bereits geschildert. Dass eine solches Entfachen eines Medienhypes bereits als Widerstand gewertet wird, offenbart den Simulationscharakter unserer Als-ob-Gesellschaft. Über symbolische Gesten geht dieser Aktivismus nicht hinaus. Unser Leben plätschert weiter wie bisher. Während wir maximalradikale Veränderungsansprüche formulieren, setzen wir unser dösendes Wohlstandsdasein unbeirrt fort. Das funktioniert deshalb so gut, weil uns die Geste allein die Illusion herstellt, nicht untätig zu sein. Der gute Wille an sich entlastet von Schuldgefühlen und beschert die Gewissheit, auf der richtigen Seite zu stehen.

»Wir haben Wochen und Monate damit verbracht, diesen Tag (die Demonstrationen am 24.5.2019) vorzubereiten. Wir haben zahllose Stunden organisiert und mobilisiert, in denen wir auch einfach mit unseren Freunden herumhängen oder für die Schule hätten lernen können«, beschreiben Greta Thunberg und Luisa Neubauer und weitere Aktivisten von Fridays for Future ihr Engagement in der *Süddeutschen Zeitung*.[2] Wie viele Ressourcen bei diesen Aktivitäten verbraucht wurden, bleibt dabei unerwähnt. Ob es ökologisch verträglicher wäre, für die Schule zu lernen, daran wird kein Gedanke verschwendet. Im 17. Jahrhundert notierte der französische Philosoph Blaise Pascal die pointierte Bemerkung, »dass das ganze Unglück der Menschen aus einem einzigen Umstand herrühre, nämlich dass sie nicht ruhig in einem Zimmer bleiben können«.[3] So was klingt befremdlich für heutige Ohren, deutet aber an, dass eine konsequente Umkehr, die Verbalrebellen so geschmeidig propagieren, unangenehmer sein könnte als gedacht. Denn kein Mensch der westlichen Welt, auch kein Klimaaktivist, denkt ernsthaft daran, seine hochgerüstete Komfortexistenz auf ein global verträgliches Niveau abzusenken. Wer in gesellschaftskritischen Kreisen vorschlägt, etwa zum Lebensstandard von 1961 zurückzukehren, erntet günstigstenfalls verständnislose Blicke.

Der schweizerische Ingenieur und Nachhaltigkeitsforscher Mathis Wackernagel hat 1994 das Konzept des Ökologischen Fußabdrucks entwickelt, einen Indikator zur Ermittlung der biologisch notwendigen Fläche, um den Lebensstandard eines Menschen dauerhaft zu ermöglichen. Die Berechnung berücksichtigt die Flächen, die zur Herstellung von Kleidung und Nahrung, aber auch zur Bereitstellung von Energie und zur Abfallentsorgung sowie zum Binden des freigesetzten Kohlenstoffdioxids (CO_2) erforderlich sind. Dieser Fußabdruck wird dann mit der Biokapazität der Erde verglichen, also der biologisch produktiven Fläche. Gerechnet wird in globalen Hektaren (gha) pro Person und Jahr. Danach überschreitet die derzeitige weltweite Beanspruchung des Planeten zur Erfüllung menschlicher Bedürfnisse die Kapazität der zur Verfügung stehenden Bioproduktivität um insgesamt 68 Prozent. Im Durchschnitt werden derzeit pro Person 2,87 gha verbraucht, zur Verfügung stehen aber nachhaltig nur 1,71 gha.

Natürlich ist der ökologische Fußabdruck der Menschen in verschiedenen Weltgegenden sehr unterschiedlich. In Europa verbrauchen die Menschen durchschnittlich 4,87 gha, der Kontinent stellt aber nachhaltig nur 3,24 gha pro Person bereit. Die europäische Biokapazität wird also zu mehr als 50 Prozent überbeansprucht. Frankreich verbraucht annähernd das Doppelte, Deutschland das Zweieinhalbfache und Großbritannien sogar das Vierfache seiner jeweils zur Verfügung stehenden Biokapazität. Im weltweiten Vergleich wiesen 2013 im Durchschnitt die Luxemburger den größten ökologischen Fußabdruck auf – mit 13,09 gha. Gefolgt von Katar mit 12,57 gha und Australien mit 8,8 gha. Deutschland lag mit einem ökologischen Fußabdruck von 5,46 gha noch mit Mittelfeld. Den bescheidensten Fußabdruck hatten die Menschen in Burundi (0,63 gha), Haiti (0,61 gha) und Eritrea mit 0,51 gha.[4]

Aus den Berechnungen resultiert das sogenannte ökologische Defizit, an das der Ökoschuldentag gemahnt, den die Organisation Global Footprint Network jedes Jahr neu ausruft. Der Ökoschuldentag zeigt an, ab welchem Tag in einem Jahr die von der Menschheit in diesem Jahr verbrauchten Ressourcen die Kräfte der Erde übersteigen, diese nachhaltig zu generieren. 2017 war es am 2. August so weit: Ab diesem Tag lebten die Menschen von Mutter Erde ökologisch für den Rest des Jahres auf Kredit. Im Jahr darauf war bereits am 1. August das Erdbudget verbraucht. Gemessen am deutschen Lebensstil war das Ressourcenkonto im Jahre 2019 bereits am 3. Mai aufgezehrt. Das bedeutet: Würden alle Menschen auf der Welt so leben wie die Deutschen, benötigten wir zwei weitere Planeten, um das restliche Jahr auf dem Niveau unserer Ansprüche durchzustehen.

Das klingt so verrückt, wie es ist. Wir wissen seit Jahren, dass der westliche Lebensstil unseren Planeten ruiniert, wir protestieren dagegen und machen einfach weiter. Bis in die kleinsten Alltäglichkeiten lässt sich sowas beobachten. So wurde auf *Welt Online* kurz vor der Europawahl 2019 ein Videoclip gezeigt über den Aufruf der Fridays-for-Future-Kids zum Generalstreik gegen die Erderwärmung. Dem redaktionellen Beitrag wurde ein Werbespot von Amazon vorangestellt, in dem eine Hipster-Familie, die habituell dem grünliberalen Milieu der Klima-Demonstranten entspricht, sich einen halbmannshohen Sack Hundetrockenfutter versandkostenfrei nach Hause liefern lässt.[5] Reklame hat immer schon feinfühlig und treffsicher den Zeitgeist transportiert: Jene Zeitgenossen, die sich als Teil der Lösung wähnen, sind in Wahrheit Teil des Problems.

Ein weiteres Exempel aus der Kulturzone der Simulationsmanöver lieferte fast zeitgleich die Schriftstellerin Sibylle Berg in ihrer *Spiegel Online*-Kolumne. Aus irgendeinem Grunde, den sie leider nicht näher erläutert, ist sie der Meinung, dass es der »herrschenden Klasse« nicht gelingt, »eine Veränderung der Erde hin zu mehr Gerechtigkeit zu verhindern«. Ihre Begründung: »Denn alles, woran Menschen lange geglaubt hatten (Herrenmenschen, die Überlegenheit des Mannes, des Weißen, die Märkte, die eingeborene Zuteilung eines Platzes in der Hierarchie), scheint außer Kraft gesetzt.« Vor allem Männer würden ausgemustert, in Sonderheit jene in dem neuen ADAC-Präsidium, »das aussieht wie das alte Präsidium, nur mit anderen Krawatten. Hurra dieser Zeit, in der Herren ratlos auf die komplette Machtübernahme durch Frauen starren.«[6]

Nun könnten wir die etwas wirren Zeilen einfach als einen Anflug an Männerfeindlichkeit bei einer alten weißen Frau betrachten. Aufschlussreicher ist das Mikro-Pamphlet, wenn wir es als Wunschzettel lesen, mit dem Sibylle Berg die Wirklichkeit beschwört. Wurde einst religiösen Zweiflern geraten: Lebe so, als ob es Gott gebe, so wird sozialen Zweifler inzwischen nahegelegt: Lebe so, als ob eine Veränderung zu mehr Gerechtigkeit nicht zu verhindern sei. Tun wir einfach so, als ob eine komplette Machtübernahme durch Frauen bevorstünde. Die Als-ob-Haltung als wirksames intellektuelles Narkotikum, Ungerechtigkeiten werden einfach wegimaginiert. Die Flucht in das Als-ob ist deshalb mehrheitsfähig, weil die kritische Pose sozusagen musikalisch erhalten bleibt, ohne dass reale Konsequenzen zu befürchten sind. Gut möglich, dass wir sogar ein diskretes Grauen verspüren vor der Aussicht, nichts mehr zu finden, was wir beklagen können, weil das Leiden an der Welt uns zum Selbstverständnis geronnen ist. Thomas Bernhard, der Slapsticker unter den Schmerz-Artisten, hat von dieser Art Unglückssehnsucht gewusst: »Meine Eltern haben mir nichts anderes als das Unglück gezeigt (...) Möglicherweise müssen wir davon ausgehen, dass es den sogenannten unglücklichen Menschen gar nicht gibt, dachte ich, denn die meisten machen wir ja erst dadurch unglücklich, dass wir ihnen ihr Unglück wegnehmen.«[7]

Diese misanthropische Grundmelodie dürfte der tiefere Grund sein, weshalb wir seit Jahren in einen progressiven Klangteppich gewebt leben, in dem uns Veränderungsbereitschaft, Fortschritt und Lebensverbesserung eingeflüstert werden, unser Lebensgefühl hiervon jedoch wenig registriert und wir stattdessen soziale Unsicherheit und Getriebenheit, politische Windstille innerhalb eines rasanten technischen Wandels wahrnehmen. Die inzwischen 14 Jahre der Kanzlerschaft Angela Merkels wurden die meiste Zeit als eine Atmosphäre des Mehltaus erlebt, illustriert von einer schläfrigen Miene der Regierungschefin. Ein Empfinden hat sich breitgemacht, dass unser Leben nur noch verwaltet wird und dies noch nicht mal gut.

Die Sozialdemokraten vermitteln in dieser apathischen Grundstimmung einen besonders trägen Eindruck. Das liegt an der Fallhöhe ihres traditionellen Anspruchs, eine gesellschaftliche Avantgarde sein zu wollen. Im Parteivorstand versammeln sich farblose Genossen, bestenfalls gutherziger Gesinnung, die kraftlos durch den politischen Alltag stolpern und ihre Ämter mit der Akribie von Administrationsfachkräften versehen. All die Phrasen aus fünf Jahrzehnten Popkultur kennen sie auswendig und erzählen uns von Querdenken, Unangepasstheit, Emanzipation und Authentizität, während wir ihnen dabei zuschauen, wie sie uns mit der Unangepasstheit liberaler Opportunisten ihren geschmeidigen gesellschaftlichen Aufstieg vorturnen.

Ihnen fällt nicht einmal auf, dass sie niemanden überzeugen und keinen begeistern. So ergriffen sind sie von der Erfahrung, dass diese Art des Mitläufertums funktioniert. Und sollte sich versehentlich in ihre Etagen ein charismatischer Kopf verirren, der mit Esprit und visionärem Gespür gesellschaftliche Linien in die Zukunft zieht und sozialdemokratische Antworten zu formulieren imstande ist, muss dieser unverzüglich kleingehalten oder gleich weggebissen werden. In dieser Erbmonarchie des Mittelmaßes, die sich in den sozialdemokratischen Führungsstrukturen etabliert hat, haben die großen Themen der sozialen Bewegungen der vergangenen Jahre nichts zu suchen. Den Klimaschutz, der seit vierzig Jahren für jeden aufmerksamen Zeitgenossen als existenzielle Schlüsselfrage gilt, hat die SPD den Grünen überlassen und sich mit Applaus von der Seitenlinie begnügt. Die Verwilderung der einstigen Sozialen Marktwirtschaft zum verrohten Turbokapitalismus haben die Genossen, wie geschildert, eher befördert als aufgehalten. Gesellschaftliche Entwürfe, die dem Dauereintrag eines demokratischen Sozialismus im Parteiprogramm zur Wirklichkeit verhelfen, wurden verschlafen.

Im September 2018 berief der Mittelstandsbeauftragte Harald Christ in der Hauptstadt zum »Berliner Zukunftsdialog« ein. Vor rund einhundert Gästen aus Wirtschaft, Politik und Medien gab sich die SPD-Chefin Andrea Nahles kämpferisch: »Brauchen wir nicht mehr Aufbruch? Müssen wir nicht radikaler sein?«[8] Die Partei brauche Hilfe, die gesellschaftliche Ader dürfe nicht zu sehr vernachlässigt werden. »Wir müssen die SPD wieder mehr in eine Bewegung verwandeln.«[9] Einmal mehr wurde Energie in Verbalradikalismus investiert und nach den thermodynamischen Gesetzen des Als-ob die Illusion erzeugt, man habe damit bereits gehandelt.

Die SPD muss wieder Fragen stellen und politische Fantasie entwickeln, die über den Tag hinausreichen, und sich nicht hinter Aktendeckeln verkriechen. Das Wachrufen politischer Fantasie setzt allerdings den Willen und die Übung voraus, angelernte Denkmuster hinter sich zu lassen und sich ins Ungewohnte vorzuwagen. »Dieses Sich-Lösen aus der eigenen Situation enthält auch schon den Moment des Neuen, Schöpferischen«, sagt der Theologe Wolfhart Pannenberg über den Ursprung von Fantasie.[10] Die rhetorische Endlosschleife der Sozialdemokraten von einer »Erneuerung der Partei« gewinnt eine erheiternde Note, wenn wir uns vorstellen, wie himmelweit die Funktionärskader davon entfernt sind, ihre eingespielten Denk- und Bewegungsabläufe zu überspringen und zu einer intellektuell tänzelnden Dynamik zu finden. »Allein, es gibt noch andere als die gewöhnlichen Verhältnisse«, schreibt Martin Heidegger über die Voraussetzungen eines inspirierten Denkens, das immer auch ein Verlassen von zweckgesteuerten Erwägungen ist. »Goethe nennt sie einfach die ›tieferen‹ und sagt von der Sprache: ›Im gemeinen Leben kommen wir mit der Sprache notdürftig fort, weil wir nur oberflächliche Verhältnisse bezeichnen. Sobald von tieferen Verhältnissen die Rede ist, tritt sogleich eine andre Sprache ein, die poetische.‹«[11] Sogar beim ehemaligen kalifornischen Gouverneur Arnold Schwarzenegger scheint die Botschaft angekommen zu sein: »Vernünftige Menschen«, so verkündete er in seiner Rede auf der

Klimakonferenz Austrian World Summit R20 in Wien, »ändern die Welt nicht.«[12]

Es bedarf also einer weitreichenden Umstimmung, damit die Sozialdemokraten die wirklich drängenden Fragen stellen: Wie wollen wir wirklich leben? Was ist Freiheit – jenseits einer Freizügigkeit, die sich den Gesetzmäßigkeiten von Märkten unterwirft? Wollen wir Leistungsprinzip und Konkurrenzdenken weiterhin zu einem ökonomischen Totalitarismus wuchern lassen? Gibt es andere Motivationen, die uns Menschen kreativ und tätig sein lassen? Wie entrinnen wir dem wirtschaftlichen Wachstumszwang, der absehbar an seine Grenzen stoßen wird? Wie kann ein gutes Leben aussehen, das nicht vordringlich auf Konsum basiert? Kann eine materiell anspruchslosere Lebensweise erfüllend sein? Gibt es andere Formen von Selbstverwirklichung und Sinnstiftung als einen uneingeschränkten Individualismus, den uns die Aufklärung antrainiert hat? Wie könnte eine Aufklärung der Aufklärung aussehen, eine Aufklärung 2.0? Und: Finden auch Sozialdemokraten einen Übergang vom Bild des Menschen als Herrscher über die Dinge zu einem als Hüter des Seins?

Es zirkulieren zahlreiche Konzepte über alternative Möglichkeiten, unser Leben intelligenter, nachhaltiger und gerechter zu gestalten. Wache Parteistrategen werden in jeder gut sortieren Bibliothek fündig. Einige wollen wir hier kurz beleuchten.

Bürgerversicherung: Schluss mit dem Gesundheitskapitalismus

Genau genommen könnte sich die SPD mit drei politischen Projekten im Handstreich zurück in die Position einer gesellschaftlichen Avantgarde katapultieren und zugleich ihre Vision eines demokratischen Sozialismus auf zeitgemäße Weise konkretisieren: Gemeinwohl-Ökonomie, Bedingungsloses Grundeinkommen, Bürgerversicherung.

Die Bürgerversicherung hatten Linkspartei, Grüne und SPD bereits in ihren Wahlprogrammen 2017. Martin Schulz wollte die Zwei-Klassen-Medizin hierzulande durch eine »solidarische Bürgerversicherung« ersetzen.[13] Hilde Mattheis, Bundestagsabgeordnete und SPD-Linke, nannte die Einführung eines einheitlichen Krankenversicherungssystems für alle »eines unserer Herzensanliegen, die wir seit vielen, vielen Jahren haben«.[14] Bis in den Koalitionsvertrag mit der Union schaffte es das Vorhaben indes nicht.

Das Konzept bedeutet nichts anderes als die Vereinheitlichung der Gesundheitsversorgung für die Bürger. Bislang hängt die Qualität der medizinischen Behandlung in Deutschland davon ab, ob der Patient in einer gesetzlichen Krankenversicherung (GKV) oder privaten Krankenversicherung (PKV) Mitglied ist. Zu den Privatpatienten gehören auch die Beamten, die eine staatliche Beihilfe genießen und sich ergänzend privat versichern.

Interessanterweise halten Union und FDP an dem dualen Versicherungssystem erbittert fest und sprechen gerne vom »Systemwettbewerb«, obwohl nur ein Bruchteil der Bevölkerung in der Lage ist, zwischen der gesetzlichen und der privaten Krankenversicherung zu wählen. Mehr als 73 Millionen der Versicherten in Deutschland, rund 90 Prozent der Bevölkerung, sind in einer gesetzlichen Krankenkasse, knapp 60 Prozent davon aufgrund ihres geringen oder mittleren sozialversicherungspflichtigen Einkommens zwangsweise. Hinzu kommen die noch mehr als 16 Millionen mitversicherten Familienangehörigen. Freiwillig versorgt sind in der gesetzlichen Kasse gerade mal sechs Millionen Menschen, weitere neun Millionen sind privat krankenversichert. Von den 83 Millionen Einwohnern in Deutschland sind also nur knapp 20 Prozent überhaupt Teilnehmer an diesem Systemwettbewerb, weil sie als Selbstständige, gut verdienende Angestellte, Beamte und Abgeordnete ausreichend privilegiert sind, um sich der solidarischen Lastenteilung der gesetzlichen Krankenversicherung entziehen zu können.

Die Zweiklassengesellschaft in der Gesundheitsversorgung wird bei jedem Arztbesuch augenfällig, wenn gefragt wird: »Sie sind Sie privat versichert?« Kassenpatienten müssen sich auf längere Aufenthalte im Wartezimmer einstellen, zuvor haben sie oft wochenlang überhaupt auf einen Behandlungstermin warten müssen, denn die ökonomische Vernunft geht in einer Arztpraxis mit Privatpatienten bevorzugt um. Privatpatienten, auch Selbstzahler genannt, zahlen den Ärzten höhere Honorare, die ihnen, je nach Versicherungsvertrag, von ihrer privaten Krankenversicherung erstattet werden. Da eine freie Arztpraxis ein Wirtschaftsunternehmen ist, kann sie ohne Privatpatienten nur schwerlich über die Runden kommen, geschweige denn Profite machen – solange gesetzliche Kassen keine auskömmlichen Honorare zahlen.

Dabei ist in dieser umsatzorientierten Organisationsstruktur keineswegs gewährleistet, dass der Privatpatient grundsätzlich eine bessere medizinische Versorgung erhält. Gemäß der kapitalistischen Logik werden privat Versicherten allzu oft unnötige Vorsorgemaßnahmen und Diagnoseverfahren aufgeschwatzt, die schnell zur Überbehandlung führen und nicht zwingend der Gesundheit des Patienten dienen. Wer je beim Zahnarzt saß, weiß, wie sich manche Dentisten, während der Patient den Mund voller Instrumente hat und zu keinem Widerspruch fähig ist, eigenmächtig Neuaufträge für Folgetermine erteilen. Die teure Apparatemedizin in den Praxisräumen muss finanziert werden und die Privatpatienten sind das Melkvieh im Monopoly der Heilkunst.

»Es ist offensichtlich«, so der Wirtschaftswissenschaftler Friedrich Breyer von der Universität Konstanz, »dass das gegenwärtige Nebeneinander von GKV und PKV gegen das Solidarprinzip verstößt« und »dass eine Sozialversicherung, die die gesamte Wohnbevölkerung einbezieht, ein erstrebenswertes Ziel ist«.[15] Ohnehin ist das duale Krankenversicherungssystem einer historischen Zufälligkeit zu verdanken. Als die gesetzliche Krankenversicherung 1883 ins Leben gerufen wurde, war ihre erstrangige Leistung nicht die

Gesundheitsversorgung im engeren Sinne, sondern die Lohnfortzahlung im Krankheitsfall. Damit reagierte Reichskanzler Bismarck auf den wachsenden Protest einer sich sozialdemokratisch formierenden Arbeiterbewegung. Es sollte verhindert werden, dass die Familie Hunger litt, weil der Vater erkrankt und nicht arbeitsfähig war. Damals war die Pflichtmitgliedschaft bis zu einer gewissen Einkommensschwelle sinnvoll, weil Arbeitnehmer mit höheren Einkünften eine Zeitlang von ihrem Ersparten zehren konnten und Beamte sowieso vom Staat versorgt wurden. Im Zuge des medizinischen Fortschritts wurden auch die Behandlungen wirksamer, dadurch wurde das Modell einer Krankenversicherung auch für Zielgruppen interessant, die nicht unter die gesetzliche Versicherungspflicht fielen. So entstanden private Krankenversicherungen, die nach gewohnter Assekuranzlogik ihre Prämien nach Risikomerkmalen staffelten, während die gesetzlichen Kassen ihre Beiträge prozentual und bis zu einer Bemessungsgrenze nach dem Einkommen staffeln. 1969 wurde dann durch das Lohnfortzahlungsgesetz die Lohnfortzahlung im Krankheitsfall zum überwiegenden Teil den Arbeitgebern auferlegt. Übrig blieb das Nebeneinander zweier Versicherungsarten für den Krankheitsfall.

Schon damals war das Gesundheitswesen zu einem bürokratischen Moloch herangewuchert, 1970 gab es 1.815 verschiedene gesetzliche Krankenkassen. Ein gigantischer Wasserkopf aus Verwaltungsangestellten und Geschäftsführungen. Durch Fusionen reduzierte sich zwar die Anzahl der Krankenkassen im Verlauf der Jahrzehnte, 1990 waren es noch 1.147 Kassen, anno 2000 noch 420 und Anfang 2019 nur noch 109 Kassen. Parallel dazu explodierten allerdings die Gesamtkosten im Gesundheitswesen. Machten die Gesundheitsausgaben in Westdeutschland 1970 5 Prozent des Bruttoinlandsprodukts (BIP) aus, wuchs der Anteil bis zur Wiedervereinigung 1990 auf 7 Prozent. 2005 waren es schon 9 Prozent des BIP, bis zum Jahr 2017 kletterten die Kosten weiter auf 375,6 Milliarden Euro (11,5 Prozent des BIP). Tendenz weiterhin steigend.

Zweifellos hängen diese Zahlen mit dem kontinuierlichen Anstieg der Lebenserwartung zusammen. 1960 wurde ein Deutscher im Schnitt 69,3 Jahre alt, 2015 lag die durchschnittliche Lebenserwartung bei 81,1 Jahren. Gleichwohl hat Deutschland eines der teuersten Gesundheitssysteme der Welt, es liegt beim Anteil seiner Kosten am BIP hinter den USA, der Schweiz und Schweden auf Platz vier, in Sachen Lebenserwartung liegen die Deutschen im OECD-Vergleich jedoch auf dem vorletzten Rang. »Die enormen Ausgaben führen nicht automatisch dazu, dass die Gesundheit der Menschen besser wird«, so zitiert die *Süddeutsche Zeitung* den Harvard-Wissenschaftler Ashish Jha.[16] Der ausgeuferte Milliardenmarkt der Medizin weckt Begehrlichkeiten und lässt die Korruption blühen. Überhöhte Preise, überflüssige Behandlungen, falsche Anreize sind die Auswüchse eines Systems, das »nicht die Bedürfnisse der Patienten, sondern die Verlockungen des Marktes in den Mittelpunkt rückt«.[17]

Das Modell Bürgerversicherung könnte ein Einstieg in den Ausstieg aus der Verknüpfung von Heilkunde mit ökonomischer Profiterwartung sein. Das Behandeln von Krankheiten kommerziell zu regeln, ist ungefähr so plausibel, als würden wir die Polizei privatisieren und die Ordnungshüter könnten sich beim geschäftstüchtigen Umgang mit Straftaten eine goldene Nase verdienen. Das Ergebnis wäre ein Anstieg der Kriminalität zum Zwecke der Umsatzsteigerung. In unserem Gesundheitssystem erleben wir mit der kontinuierlichen Erfindung neuer Krankheitsbilder eine Erzeugung von zusätzlicher Nachfrage, für die das gesundheitliche Versorgungsmarketing innovative Angebote aufruft. In der Konsequenz wird unsere Population immer älter, aber auch immer kränker. Und wer noch nicht krank ist, wird mit einem hysterisch-propagandistischen Vorsorgetremolo in seiner Rolle als medizinischer Konsument gehalten. Nach dem Spiel ist vor dem Spiel, wissen Fußballliebhaber. In unserer Therapiegesellschaft gilt: Nach der Krankheit ist vor der Krankheit.

Wie die Sicherheit gehört auch die Medizin zur Daseinsvorsorge und ist damit eine hoheitliche Aufgabe der Gemeinschaft. Auf der

Höhe einer Gesellschaft mit humanistischem Selbstverständnis wäre ein National Health Service nach britischem Vorbild, ohne auf dessen Schwächen in der Praxis hier näher einzugehen. In Großbritannien ist die Gesundheitsversorgung für den Patienten kostenlos, weil steuerfinanziert, entscheidend aber ist die Gleichbehandlung und die Entkoppelung der medizinischen Versorgung vom Gewinnstreben. Dies könnte als Orientierung dienen. Mit einer Bürgerversicherung im Sinne einer umfassenden Solidargemeinschaft könnte das Gesundheitswesen insgesamt in eine öffentlich-rechtliche Struktur übertragen werden. Es ist nicht einzusehen, weshalb die Gesundheit in unserem Land nicht genauso behandelt wird wie die Bildung und warum das Gesundheitswesen dem Schulwesen nicht gleichgestellt ist. In einem Staat, der unentwegt Vorstöße zum Wohle der Volksgesundheit unternimmt oder Politiker derlei propagieren, sei es gegen das Rauchen, den Zucker oder das Fleischessen, macht es keinen Sinn, die Gesundheitsbehandlung den Launen des Kapitalismus zu überlassen. Ein Lehrer wird auch nicht als Freiberufler den Wettbewerbsdynamiken des Marktes ausgesetzt, weil dies womöglich die Bildungsergebnisse optimieren würde, sondern geht seinen pädagogischen Aufgaben gegenüber den heranwachsenden Generationen unter dem Schirm der Öffentlichkeit nach. Auch ein Arzt steht im Wortsinne im öffentlichen Dienst. Warum also sollte er nicht auch formal im öffentlich-rechtlichen Rang seinen hippokratischen Eid einlösen, anstatt seine Kraft als Unternehmer im freien Spiel kapitalistischer Kräfte zu verschleißen?

Bedingungsloses Grundeinkommen: Wege aus der Angstkultur

Über den befremdlichen Auftritt von Andrea Nahles auf der Internetkonferenz re:publica im Mai 2017 in Berlin haben wir im ersten Kapitel bereits berichtet. Es wurde über das Bedingungslose Grundeinkommen diskutiert und Nahles tat sich auf ihre volkstümliche Art mit dem Bekenntnis hervor: »Ich glaube einfach schlicht und ergreifend an Ihre verkackte Grundthese nicht. Das Ende der Arbeit. Ich glaube überhaupt nicht an das Ende der Lohn- und Erwerbsarbeit. Das halte ich für Quatsch.«[18] Damit belegte die Parteivorsitzende einmal mehr, weshalb die SPD bei den gesellschaftlichen Diskursen zumeist an der Seitenlinie steht und diesen überalterten, altbackenen, unzeitgemäßen Eindruck vermittelt, den auch Altvordere wie Peer Steinbrück beklagen.[19] Wer meint, das Bedingungslose Grundeinkommen würde das Ende der Arbeit herbeiführen, hat das Konzept nicht verstanden.

Das Gegenteil ist der Fall. Wer immer die Erfahrung eines leistungslosen Einkommens gemacht hat, berichtet von einer »lebensverändernden« Wirkung,[20] wie das Beispiel des IT-Unternehmers Michael Bohmeyer zeigt, ein begeisterungsfähiger Mittdreißiger aus Berlin, der mit Ende 20 einen florierenden Online-Handel aufgebaut hatte und auf einmal von den Erträgen leben konnte.

Bis dahin fühlte sich Bohmeyer wie wir alle immerzu gehetzt und getrieben. Nun erlebte er, wie seine Existenz auf einem Fundament stand, ohne dass er dafür unmittelbar etwas leisten musste. Das Gefühl drohender Bodenlosigkeit fiel weg, die Angst, unterzugehen, war nicht mehr da. Dabei beliefen sich die anfänglichen Gewinnausschüttungen, auf den Monat gerechnet, auf kaum 1000 Euro. Trotzdem fühlte er sich anders: »Ich bin dann kreativer geworden, auch mutiger.«[21] Das Bedürfnis, zu faulenzen, verspürte er in keinem Moment. »Ich fand es unheimlich schwer, nichts zu machen.«[22]

Und so gründete er den Verein »Mein Grundeinkommen«. Seine neue Grundstimmung brachte ihn auf den Gedanken: »Wenn mich das so verändert, würde es anderen wohl genauso gehen?«[23] Mehr noch: Wie würde sich unsere Gesellschaft entwickeln, wenn der unmittelbare Existenzdruck wegfiele und wir massenhaft von einem Ideenreichtum und Gestaltungsdrang ergriffen würden?

Er startete ein Gesellschaftsexperiment und verlost seit 2014 auf seiner Internetplattform Geld, das er durch Crowdfunding einsammelt, an wildfremde Menschen. Jeder kann sich bei ihm bewerben, auch jene, die kein Geld spenden. Wer gewinnt, bekommt ein Jahr lang jeden Monat 1.000 Euro auf sein Konto überwiesen. 12.000 Euro insgesamt, steuerfrei und ohne jede Bedingung. Lediglich Hartz IV-Bezieher müssen sich Bohmeyers Grundeinkommen als Einkünfte verrechnen lassen. Bislang wurden solche Jahres-Grundeinkommen an mehr als 250 Gewinner ausgezahlt, mehr als eine Million Menschen haben sich bei dem Projekt registriert. Sein Verein beschäftigt inzwischen 25 Mitarbeiter und wirbt jedes Jahr drei Millionen Euro an Spenden ein, sodass pro Monat oft mehr als zwölf Bedingungslose Grundeinkommen ausgelobt werden können.

Zwei Dutzend seiner Grundeinkommensbezieher hat Bohmeyer zusammen mit seiner Co-Autorin Claudia Cornelsen in einem Buch porträtiert: *Was würdest du tun?* Die Schilderungen zeichnen ein Sittengemälde unserer Angstkultur. Die 44-jährige Anna-Maria konnte mit dem Grundeinkommen endlich von ihrem gewalttätigen Ehemann wegziehen, die Multijobberin Gabi bei einem Arbeitgeber kündigen, der sie mit Dumpinglohn ausbeutete. Bastian lebt seit vier Jahren auf der Straße und konnte mit dem Grundeinkommen sein laufendes Insolvenzverfahren bedienen. Ein anderer Gewinner investierte das Geld in ein unbezahltes Praktikum, um wieder Arbeit zu finden. Und ein ganz normaler Angestellter aus Köln brauchte das Geld nicht so dringend und spekulierte damit an der Börse. So unterschiedlich die Situationen der einzelnen Menschen sind – bei allen ging ein Ruck durch ihr Leben. Sie schlafen wieder besser, fühlen sich gesünder und vor allem zuversichtlicher. Kaum auszudenken, wie viel Geld womöglich die flächendeckende Einführung eines Bedingungslosen Grundeinkommens im Gesundheitswesen einsparen würde.

Ein Grundeinkommen für alle – ohne Wenn und Aber. Die Idee lässt sich bis in die vierziger Jahre des vergangenen Jahrhunderts zurückverfolgen. Die konservativ-liberale britische Politikerin Juliet Rhys-Williams warb im Zweiten Weltkrieg vergeblich für die Einführung eines Grundeinkommens in Form einer negativen Einkommensteuer, sie sprach von einer Sozialen Dividende. Der US-Ökonom Milton Friedman arbeitete 1962 die Idee der negativen Einkommensteuer weiter aus: Jedes Mitglied der Gesellschaft sollte an den Gesamteinnahmen einer Volkswirtschaft beteiligt werden. Ende der neunziger Jahre begründete der marxistische Sozialphilosoph André Gorz in Frankreich ein Grundeinkommen durch das Ende der Vollbeschäftigung. Hierzulande hat 2006 der frühere Ministerpräsident Thüringens, Dieter Althaus (CDU), gemeinsam mit dem Wirtschaftsforscher Thomas Straubhaar ein Solidarisches Bürgergeld ins Gespräch gebracht. Seit 2007 setzt sich der Gründer der Drogeriemarktkette DM, Götz W. Werner, für ein Bedingungsloses Grundeinkommen ein. Werner gilt mittlerweile als Galionsfigur dieser Bewegung.

Von dem wachsenden Interesse in der Bevölkerung an der Idee eines Grundeinkommens lässt sich die SPD-Spitze allerdings nicht beeindrucken: Laut Umfragen hatte vor zehn Jahren gerade mal jeder Dritte überhaupt vom Bedingungslosen Grundeinkommen gehört, mittlerweile ist jeder Zweite für seine Einführung. Sozialdemokraten und der Linkspartei ist es verdächtig, dass auch Spitzenmanager immer öfter für ein Grundeinkommen plädieren. Neben Götz W. Werner sprechen sich auch Siemens-Chef Joe Kaeser, Timotheus Höttges (Telekom), Bernd Leukert (SAP), Vishal Sikka (Infosys) und Albert Wenger (Union Square Ventures) für eine solche Existenzsicherung aus. »Eine Art Grundeinkommen wird völlig unvermeidlich sein«, sagt Joe Kaeser.[24] SPD- und Links-Genossen wähnen hinter diesen Forderungen die Versuche von Wirtschaftsführern, ihre Lohnzahlungen durch ein staatliches Grundeinkommen aufzustocken. Dahinter steht das linke Festhalten an der Halluzination von Vollbeschäftigung, die es mit zunehmender Digitalisierung nicht mehr geben wird. Wenn aber die menschliche Arbeit zunehmend von Maschinen übernommen wird, liegt es nahe, die Arbeit der Maschinen zu besteuern und an die Menschen auszuzahlen. Sofern auch in Zukunft gelten soll, dass das Wirtschaftsgeschehen den Menschen dient und nicht der Selbstzweck von Robotern ist.

Gerade beim Thema Grundeinkommen wird deutlich, dass der Arbeitsbegriff der Linken noch nicht vollends im digitalen Zeitalter angekommen, sondern von einer Staubschicht aus dem 19. Jahrhundert überzogen ist. Der Fortschrittsmythos der Sozialdemokraten beinhaltete immer auch die fortwährende Anpassung des arbeitenden Menschen an technische Innovationen. Dass der Mensch eines Tages durch Maschinen so weitgehend ersetzt werden könnte, dass sich die menschliche Tätigkeit von der Erwerbsarbeit abkoppelt, haben viele Genossen noch nicht begriffen. Wenn also die Produktion immer mehr von Maschinen geleistet wird, muss der Ertrag dieser Produktion allen Menschen zugutekommen. Nichts anderes meint das Bedingungslose Grundeinkommen.

Im Sommer 2019 startet Berlins Regierender Bürgermeister Michael Müller (SPD) unter dem Etikettenschwindel eines »solidarischen Grundeinkommens« ein auf fünf Jahre angelegtes Testmodell, in dem bis zu 1.000 Arbeitslose, die auf dem ersten Arbeitsmarkt keine Vermittlungschance haben, staatlich organisierte Hilfsjobs wie Mobilitätsbegleiter, Hausmeister und Assistenzen an Schulen oder in Pflegeeinrichtungen zu Tarif- oder Mindestlohn verrichten. Müller will damit das Hartz-IV-System überwinden, bleibt aber der Grundhaltung unter Genossen treu, die Menschen mit jeder Menge Bürokratie zu beaufsichtigen. Statt Vertrauensvorschuss durch Bedingungslosigkeit, statt Beflügelung durch Freiheit, bleibt es auch hier nur bei sozialdemokratischer Verwaltungstristesse, die einmal mehr mit hohem finanziellen Aufwand versanden wird. Abermals siegt der Aktendeckel über die politische Fantasie.

Für eine Einführung des Bedingungslosen Grundeinkommens sprechen sowohl ökonomische als auch humanitäre Argumente. Ein Bedingungsloses Grundeinkommen ist eine Grundlage für ein menschenwürdiges Leben und schafft die Stigmatisierung einer wachsenden Zahl von Erwerbslosen ab. Entscheidend bei einem Bedingungslosen Grundeinkommen dürfte indes nicht die Höhe des monatlichen Betrages sein, sondern die Bedingungslosigkeit, die in unserer Gesellschaft eine ganz neue Atmosphäre des Vertrauens herstellen würde. In diesem Klima eines grundlegend neuen Sicherheitsgefühls könnten in erhöhtem Maße Risikobereitschaft, Eigenverantwortlichkeit und mithin Innovation und Flexibilität gedeihen. Und zur Frage nach der Finanzierung sei hier nur angedeutet: Das Geld hierfür ist vorhanden. Allein die Sozialleistungen summierten sich in Deutschland 2016 auf 918 Milliarden Euro. Um an 83 Millionen Menschen in Deutschland ein Bedingungsloses Grundeinkommen auszuzahlen, braucht es politischen Willen und Kreativität. Erinnern wir uns an den Herbst 2015, als die »Wir schaffen das!«-Bundesregierung wie aus dem Nichts eine Flüchtlingsrücklage von 35 Milliarden Euro schaffen konnte. Götz W. Werner drückt es so aus: »Wer will, findet Wege. Wer nicht will, findet Gründe.«[25]

Gemeinwohl-Ökonomie: Raus aus dem Kapitalismus, rein in die Marktwirtschaft

Wir leben in einer eigentümlichen Bewusstseinszerrissenheit. Einerseits betreiben wir einen Wächterstaat des Gutmenschentums, wir klagen Wertschätzung ein, belauern jeden Anflug von Benachteiligung, Rassismus-Vorwürfe praktizieren wir wie einen neuen Volkssport und halten einander mit humanistischen Idealen unter Dauerstress. Wenn es aber um unsere Wirtschaftsordnung geht, bleiben die Gesetze des Dschungels und die Reflexe der Raubtiere gültig. Offenbar dient unsere neurotische Tugendkulisse dazu, den ökonomischen Weltkrieg im globalen Kapitalismus erträglicher zu machen.

Die Franzosen sind da weniger verheuchelt: Seit 1997 gibt es in Paris eine staatlich anerkannte Schule für Wirtschaftskrieger, die

École de guerre économique, die jeweils 50 Studenten in einem zehnmonatigen Aufbaustudium im Hauen und Stechen des internationalen Handelsverkehrs unterweist. Gründungsdirektor ist Christian Harbulot, ein Historiker, Wirtschaftsberater und ehemaliger Geheimdienstler. Wie so viele praktizierende Neoliberale war auch Harbulot früher stramm links, er stand in den siebziger Jahren den Maoisten nahe. Heute betreibt seine Schule die »Verschmelzung militärischer und wirtschaftlicher Methoden«.[26] Denn »auf den globalen Märkten herrscht knallharter Wettbewerb« und Harbulot hat festgestellt, »wie wenig die zivile Welt erfolgreiche Ideen aus dem militärischen Bereich nutzt. Das gilt vor allem für den taktischen Umgang mit Informationen.«[27]

Solch ein Beispiel macht jenseits der sonst üblichen Beschwichtigungs- und Beschönigungsrhetorik klar, worum es eigentlich geht: »Die oberste Zielsetzung ist falsch. Heute ist die Vermehrung von Kapital der alles dominierende Zweck des Wirtschaftens und alles wirklich Wichtige und Wertvolle ist nur ein erhoffter Nebeneffekt«, sagt Christian Felber, Wirtschaftsdozent in Wien. Und das »wirklich Wichtige und Wertvolle« ist für den Menschen »das Gelingen von Beziehungen. Fragen Sie mal Menschen nach den glücklichsten Momenten ihres Lebens. Dann nennen alle Menschen immer und ausnahmslos gelingende Beziehungen zwischen Menschen, etwa Geburt, Freundschaft und Familie. Oder gelingende Beziehungen zu sich selber: Persönlichkeitsentwicklung, Erkenntnissprünge. Oder zur Natur: Sandstrand, Sonnenuntergang, Berggipfel, eigener Garten. Oder gelingende Beziehungen zum großen Ganzen: spirituelle Erfahrungen und Einsichten. Nie werden Sie Geld, Erfolg, Macht und Sieg in der Konkurrenz zu hören bekommen, was aber jetzt die offiziellen Leitwerte sind.«[28]

Unser Wertesystem sei gespalten in privat und öffentlich. »Daran können Sie die falsche Polung ablesen«, so Felber. »Universale Beziehungswerte wie Vertrauensbildung, Ehrlichkeit, Kooperation, Solidarität und Teilen lassen wir im Privatleben gelten. Aber sie sind nicht die Leitprinzipien des Wirtschaftens, für die wir belohnt werden, wenn wir sie leben. Belohnt werden wir für Gewinnstreben und Konkurrenz.«

Dass er mit diesem Unbehagen an unserer Kultur nicht alleine ist, stellte der heute 46-Jährige fest, als er im Jahr 2000 in Österreich die globalisierungskritische Organisation Attac mitbegründete und 2010 gemeinsam mit Unternehmern das Projekt Gemeinwohl-Ökonomie aus der Taufe hob. Seither ist aus dem Projekt eine weltweite Bewegung geworden. Mehr als 2200 Unternehmen und rund 400 Organisationen haben sich der Initiative angeschlossen, gut 100 Regionalgruppen sind im deutschsprachigen Raum, in Europa, Lateinamerika und Afrika aktiv. Auch im Europäischen Wirtschafts- und Sozialausschuss (EWSA) wurde die Gemeinwohl-Ökonomie 2015 diskutiert, das Gremium empfahl sie als ein praxistaugliches Konzept für die EU: »Nach Auffassung des EWSA sollte das Gemeinwohl-Ökonomie-Modell sowohl in den europäischen als auch die einzelstaatlichen Rechtsrahmen integriert werden. Ziel ist es, die Verwirklichung des Binnenmarkts über eine verstärkt ethische Wirtschaft voranzubringen, die auf europäischen Werten und der Wahrnehmung gesellschaftlicher Verantwortung gründet und diese synergetisch untermauert.«[29]

Spätestens mit diesem EWSA-Papier hätte sich die SPD an die Spitze dieser Bewegung setzen können. Gemeinwohl-Ökonomie könnte für Sozialdemokraten sein, was der Klimaschutz für die Grünen ist – ein Markenkern. Im Unterschied zum neoliberalen »Third Way« von New Labour ist das Gemeinwohl-Ökonomie-Konzept tatsächlich ein dritter Weg zwischen Kapitalismus und Kommunismus. Felber hat ein ökonomisches Modell entworfen, das unsere gegenwärtige Spaltung von persönlichen und gesellschaftlichen Werten überwinden kann, indem entlang derselben Maßstäbe gewirtschaftet wird, die auch »unsere Beziehungen gelingen lassen: Vertrauensbildung, Wertschätzung, Kooperation, Solidarität und Teilen«.[30] Die Gemeinwohl-Ökonomie ist »einerseits eine vollethische Marktwirtschaft, andererseits eine wirklich liberale Marktwirtschaft«, so Felber.

Praktisches Herzstück des Modells ist die sogenannte Gemeinwohl-Bilanz. Mit diesem Koordinatensystem können sowohl Privatpersonen, öffentliche Haushalte wie auch Wirtschaftsunternehmen ermitteln, welchen Beitrag sie zum Gemeinwesen leisten und inwieweit Werte wie Achtung der Menschenwürde, Solidarität, Gerechtigkeit, ökologische Nachhaltigkeit, Transparenz und demokratische Mitentscheidung praktiziert werden. Im deutschsprachigen Raum erstellen Unternehmen wie die Sparda Bank München oder der baden-württembergische Bergsportausrüster Vaude und die Wiener Schachinger Logistik Bilanzen nach Gemeinwohl-Richtlinien.

Mit diesen Gemeinwohl-Bilanzen soll unser Wirtschaftssystem aus seiner Wettbewerbssackgasse herausgeführt werden. Denn wenn heute Unternehmen über die gesetzlichen Vorgaben hinaus ökologisch nachhaltiger und sozial gerechter wirtschaften wollen, erleiden sie einen Kosten- und damit Wettbewerbsnachteil gegenüber ihren Konkurrenten, die sich um solche Werte nicht scheren und sogar ihre Produktion dorthin verlagern, wo sie Mensch und Natur noch ungestörter ausbeuten können. Diese Bedingungen wollen Gemeinwohl-Ökonomen vom Kopf auf die Füße stellen. Und das geht so: Je mehr Pluspunkte ein Unternehmen in seiner Gemeinwohlbilanz sammelt, desto stärker steigt der gesellschaftliche, ökologische und insgesamt ethische Mehrwert des Unternehmens. Solch ein Unternehmen zahlt dann entsprechend weniger Steuern, weniger Zölle, es erhält günstigere Kredite und wird beim öffentlichen Einkauf oder bei der Wirtschaftsförderung bevorzugt behandelt. Dadurch können Unternehmen, die sich ethisch vorbildlich und nachhaltig verhalten, und die, so Christian Felber, »die Verfassungswerte eines demokratischen Staats- und Gemeinwesens am konsequentesten leben, den Endverbraucherinnen preislich günstiger anbieten. Das wäre dann eine ethische Marktwirtschaft – oder eben eine Gemeinwohl-Ökonomie.«[31] Die Gemeinwohl-Ökonomie schafft einen Paradigmenwechsel bei den Wertekoordinaten, mit denen das staatliche Gemeinwesen die Wirtschaft ordnungspolitisch steuert.

Mithin bietet die Gemeinwohl-Ökonomie einen neuen Anlauf zu einem dritten Weg jenseits einer sozialistisch dirigierten Zwangswirtschaft und einem neoliberal eskalierten Spätkapitalismus im globalen Zeitalter. Sie knüpft als eine Art Soziale Marktwirtschaft 2.0 an das Modell von Ludwig Erhard an und entwickelt es konsequent weiter. Wer Erhards Klassiker *Wohlstand für alle* von 1957 liest, wird mit Erstaunen zur Kenntnis nehmen, dass im Vater des deutschen Wirtschaftswunders nach dem Zweiten Weltkrieg ein Postmaterialist vor sich hinträumte, der bestens in die heutige Zeit passt. »Es ist und bleibt der letzte Zweck jeder Wirtschaft«, schreibt Ludwig Erhard, »die Menschen aus materieller Not und Enge zu befreien. Darum meine ich auch, dass, je besser es uns gelingt, den Wohlstand zu mehren, umso seltener werden die Menschen in einer nur materiellen Lebensführung und Gesinnung versinken.«[32] Fast wie eine Marx'sche Utopie vom Reich der Freiheit lässt es Erhard erklingen: »Dagegen winkt allen Menschen, die durch Wohlstand und soziale Sicherheit zum Bewusstsein ihrer selbst, ihrer Persönlichkeit und ihrer menschlichen Würde gelangen, die Möglichkeit, ja fast möchte ich sagen die frohe Hoffnung, sich aus materialistischer Gesinnung lösen zu können.«[33]

Mit seinem Liebäugeln mit Konsumverzicht könnte der CDU-Mann Erhard auch in der Programmkommission der Grünen sitzen: »Mit steigender Produktivität und mit der höheren Effizienz der menschlichen Arbeit werden wir einmal in eine Phase der Entwicklung kommen, in der wir uns fragen, was denn eigentlich kostbarer und wertvoller ist: Noch mehr zu arbeiten oder ein bequemeres, schöneres und freieres Leben zu führen, dabei vielleicht bewusst auf manchen güterwirtschaftlichen Genuss verzichten zu wollen. Ich glaube jedoch, dass wir ›so weit‹ noch nicht sind.«[34] Und auch den Fetisch des Wirtschaftswachstums sah Erhard durchaus kritisch: »Wenn der angestoßene Entfaltungsprozess aber in dem Sinne verläuft, dass unser Volk neben dem unverzichtbaren Wert auf Sicherung materieller Lebensführung in steigendem Maße eine geistige und seelische Bereicherung als nützlich und wertvoll erachtet, dann werden wir in ferneren Tagen auch zu einer Korrektur der Wirtschaftspolitik kommen müssen. Niemand dürfte dann so dogmatisch sein, allein in der fortdauernden Expansion, d.h. im Materiellen, noch länger das Heil erblicken zu wollen.«[35]

Diese Worte schallen herüber aus den fünfziger Jahren des vorigen Jahrhunderts und wir fragen uns unwillkürlich: Wo, um Himmels willen, ist diese Republik zwischenzeitlich falsch abgebogen? Schwer zu sagen, wie Ludwig Erhard auf die heutigen Verhältnisse reagieren würde, auf die freche Ausbeutung von Mensch und Natur, auf die ungenierte Umverteilung von unten nach oben, auf Raffgier und Verrohung unter dem Deckmäntelchen liberal-philanthropischer Marketingparolen. Vermutlich würde Erhard sofort die Polizei holen.

Gut möglich, dass Ludwig Erhard heute ein Anhänger der Gemeinwohl-Ökonomie wäre. Das dürfte manche Marktliberale empören, aber im Grundgesetz, keine zehn Jahre zuvor verfasst, steht auch nichts anderes: »Eigentum verpflichtet. Sein Gebrauch soll zugleich dem Wohle der Allgemeinheit dienen.«[36] Die bayrische Verfassung, kaum drei Jahre älter als das Grundgesetz, birgt gleich einen ganzen Strauß von Gemeinwohl-Bestimmungen: »Die gesamte wirtschaftliche Tätigkeit dient dem Gemeinwohl«, so heißt es darin. »Die wirtschaftliche Freiheit des Einzelnen findet ihre Grenze in der Rücksicht auf den Nächsten und auf die sittlichen Forderungen des Gemeinwohls. Gemeinschädliche und unsittliche Rechtsgeschäfte, insbesondere alle wirtschaftlichen Ausbeutungsverträge sind rechtswidrig und nichtig.«[37] Und weiter: »Eigentum verpflichtet gegenüber der Gesamtheit.«[38] Sodann: »Eigentum an Bodenschätzen, die für die allgemeine Wirtschaft von größerer Bedeutung sind, an wichtigen Kraftquellen, Eisenbahnen und anderen der Allgemein-

heit dienenden Verkehrswegen und Verkehrsmitteln, an Wasserlei-
tungen und Unternehmungen der Energieversorgung steht in der
Regel Körperschaften oder Genossenschaften des öffentlichen Rechtes zu.«[39] Und schließlich: »Für die Allgemeinheit lebenswichtige
Produktionsmittel, Großbanken und Versicherungsunternehmen
können in Gemeineigentum überführt werden, wenn die Rücksicht
auf die Gesamtheit es erfordert.«[40]

Wir sehen: Gemeinwohl lag in den ersten Nachkriegsjahren in
der Luft. Die Menschen hatten die Schreckenserinnerungen an die
Hyperinflation von 1923 und die Weltwirtschaftskrise ab 1929 noch
in den Knochen. Sie waren auch ideologisch noch nicht so vereinzelt
wie heutige Zeitgenossen, die sich für gut vernetzt halten, wenn sie
ihre Freizeit damit verbringen, einsam vorm Computerbildschirm
mit Leuten zu chatten, denen sie noch nie begegnet sind. Es bleibt
späteren Generationen vorbehalten, darüber zu befinden, inwieweit
ein solches Gebaren noch als zurechnungsfähig einzustufen ist.

Für unsere Betrachtung ist festzuhalten, dass wir gemeinschafts-
stiftende ökonomische Modelle benötigen. Hier wäre das Aufga-
benspektrum, in dem eine runderneuerte Sozialdemokratie ihre
politischen Positionen einnehmen könnte. Manche dieser Modelle
werden in der Gesellschaft längst debattiert und zum Teil schon
erprobt, ohne dass die politische Elite mit diesen Diskursen in er-
kennbare Resonanz tritt. Merkels inzwischen 14 Jahre während
Weiter-so-Administration hat das Land in eine komfortable Trägheit
geführt, in der wir die Sollbruchstellen immer hysterischer mit politischer Korrektheit verschweißen müssen. Die SPD hat sich in drei
Großen Koalitionen bis zur Unkenntlichkeit vermerkeln lassen und
steht inhaltlich wie personell ausgezehrt auf dem Platz.

Aber bekanntlich ist niemand besser geeignet für einen Neuanfang als derjenige, der nichts mehr zu verlieren hat. Die Frage ist, ob
die SPD wieder Kräfte entwickeln kann, um sich neu zu erfinden –
oder ob sie im Beharren auf veraltete Gewissheiten weiter in die Bedeutungslosigkeit schlittern wird.

AUSBLICK
SOZIALDEMOKRATIE
FÜR MUTIGE

»Ich weiß nicht, was in diesen Köpfen derzeit vorgeht
und ob sie, bevor sie öffentlich sprechen, gründlich genug
nachgedacht haben.«[1]

Otto Schily (SPD), Bundesinnenminister a.D.,
über die Parteiführung am 14. Juli 2019

Gelingt der SPD ein Neustart?

Notorische Schwarzmaler halten die Realität bekanntlich für ein
Arschloch, während sonnige Gemüter zumindest einräumen, dass
die Wirklichkeit sich nicht korrumpieren lässt. In jedem Fall werden
politische Beobachter in den Tagen nach der Europawahl 2019 über
die Heilsamkeit von Schockwirkungen belehrt. Feinfühligen Zeitgenossen dürfte obendrein nicht verborgen bleiben, dass bei aller
vordergründigen Aufregung über den Sinkflug der SPD sich in den
Reihen der Genossen auch ein Gefühl von Befreitsein regt.

Die Umfragewerte der Partei schmelzen dahin wie Speiseeis in
der sommerlichen Mittagshitze. 15,8 Prozent der Wähler stimmten
am Europa-Sonntag für die SPD, in der Woche darauf notierten die

Demoskopen nur noch 12 Prozent für die Sozialdemokraten, dabei blieb es auch in der folgenden Pfingstwoche. Die Sozialdemokratie, die sich als »Bollwerk gegen Rechtspopulisten und Rechtsextreme« (Partei-Vize Ralf Stegner) versteht,[2] liegt mit der AfD gleichauf. Mit den schwindenden Umfragewerten dürften auch die Tage des moralischen Hochmuts für die SPD gezählt sein. Ein Bollwerk mit 12 Prozent gleicht einem Deich, der überspült wird.

Das Selbstverständnis der Partei als Schutzwall wider die rechten Horden stammt aus dem Jahr der Machtergreifung durch die Nazis. Am 23. März 1933 verweigerten die Sozialdemokraten ihre Zustimmung für das Ermächtigungsgesetz, das Hitlers Regierung in die Lage versetzte, ohne parlamentarische Zustimmung Gesetze zu erlassen. Bis heute wird der damalige Partei- und Fraktionschef Otto Wels in der SPD verehrt, weil er Hitler und den nationalsozialistischen Abgeordneten in der Reichstagssitzung Paroli bot: »Wir deutsche Sozialdemokraten bekennen uns in dieser geschichtlichen Stunde feierlich zu den Grundsätzen der Menschlichkeit und der Gerechtigkeit, der Freiheit und des Sozialismus«, so begründete Wels die Ablehnung des Ermächtigungsgesetzes. »Kein Ermächtigungsgesetz gibt ihnen die Macht, Ideen, die ewig und unzerstörbar sind, zu vernichten.« Er fügte hinzu: »Freiheit und Leben kann man uns nehmen, die Ehre nicht.«[3] So kam es denn auch. In der Folgezeit wurde die SPD verboten, exponierte Sozialdemokraten wurden verfolgt und in KZs misshandelt, gedemütigt und getötet. Das ist die eine Seite, die Geschichte von Widerstand und Martyrium, von der die SPD bis in die Gegenwart moralisch zehrt.

Auf eine andere Seite hat der Sozialdemokrat Klaus von Dohnanyi hingewiesen, als er in Erinnerung rief, dass die SPD mitverantwortlich war, dass die NSDAP am Ende der Weimarer Republik so stark wurde. Nach Dohnanyis Worten »ist die Weimarer Republik nicht an einem Mangel an Demokraten in Deutschland zerstört worden. Das ist Unsinn. Das wird immer wieder behauptet. Das ist aber unwahr.«[4] Und der Genosse, dessen Vater Hans von Dohnanyi wie auch sein Onkel Dietrich Bonhoeffer als Widerstandskämpfer kurz vor Kriegsende hingerichtet wurde, begründet dies folgendermaßen: 1928, im Geburtsjahr Klaus von Dohnanyis, hatten die Nazis bei den Reichstagswahlen gerade mal 2,6 Prozent der Stimmen errungen, gemeinsam mit den Deutschnationalen (14,3 Prozent) waren sie damals nur wenig stärker als heute die AfD im Bundestag (12,6 Prozent). Innerhalb von vier Jahren sind die Nazis dann bei den Reichstagswahlen im Juli 1932 auf 37,3 Prozent gestiegen.

Dohnanyi sagt: »Es gab einen einzigen Grund dafür. Kein Antisemitismus. Das war überhaupt nicht der Grund für den Aufstieg. Auch dieser Unsinn wird immer wieder verbreitet. Das ist Quatsch. Der wahre Grund, warum das passierte, war die große soziale Unruhe. Es gab Bürgerkrieg in Deutschland, es gab eine Arbeitslosenrate, die lag bei fast 20 Prozent, wenn man das richtig zu Ende rechnet. Es war ein katastrophaler Zustand. Und eine Verfassung, eine Weimarer Verfassung, die völlig unfähig war, mit den Problemen fertigzuwerden.« Und dann kam das Jahr 1930, und es passierte etwas, »das muss auch ehrlich diskutiert werden«, so Dohnanyi. Am 27. März 1930 »verließ die die Sozialdemokratische Partei, meine schöne Partei, verließ ihren eigenen Reichskanzler Hermann Müller«. Der Streit ging um die von der SPD geforderte Erhöhung der Beitragssätze zur Arbeitslosenversicherung. Einen Kompromiss, für den der SPD-Reichskanzler Müller gemeinsam mit dem Fraktionschef der Zentrums-Partei, Heinrich Brüning, plädierte, lehnten die Sozialdemokraten ab, woraufhin Müller als Regierungschef zurücktrat. Dohnanyi ist heute davon überzeugt: »Wenn wir damals als Sozialdemokraten in der Regierung durchgehalten hätten, hätte es Hitler nie gegeben.«[5]

Ob Dohnanyis These zutrifft, können wir nicht nachprüfen. Umso anregender sein Hinweis, dass die Nazis in der ersten deutschen Republik nicht aus eigener Kraft erstarkt sind. Und auch die AfD wurde nicht durch ihre eigene Überzeugungskraft in den Bundestag getragen, sondern durch die Protestenergie, die sich aus den sozialen Verwerfungen speist, um die sich die großen wie kleinen Koalitionen in der Ära Merkel nicht gekümmert haben. Allen voran die SPD, die unter Gerhard Schröder einen neoliberalen Paradigmenwechsel vollzogen hat, an dem sie inzwischen in der dritten Großen Koalition paralysiert vor sich hin leidet. Die Wähler reagierten auf diese Untätigkeit mit einer klaren Botschaft. 2002 gewannen die Sozialdemokraten ihre letzte Bundestagswahl. Anschließend ging es mit einer Ausnahme abwärts: 34,2 Prozent 2005, 23 Prozent 2009, 25,7 Prozent 2013 und 20,5 Prozent 2017. Und 2019 bei den Europawahlen 15,8 Prozent – dem, wie historisch interessierte Genossen nachgeschlagen haben, nicht nur schlechtesten bundesweiten Ergebnis, sondern auch bei einer reichsweiten Abstimmung seit 1887. Die Umfragen weisen unaufhörlich abwärts, auch ein Scheitern an der Fünfprozenthürde könnte irgendwann nicht mehr undenkbar sein.

Dass eine Partei fast eineinhalb Jahrzehnte hindurch auf dieses unmissverständliche Wählervotum keine überzeugenden Antworten findet, zeugt von der Versteinerung eines Apparates, in dem Verwaltungskräfte der Beharrung die Geschicke lenken. Bereits der Umstand, dass ausgerechnet eine Vorsitzende wie Andrea Nahles 2018 antreten sollte, um die SPD zu erneuern, mutet absurd an. Nahles gehörte spätestens seit 2007 als stellvertretende Vorsitzende der Parteispitze an und war somit mitverantwortlich für den Zustand der deutschen Sozialdemokratie, die sie anschließend erneuern sollte. Ähnlich viel Verantwortung trägt auch Olaf Scholz, der Bundesfinanzminister und Vizekanzler, der 2002 bis 2004, als die Agenda 2010 entstanden ist, Generalsekretär war, seit 2009 als einer der Parteivize und 2018 für zwei Monate als kommissarischer Vorgänger von Nahles im Parteivorsitz die Geschicke der SPD mitbestimmte. Von Schröders Sozialstaatsreformen war Scholz zutiefst überzeugt. »Wir haben den Sozialstaat gerettet«, sagte er noch Jahre später.[6] Die Agenda 2010 habe dazu beigetragen, »dass unsere sozialen Sicherungssysteme wieder zukunftsfähig sind, dass sie sich wieder rechnen und dass alle wieder an die Zukunft des Sozialstaats Deutschland glauben«[7]. Wenn Albert Einstein sagte, man könne Probleme niemals mit derselben Denkweise lösen, durch die sie entstanden sind, so gilt dies erst recht für Personen. Auch die SPD kann ihre Probleme nicht mit derselben Mannschaft lösen, die sie verursacht hat.

Diese Erkenntnis scheint sich in der Partei auszubreiten, die Genossen melden sich mit allerlei Planspielen zu Wort. Bayerns SPD-Chefin Natascha Kohnen, die bei den Landtagswahlen im Freistaat 2018 für die Partei 9,7 Prozent geholt hat, schmuggelte sich gleich selbst ins Rennen um den Bundesvorsitz: »Ich habe große Sympathien für eine Doppelspitze, also einen Mann und eine Frau, die aus verschiedenen Regionen kommen. Das wäre auch für Bayern interessant.«[8] Aus der baden-württembergischen Parteispitze kam der Vorschlag, auch Nichtmitglieder in die Suche nach dem neuen Parteichef miteinzubeziehen. Steckt dahinter das fiebrige Kopfkino, Robert Habeck von den Grünen zur SPD abzuwerben? Ein anderer Grüner, der Linksvordenker Daniel Cohn-Bendit, brachte die Idee auf, SPD und Linkspartei kurzerhand zu fusionieren: »Es geht um die Rettung der Sozialdemokratie, nicht der SPD. Die Linke ist sozialdemokratisch, die SPD soll wieder eine werden. Also rettest du die Sozialdemokratie, wenn die zersplitterten Linken zusammengehen. 13 und 7 bei der jüngsten Umfrage der Forschungsgruppe Wahlen sind zusammen 20 Prozent, damit ist man wieder ein Machtfaktor.«[9] Bislang stand die Ablehnung der Nato durch die Linke auch nur einer Koalition mit der Wagenknecht-Truppe im Bund entgegen. Kein Problem, so Cohn-Bendit: »Ein bisschen Nato-Dissens – okay, das muss man regeln. Aber es gibt keinen Grund mehr, dass die nebeneinander herlaufen. Positiv kann man sagen, dass Katja Kipping und Kevin Kühnert sehr gut in eine Partei passen. Sollen sie ihre Sehnsüchte gemeinsam bündeln.«[10] Voilà, die neue Doppelspitze nach Art eines Nichtmitglieds.

Auch der frühere SPD-Chef Oskar Lafontaine, heute Fraktionsvorsitzender der Linken im saarländischen Landtag, sehnt sich offenbar nach einer Heimkehr zur Mutterpartei und plädiert für die Fusion von SPD und Linkspartei. Dazu müssten die Sozialdemokraten allerdings erst wieder sozialdemokratisch werden, verlangt der einstige Linksparteichef Klaus Ernst.

Eine Zusammenführung von SPD und Linkspartei wäre auf den ersten Blick ein Fall, an dem sich Trauma-Therapeuten die Zähne ausbeißen würden. Ähnlich unzumutbar erschiene eine Eingemeindung der AfD in die christdemokratische Union. Zwischen Mutterschiff SPD und ihren linken Beibooten klaffen historische Wunden: 1919 die Abspaltung der KPD von der SPD, 1946 die Zwangsvereinigung von KPD und SPD zur SED auf Geheiß Moskaus in der Sowjetischen Besatzungszone und der Viersektorenstadt Berlin, und schließlich 1990 die Vereinigung der SPD der DDR mit den westdeutschen Sozialdemokraten zur gesamtdeutschen SPD.

Zuvor gab es noch ein ominöses Schriftstück, das sogenannte SPD/SED-Grundsatzpapier mit dem Titel »Der Streit der Ideologien und die gemeinsame Sicherheit«, das am 27. August 1987 in beiden deutschen Staaten veröffentlicht wurde – wenige Tage vor dem Staatsbesuch Erich Honeckers bei Kanzler Kohl in Bonn. Helmut Kohl sagte später über Honeckers Besuch: »Alles hat sich in mir gesträubt.«[11] Im SPD/SED-Kommuniqué dagegen hieß es: »Sozialdemokraten und Kommunisten berufen sich beide auf das humanistische Erbe Europas. Beide nehmen für sich in Anspruch, dieses Erbe weiterzutragen, den Interessen der arbeitenden Menschen verpflichtet zu sein, Demokratie und Menschenrechte zu verwirklichen.« Mehr noch: »Beide Seiten müssen sich auf einen langen Zeitraum einrichten, während dessen sie nebeneinander bestehen und miteinander auskommen müssen. Koexistenz und gemeinsame Sicherheit gelten also ohne zeitliche Begrenzung.«[12] Gut zwei Jahre später fiel die Mauer, ein weiteres Jahr darauf war Deutschland wiedervereinigt. Aus heutiger Sicht ist dieses Papier ein bizarres Dokument politischer Borniertheit, nicht nur, weil es so wirkt, als habe die SPD die Zeichen der Zeit nicht deuten können. Wirtschaftlich war die DDR damals längst im Niedergang begriffen. Aber einem Unrechtsregime wie der SED das humanistische Erbe Europas, die Demokratie und die Menschenrechte zuzugestehen, ist kaum noch als Appeasement-Politik zu bezeichnen, das ist schon ein befremdlicher Opportunismus. Kann es nicht als ein historisches Versäumnis gelten, dass die West-SPD 1990 keinen Versuch unternahm, eine gesamtdeutsche Sozialdemokratie auch für den einst zwangsvereinigten sozialdemokratischen Flügel der SED zu öffnen, um ihn im Wortsinne zu resozialisieren?

All diese Verletzungen und Verwerfungen gehören zur Erbmasse deutscher Sozialdemokraten und Kommunisten, all das rumorte im Hintergrund, wenn die Frage anstand, ob die SPD mit der SED-Nachfolgepartei koalieren könnte. Doch inzwischen sind drei Jahrzehnte vergangen, die SED-Nachfolger sind mit Westlinken verschmolzen, die zum Teil, wie Oscar Lafontaine, aus der SPD überwechselten. Die heutige Linkspartei stellt im Bundestag seit 2006 eine Vizepräsidentin und in Thüringen seit 2014 einen Ministerpräsidenten, sie fordert höhere Löhne, überhaupt eine gerechtere Vermögensverteilung und weniger Waffenexporte. Von einer SPD des Kevin Kühnert sind die Linken kaum zu unterscheiden, von einer SPD des Olaf Scholz hingegen ist die Linkspartei um Lichtjahre entfernt.

Eine deutliche Trennlinie zwischen Linke und SPD ist die Haltung zur Nato: Für die SPD ist die Nato-Mitgliedschaft nicht verhandelbar, die Linkspartei will raus aus den militärischen Strukturen des westlichen Verteidigungsbündnisses. Dabei dürfe Deutschland, so ihr außenpolitischer Sprecher der Bundestagsfraktion, Stefan Liebich, keinesfalls einen isolationistischen Weg gehen, es muss in internationale Sicherheitsstrukturen integriert bleiben: »Dafür ist aber die Nato nicht das geeignete Bündnis. Sie schafft Unsicherheit, nicht Sicherheit. Wir sind für eine Auflösung des Bündnisses. Es muss aber ersetzt werden durch eine internationale Sicherheitsar-

chitektur. Aus meiner Sicht ist das die OSZE.«[13] Wirtschafts- und
sozialpolitisch haben sich die Linken eine sozialdemokratische Frische bewahrt, die in der SPD längst in Vergessenheit geraten ist:
das Ringen um den demokratischen Sozialismus. Im Parteiprogramm der SPD schlummert der Begriff denkmalgeschützt vor sich
hin. In der Linkspartei wird die Frage wachgehalten, sagt Liebich:
»Ist man als Sozialist nicht Arzt am Krankenbett des Kapitalismus,
wenn man versucht, ihn besser zu machen? Sollte man nicht lieber den Kapitalismus abschaffen – zugunsten einer neuen, besseren
Gesellschaftsordnung?«[14]

Vor der Neuformierung als Linkspartei 2007 nannten sich die
SED-Nachfolger Partei des demokratischen Sozialismus (PDS). Stefan Liebich, in der DDR aufgewachsen, fühlt sich dieser Vision bis
heute verpflichtet. Er gilt in seiner Partei als Reformer und bezeichnet sich als Antikapitalisten. Es seien die West-Linken der Wahlalternative Soziale Gerechtigkeit (WASG) gewesen, so berichtet er, also
Gewerkschafter und ehemalige Sozialdemokraten, die beim Zusammenschluss mit der PDS forderten, dass das Ziel des demokratischen Sozialismus aus dem Programm gestrichen wird. Sie hätten
auch den Namen der Partei bewusst ändern wollen, um nicht mehr
mit dem antikapitalistischen Sozialismus in Verbindung gebracht
zu werden. »Und es waren die Reformer«, sagt Liebich, »die dafür
gekämpft haben, dass dieses Ziel bleibt. Der demokratische Sozialismus ist weiter unser und auch mein Ziel.«[15] Ausgerechnet die
Nachfahren ihrer ungeliebten DDR-Verwandtschaft rufen der SPD
heute wie ein Stachel im Fleisch ihren historischen Markenkern des
demokratischen Sozialismus in Erinnerung.

Immerhin ist die Option Rot-Rot-Grün (R2G), also eine Koalition aus SPD, Linkspartei und Grünen, seit der Bremen-Wahl 2019
wieder in Sichtweite gerückt. In der Hansestadt wurde erstmals in
einem westlichen Bundesland die Linkspartei in die Regierung geholt. Für die Anhänger dieser Konstellation im Bund gilt dies als
Ermutigung, über eine R2G-Bundesregierung nachzudenken. SPD-

Vize Ralf Stegner nannte sie eine »strategische Alternative diesseits der Union«.[16] Linken-Chefin Katja Kipping zeigte sich offen für eine solche Koalitionsdebatte: Bei den nächsten Bundestagswahlen gäbe es dann endlich wieder »eine echte Entscheidung«, wohin die Republik steuern wolle. »Ich freue mich, wenn sich die SPD mit uns auf diesen Weg begibt, und würde es begrüßen, wenn sich nach den Grünen in Bremen auch die Grünen im Bund zu dieser Vision bekennen.«[17]

Umfragen Anfang Juni 2019 sprachen jedoch von der Grün-Rot-Rot-Allianz, weil bei einer Bundestagswahl die Grünen mit 27 Prozent einen Punkt vor der CDU liegen würden und somit im Zweifelsfall den Kanzler stellen. 52 Prozent der Befragten wünschten sich Neuwahlen. Grün-Rot-Rot galt als beliebteste Koalitionsvariante: 25 Prozent stimmten für eine Regierung aus Grünen, SPD und Linken. Für Jamaika (Union, Grüne, FDP) waren 15 Prozent, für Schwarz-Grün (Union mit Grünen) konnten sich nur 14 Prozent erwärmen.

Die Scharmützel, die seit Monaten die SPD begleiten und schließlich zum Rücktritt von Andrea Nahles führten, haben offenbart, wie sehr sich die Genossen nach Aufbruch und wirklichem Neuanfang sehnen. Seit Jahren war das Klima geprägt von Sachzwang, Selbstverleugnung und Stillhalten, vom Basta-Regieren von Gerhard Schröder und vom Rationalisieren und Disziplinieren, mit denen die Zuchtmeister von Peter Struck bis Nahles die Bundestagsfraktion führten. Nach außen gibt sich SPD stets als demokratisch offene, diskussionsfreudige Veranstaltung, doch intern herrschen Kleinmut, Intrigen, Angst, hierarchisches Statusdenken, bürokratische Umständlichkeit und Machtpolitik alter Schule. Auch darin ist sie mit der katholischen Kirche vergleichbar: Beides sind in ihren Traditionen verknöcherte Institutionen, die darunter leiden, dass sie ihren hehren Idealen hinterherstolpern.

Entsprechend unbeholfen finden die ersten Gehversuche statt, Tabus zu brechen, gegen Denkverbote zu verstoßen und sich über

Sprachregelungen hinwegzusetzen – um sich zu einer Vorstellung vorzutasten, wie wohl eine neue Sozialdemokratie aussehen könnte. Doch wer könnte die SPD in Zukunft verkörpern? Eine Gruppe bayerischer Parteimitglieder brachte den 74-jährigen Thilo Sarrazin ins Spiel, der mit seinen Buch-Bestsellern vorgeführt hat, wie man das Publikum millionenfach mobilisiert. Sarrazin stehe, so die bayerischen Genossen, für eine stringente Asyl- und Finanzpolitik, er könne abtrünnige SPD-Wähler zurückgewinnen, die zur AfD abgewandert sind. Der *Spiegel* brachte die Ikone vom entgegengesetzten Parteiflügel auf den Titel, weil vor allem Sozialdemokraten aus Schleswig-Holstein sich den Juso-Chef Kevin Kühnert als SPD-Chef vorstellen könnten.[18]

Das Phänomen Kevin Kühnert illustriert auf selten deutliche Weise die Defizite der Parteiführung. Kaum wählten die Jungsozialisten den damals 28-Jährigen auf ihrem Bundeskongress in Saarbrücken im November 2017 zu ihrem Bundesvorsitzenden, setzte er sich an die Spitze der innerparteilichen Gegner einer erneuten Großen Koalition. Er war das Gesicht der NoGroKo-Kampagne, er war jung und er war wagemutig, denn er hatte nichts zu verlieren. Denn der abgebrochene Publizistik-Student aus Berlin verfügt weder über eine reguläre Ausbildung noch über nennenswerte Berufserfahrungen. Drei Jahre lang jobbte er in einem Callcenter, ehe er seine politischen Aktivitäten durch Teilzeittätigkeiten in Büros von Berliner Parlamentariern des Abgeordnetenhauses finanzierte. Damit bewahrt er sich bis heute eine gewisse Unabhängigkeit im SPD-Hauptquartier. Als Juso-Chef nimmt er an Sitzungen des Parteivorstands teil, hat aber kein Stimmrecht. Zahlreiche seiner Vorgänger im Juso-Vorsitz beherrschten die Kunst der Provokation, mit der sie die jeweiligen Parteioberen aus der Reserve lockten. Kühnert hat diese Methode perfektioniert, indem er es zu bislang unerreichter medialer Durchschlagskraft schaffte. Seine Präsenz in Sozialen Medien und seine zahlreichen Fernsehtalkshow-Auftritte sind Instrumente, die Juso-Führern wie Gerhard Schröder oder Andrea

Nahles zu ihren Zeiten gar nicht zur Verfügung standen. Obendrein gibt es in der SPD keinen Zweiten, der ähnlich rhetorisch begabt ist wie er. Keiner ist so frech, so unverblümt und wagt es, öffentlich die Grundsatzfragen zu stellen: Wofür steht eigentlich die SPD? Was bedeutet demokratischer Sozialismus? Wie könnte ein anderes Wirtschaftssystem aussehen?

In dieser konkurrenzlosen Position ist es Kühnert gelungen, Spitzengenossen bis zur Weißglut zu verärgern und dennoch für höchste Ämter im Gespräch zu bleiben. »Ohne Kühnert geht bei den Genossen schon lange nichts mehr«[19], schrieb der *Spiegel*. Das Konzept zur Korrektur der Agenda 2010 hat er maßgeblich mitentworfen. Und als er mitten im Europawahlkampf in einem Interview mit der *Zeit* sich als Sozialisten outete, der getrieben ist von einem »Nicht-Einverständnis mit der Wirtschafts- und teilweise auch Gesellschaftsordnung« und sich vorstellen kann, Unternehmen wie BMW auf demokratischem Wege zu kollektivieren, kochten die Genossen in der Parteiführung vor Wut und sahen ihre gefühlsflauschige, eher inhaltsleere Wahlkampfstrategie torpediert. In gewisser Weise ist Kühnert der Widerpart zum Vizekanzler Olaf Scholz. Während Scholz den sozialdemokratischen Regierungskosmos manifestiert, eine Welt der Sprachformeln, des größten gemeinsamen Nenners und des geringsten Widerstands, verkörpert Kühnert den Gegenpol dazu mit maximaler Klarheit und Entschiedenheit. Und Kühnert weiß, dass sich viele Sozialdemokraten nach dieser Haltung sehnen. Es ist seine Furchtlosigkeit, seine Unverklemmtheit, die eine Aufbruchstimmung hervorbringt und ihn sogar auf Parteifreunde anziehend wirken lässt, die seine Ansichten gar nicht teilen.

Sogar der frühere Kanzlerkandidat Peer Steinbrück räumt ein, dass Kühnert die richtigen Fragen stellt, auch wenn er mit seinen Antworten nicht einverstanden ist, weil sie ihm nicht zeitgemäß erscheinen.[20] Trotzdem, so Steinbrück, zeige der Vorschlag, Kevin Kühnert zum SPD-Chef zu machen, wie tief verwirrt die Genossen derzeit seien: »Dass ein 29-Jähriger plötzlich gehandelt wird als möglicher Parteivorsitzender der SPD, der noch nie ein exekutives Amt gehabt hat, ist ein Indiz dafür, dass da einiges aus dem Ruder gelaufen ist.« Das sei einfach »Wahnsinn, einfach völlig unverhältnismäßig«.[21] Für das Satiremagazin *Titanic* wären Kühnert und Sarrazin indes die ideale Doppelspitze. Die Spaßvögel montierten die beiden vor die Willy-Brandt-Skulptur in der Parteizentrale und schrieben dazu: »Jetzt holen wir alle ab!«[22]

So närrisch der Vorschlag konkret ist, es steckt, wie so oft in der karikierten Überspitzung, ein Funken Wahrheit darin. Denn eine zukunftsfähige Sozialdemokratie wird sich nur dann auf Augenhöhe mit unserer paradox anmutenden Wirklichkeit bewegen, wenn sie es schafft, beide Pole zu integrieren und Brücken zu schlagen zwischen dem, was wir bislang links nannten, und dem, was wir bislang für rechts hielten. Für den Bürger in der Praxis sind diese Kategorien nämlich gar nicht so relevant, wie die Politfunktionäre in der Berliner Filterblase glauben. Viele Menschen rechnen sich zum politischen Spektrum links der Mitte, wünschen eine gerechtere Vermögensverteilung in Deutschland und sind zugleich der Meinung, dass unsere Gesellschaft nur in begrenztem Maße Zuwanderer aus anderen Kulturkreisen aufnehmen kann, dass die Flüchtlingspolitik geordneter als bisher stattfinden sollte. Sie schweigen darüber häufig, weil sie erleben, dass diese Ansicht von Multikulti-Eiferern aggressiv als rechts und rassistisch und inhuman beschimpft wird. Und sie empfinden diese Vorwürfe als absurd, weil sie weltoffen und alles andere als ausländerfeindlich sind. In ihrem Lebensumfeld sind sie vielen Mitbürgern mit Migrationshintergrund nicht nur herzlich zugetan, sondern mitunter auch eng mit ihnen befreundet.

Dies ist ein Spektrum, das sich seit 2015 in Deutschland politisch neu sortiert hat und das die SPD aus den Augen verloren hat, weil sie sich in den Manichäismus verrannte, wonach ein aufrechter Demokrat blindlings für eine offene Multikulti-Gesellschaft Partei zu nehmen hat, die im praktischen Alltag mehr Fragen aufwirft als sie beantwortet. Und jeder, der diesem Gesellschaftsentwurf auch nur skeptisch gegenübersteht, gerät umgehend unter AfD-Verdacht. Was diese selbsterklärten Monopol-Demokraten indes übersehen, ist, dass viele Wähler, die nie anders als Rot oder Grün gewählt haben, als aufmerksame politische Zeitgenossen durchaus nicht so verächtlich auf die AfD schauen, wie es von ihnen offiziell erwartet wird.

Tatsächlich, so stellen viele aus diesem traditionell linken Milieu fest, weist die AfD auf wichtige Probleme hin. Sie kritisiert den Euro als instabile Währungsunion, sie kritisiert die Europäische Union als einen neoliberalen, von Konzerninteressen regierten bürokratischen Moloch mit unzureichenden demokratischen Strukturen; sie plädiert für ein Europa der Vaterländer, ein Konzept, das in den europäischen Verträgen als Subsidiaritätsprinzip bezeichnet wird, also die Erledigung von Aufgaben durch jeweils kleinste mögliche Einheit. In Artikel 5 Absatz 3 des Vertrages über die Europäische Union heißt es: »In den Bereichen, die nicht in ihre ausschließliche Zuständigkeit fallen, wird die Gemeinschaft nach dem Subsidiaritätsprinzip nur tätig, sofern und so weit die Ziele der in Betracht gezogenen Maßnahmen auf der Ebene der Mitgliedstaaten nicht ausreichend erreicht werden können und daher wegen ihres Umfangs oder ihrer Wirkungen besser auf Gemeinschaftsebene erreicht werden können.«[23] Heute wird eine solche Warnung vor zu viel Zentralismus diffamiert als Terminologie aus dem Schwarzbuch der Rechtspopulisten – und zwar von jenen, die neuerdings von einem kontinentalen Superorganismus träumen, den Vereinigten Staaten von Europa. Ein Großgebilde, das wirtschaftlich wie militärisch zu Imperien wie den USA, Russland und China aufschließen solle. Träumer dieses neoimperialen Paneuropas finden sich in allen Altparteien. Angesichts einer solchen parteiübergreifenden Allianz verliert der sogenannte Rechtspopulismus seinen Schrecken mitunter auch bei Menschen, die nie auf die Idee kämen, die AfD zu wählen. Eine solche Zielbeschreibung geht in der SPD zurück bis zum Heidelberger Programm von 1925. Schon damals trat die Partei ein »für die Bildung der Vereinigten Staaten von Europa, um damit zur Interessensolidarität der Völker aller Kontinente zu gelangen«[24].

Auch innenpolitisch, so ist in diesem Milieu zu erfahren, wird der rechtspopulistische Protest interessiert beobachtet. Gerade weil dieser bürgerliche Phänotypus links geprägt ist, erinnert ihn die AfD häufig auf spiegelverkehrte Weise an die Kulturrevolte von 1968. All das Anarchische, Ungebärdige, Stillose, Regelverletzende, Tabuzertrümmernde, Närrische, Bornierte, ja auch das Gewalttätige, Hasserfüllte, Eifernde – all das gab es vor 50 Jahren schon einmal. Damals segelte die Bewegung mit einem linken Etikett, heute mit einem rechten. Damals war der Mainstream bürgerlich konservativ gesonnen, folglich musste der Widerstand von links erfolgen. Heute ist der Mainstream links, wie anders könnte also ein radikaler Protest jetzt daherkommen als von rechts?

Was die Mainstream-Demokraten der Altparteien von Union über SPD und Grüne bis zur FDP heute missverstehen, ist die dialektische Lektion von 1968. Von dieser Revolte können wir lernen, dass demokratische Gesellschaften zu ihrer turnusmäßigen Erneuerung radikale Ausschläge benötigen. Die Eskalationen der sechziger und siebziger Jahre, die außerparlamentarische Opposition, der Terrorismus der RAF haben die Republik zweifellos erschüttert, aber die Demokratie insgesamt gekräftigt. Inzwischen wird sogar behauptet, die Achtundsechziger hätte das Land überhaupt erst wirklich demokratisiert. Nichts spricht dagegen, dass auch die gegenwärtige kulturelle Auseinandersetzung zwischen den rechten Protestlern bei AfD und Pegida und dem linksliberalen Mainstream nur eine weitere fruchtbare Häutung im Prozess unserer demokratischen Evolution ist. Zumal die basisdemokratischen Strukturen in der AfD bisweilen an die Infrastruktur der Grünen erinnern. Und dass das Binnenklima der AfD zänkisch und voller Verwerfungen ist, muss angesichts von ähnlich friedlosen Vorkommnissen in der SPD kein Anlass zur Beunruhigung sein.

Wo es Linke gibt, muss es eben auch Rechte geben – nur dann herrscht wirkliche Demokratie. Um diese Einsicht wird die SPD nicht herumkommen. Denn was sich in den politischen Polaritäten einer Gesellschaft verkörpert, ist nichts anderes als der Zwiespalt, der sich in jedem einzelnen Menschen ausdrückt: Unsere besten Absichten stoßen immer wieder auf die Grenzen, die uns die Realitäten ziehen. Je eher es der SPD gelingt, ihren Fassaden-Moralismus einzureißen und zwischen den unterschiedlichen Bedürfnissen der Menschen eine soziale Balance herzustellen, desto eher wird sie wieder mehrheitsfähig sein können.

Lernen vom Nachbarland Dänemark

Kehren wir zurück zu unserer Frage, wie eine Sozialdemokratie aussehen kann, die der Gegenwart und Zukunft gewachsen ist. Die Suche nach neuen Pfaden hat auch Peer Steinbrück erfasst. Nach der Europawahl 2019 ging der Kanzlerkandidat von 2013 als »satirischer Politiker« (Eigenwerbung) mit dem Kabarettisten Florian Schroeder auf Bühnentournee, um dem Elend seiner Partei noch ein paar Pointen abzugewinnen.[25] Tourauftakt war im gut gefüllten Robert-Schumann-Saal des Düsseldorfer Kunstpalastes. Schon nach wenigen Minuten kam Steinbrück auf Dänemark zu sprechen. Dort schafften es die Sozialdemokraten bei den Parlamentswahlen Anfang Juni, mit 25,9 Prozent stärkste Partei zu werden. Und dies mit einer klaren Strategie: Sie sind in der Sozial- und Wirtschaftspolitik klassisch links, in der Asyl- und Einwanderungspolitik hingegen eher rechts. Der Wahlsieg der dänischen Schwesterpartei löste bei den deutschen Sozialdemokraten die erwartbaren Reflexe aus. »Ressentiments verbieten sich für die SPD«, verlautbarte SPD-Vize Ralf Stegner, der als Mitglied im Bundesvorstand und Präsidium den SPD-Niedergang seit vielen Jahren mitgestaltet hat. Mit dem Gestus desjenigen, der sowieso schon immer Bescheid wusste, fügte er an: »Sozialpolitisch nach links zu steuern, das tun wir längst; gesellschaftspolitisch nach rechts zu gehen, kommt für uns nicht infrage.«[26]

Geistig ungleich regsamer zeigte sich sein Parteifreund Steinbrück in der Düsseldorfer Bühnenkulisse:»In Dänemark kombiniert eine junge Frau eine sehr viel stärker links ausgerichtete Sozialpolitik mit einer sehr viel rechter orientierten Migrations- und Flüchtlingspolitik.« Und das, so fuhr Steinbrück fort,»bringt mich auf die Spur, ob die SPD nicht in mehrfacher Hinsicht solche Doppelbotschaften auslösen muss«. Einerseits müsse die SPD eintreten für eine offene und tolerante Gesellschaft,»anders kann sie das gar nicht, aufgrund ihrer DNA«, und andererseits müsse sie»den deutschen Rechtsstaat massiv durchsetzen«.[27] Woraufhin übrigens das Publikum heftig applaudierte.

Schauen wir uns an, was sich in Dänemark getan hat. Im benachbarten Königreich sind viele Dänen zunehmend frustriert vom galoppierenden Sozialabbau in den vergangenen Jahren. Die Sozialleistungen wurden gekürzt, im Bildungswesen wie im Gesundheitsbereich wurde ein rigider Sparkurs praktiziert. Die 41-jährige Mette Frederiksen, Vorsitzende der Sozialdemokraten, versprach im Wahlkampf für das Folketing, das dänische Parlament, diese Politik umzukehren. Auch die Rentenreform der Vorgänger-Regierung will sie rückgängig machen. All das kostet viel Geld, das sie mit einer höheren Besteuerung von Wohlhabenden und Konzernen hereinholen will. Nach dem Wahlsieg verkündete sie vor ihren Anhängern:»Von heute an werden wir den Sozialstaat wieder an erste Stelle in Dänemark setzen.«[28] Von nun an stünden Wohlfahrt, Klima, Bildung und Kinder wieder im Mittelpunkt der Regierungspolitik. So weit, so geradezu klassisch sozialdemokratisch.

Doch außerdem zeigt sie klare Kante in der Ausländerpolitik, einem Politikfeld, das bislang von der rechtskonservativen Vorgänger-Regierung unter Ministerpräsident Lars Rasmussen, der sein Minderheitenkabinett von den Rechtspopulisten der Dänischen Volkspartei DF stützen ließ, auf rigide Weise bestellt wurde. Mehr als einhundert Mal wurden unter Rasmussen die Ausländergesetze verschärft. Diese Linie will die Sozialdemokratin Frederiksen fortführen und kündigte an, auch in Zukunft ihre Ausländerpolitik mit der Dänischen Volkspartei und den konservativen Parteien abstimmen zu wollen. Noch am Wahlabend sagte sie: »Die Mehrheit in der Ausländerpolitik muss natürlich respektiert werden.«[29]

Ein deutscher Sozialdemokrat würde sich so etwas kaum trauen. Allzu tief ist der universalistische Liberalismus in der Partei verankert, wir haben dies im ersten Kapitel beschrieben. Selbst eine Andrea Nahles, die die Erfolgsstrategie der dänischen Genossen vermutlich weniger kritisch beurteilen würde als ihr Parteivorstand in Berlin, hatte sich seit 2015 nur mit größter Zurückhaltung über die Flüchtlingspolitik der Bundesregierung geäußert. Immerhin warnte sie vor Problemen und den Kosten der Integration und zeigte sich befremdet »von der Euphorie, die sich da teilweise gezeigt hat«, wie sie einmal sagte.[30] Über die Abwanderung von SPD-Wählern zur AfD machte sie sich keine Illusionen, ihr war ein »realistischer Blick« wichtig: »Die Flüchtlinge haben bei manchen gewissermaßen eine Personifizierung von diffus vorempfundenen Gefühlen bewirkt. Und das hat sich bei einigen in einer Rechtsvolte entladen – wenn auch nicht bei allen.«[31]

Warum also in Dänemark? Warum Mette Frederiksen? Vor 18 Jahren, als sie mit gerade mal 24 Jahren zum ersten Mal im dänischen Parlament saß, kritisierte die junge Genossin die zuständigen sozialdemokratischen Minister wegen Gesetzesverschärfungen: »Mit dieser unhaltbaren Migrationspolitik ist jetzt Schluss«, so Frederiksen. »Und zwar vollständig!«[32] Damals war die Nachwuchspolitikerin noch auf dem herkömmlichen Kurs, den wir auch von deutschen Sozialdemokraten kennen. Es muss also ein Sinneswandel stattgefunden haben.

Frederiksen stammt aus einem Arbeiterviertel in Aalborg im Norden Jütlands, die Eltern waren in dritter Generation in der Sozialdemokratie engagiert. Mette war bereits in der Schulzeit politisch

interessiert, machte sich als Mitglied der Jugendsektion des Afri-
can National Congress für den Kampf gegen die Apartheid stark,
spendete von ihrem Taschengeld für die Rettung von Walen und des
brasilianischen Regenwalds. Sie trat der sozialdemokratischen Jugendbewegung bei, studierte später Soziologie und wurde beim nationalen Gewerkschaftsbund die Beauftragte für Jugendfragen. Sie
galt als stramm links und als begabte Rhetorikerin, die sich in alle
möglichen Themenfelder einmischte. Ein *political animal* eben.

Dann passierte etwas, was politische Beobachter als ein Initialer-
lebnis für Frederiksens politisches Denken und Handeln beschreiben. Die Sozialpolitikerin war inzwischen in den Führungszirkel
der Partei aufgestiegen, galt als Fürsprecherin des öffentlichen
Schulsystems und zeigte sich unnachsichtig gegenüber wohlhabenden Eltern, die ihren Nachwuchs in kostspieligen Privatschulen unterbrachten. So etwas betrachtete Frederiksen als unsolida-
risch, schließlich gebe es eine »gemeinsame Verantwortung« für
das staatliche Schulwesen.[33]

Entsprechend groß war die öffentliche Empörung, als eines Tages ruchbar wurde, dass Frederiksen ihr erstes Kind nicht in der
Volksschule vor Ort, sondern in einer Privatschule angemeldet
hatte, in der die Schüler in unterrichtsfreundlichen kleinen Klassen
unterrichtet wurden. Sie begründete diesen Schritt mit den speziel-
len Bedürfnissen ihrer Tochter, für sie als Mutter stehe das Kindeswohl an oberster Stelle. Die Mutter Frederiksen hatte die Politikerin
Frederiksen überstimmt.

Dieses persönliche Erlebnis, das Ringen als Mutter um eine Entscheidung zum Kindeswohl und der anschließende politische und
mediale Aufruhr, war eine prägende Lektion für Frederiksen. Später
berichtete sie, sie habe einsehen müssen, dass ein Politiker anderen Menschen nicht vorschreiben dürfe, was für sie gut und richtig
sei. Jedes individuelle Leben sei eben von seinen jeweils eigenen,
komplexen Einflüssen bestimmt. Bis dahin hatte Mette Frederiksen
zu wissen gemeint, was richtig und falsch sei, diese Selbstgewiss-

heit war verflogen und sie lernte mit Zwischentönen, Grauschattierungen zu leben. Anders gesagt: Sie war dem Hang zur infantilen Rechthaberei entwachsen und in eine Richtung gereift, die sie die Widersprüchlichkeiten des Lebens aushalten ließ. Einüben konnte sie diesen neuen Seinszustand von 2011 bis 2015 zuerst als Arbeits-, dann als Justizministerin. Die Verantwortung und die unvermeidlichen Sachzwänge in diesen Ämtern halfen ihr, elastisch zu bleiben und nicht zur Ideologin zu versteinern.

Für ihre politischen Gegner, insbesondere jene, die nie ein exekutives Amt innehatten, gilt Frederiksen als schamlose Opportunistin. Damit müssen die meisten Politiker leben, die sich persönlich weiterentwickelt haben. Und sie werden immer einer Phalanx von Leuten gegenüberstehen, denen ihr moralischer Rigorismus wichtiger ist als die Pragmatik des Gemeinwohls. Die Wurzel solchen Eiferertums ist oft nur ein Mangel einschlägiger Lebenserfahrungen, die sie mit unauflöslichen Widersprüchlichkeiten der Wirklichkeit konfrontiert hätten.

Ein Peer Steinbrück hat offensichtlich einschlägige Erfahrungen in seinem Leben gemacht, sonst wäre er nicht auf den bemerkenswerten Terminus der »Doppelbotschaft« gestoßen. Dabei wimmelt es in der Historie der Sozialdemokratie von Doppelbotschaften. Wir haben dies im ersten Kapitel am Beispiel der Polarität von Utopie und Reformismus beschrieben. Zu dem Elend der Sozialdemokratie im 21. Jahrhundert gehört es, dass die Genossen sich dem Spannungsbogen dieser beiden Pole entzogen haben, indem sie sich in die neoliberale Schönwetterzone einer sogenannten Neuen Mitte geflüchtet haben. Dort geht es weder um Utopie noch um Reformen, dort geht es nur noch um die Verwaltung eines Ist-Zustands, der als alternativlos, mithin unterschwellig zur besten aller Welten erklärt wird. Von diesem Spannungsverlust nährt sich der Mehltau der Ära Merkel.

Steinbrück weiß um dieses Problem. Er gehört zu den Sozialdemokraten, die dazugelernt haben. In den Nullerjahren saß er ebenfalls der neoliberalen Schimäre auf, dass die Zukunft unseres Wohlstands in der Deregulierung möglichst vieler Lebensbereiche liege. Der Markt in seiner unergründlichen Weisheit würde die Dinge zum Besten führen. Die Weltfinanzkrise 2008, die Steinbrück als Bundesfinanzminister bewältigen musste, dürfte ihn ernüchtert haben. Heute kann er seinem Parteifreund Kevin Kühnert immerhin zugestehen, ein tiefes Unbehagen in der Bevölkerung artikuliert zu haben, dass immer mehr Bereiche unseres Lebens der Profitmaximierung unterworfen werde. Auf dieses Unbehagen habe die Sozialdemokratie bislang keine überzeugende Antwort gefunden.

Neben diesem klassischen Verteilungskonflikt sieht Steinbrück in unserer Gesellschaft eine kulturelle Auseinandersetzung brodeln. Die Front verläuft zwischen einer Klientel mit linksliberalem elitärem Bewusstsein auf der einen Seite, für die Multikulti, Migration, Globalisierung und Digitalisierung positiv beleumundet sind, weil dieses Milieu davon profitiere. Und auf der anderen Seite stehen jene Leute, die früher die angestammten SPD-Wähler waren und die nun Angst haben. Angst vor Deklassierung, Absturz, eben sozialem Niedergang. Sie zögen sich zurück, weil sie glaubten, in der nationalen Wagenburg mehr Sicherheit zu finden, und seien empfänglich für einseitige, dumpfe Parolen. Diesen kulturellen Konflikt hält Steinbrück für heillos unterschätzt: »Wenn die etablierten Parteien, das gilt auch für die Union, sich das nicht bewusst machen, wird das deutsche Parteiensystem sich weiter fragmentieren.«[34]

Wie sehr seine eigene Partei in einem identitätspolitischen Elitedenken feststeckt, zeigt die jüngste Forderung der Arbeitsgemeinschaft Sozialdemokratischer Frauen (ASF), die fest daran glaubt, die Defizite der SPD mit geschlechtlicher Gleichstellungsakrobatik beheben zu können. Ab sofort, so verlangte die ASF, sollten sämtliche Gliederungen der Partei von je einem Mann und einer Frau geführt werden. Die zweigeschlechtliche Doppelspitze müsse künftig »vom Ortsverein über die Kreisverbände, Bezirksverbände und Landesverbände bis hin in die Bundestagsfraktion Regel sein«, erklärte die

ASF-Vorsitzende Maria Noichl.[35] Eines dieser typischen Strukturmanöver von Genossen, denen es inhaltlich an substanziellen Ideen gebricht und denen es ausreicht, wenn sie ihre politische Einfallsarmut gerecht unter den Geschlechtern aufteilen können.

Ähnlich verhält es sich mit dem skurrilen Vorschlag, das Wahlalter der Bevölkerung auf 16 Jahre herabzusetzen. Mit dem verblüffenden Argument, junge Menschen müssten das Anrecht haben, über ihre Zukunft mitentscheiden zu dürfen. So argumentieren Erwachsene, die sich selber offenbar nicht für kompetent genug halten, die Zukunft der Menschheit sachdienlich zu gestalten. Nun sollen Teenager die fehlenden Impulse geben, denen nicht einmal das Strafrecht zugesteht, im Vollbesitz der Mündigkeit für ihre Handlungen zu sein, und sie deshalb nach einem milderen Jugendstrafrecht beurteilt. Im alten Rom regierte ein Senat, übersetzt der Rat der Ältesten, weil unsere Vorfahren die Entscheidung über öffentliche Belange lieber den Menschen mit Lebenserfahrung überließen. Das war lange vor unserer Zeit, in der es aufgeklärte Globalisierungsanhänger schaffen, unseren Planeten an den Rand eines Kollapses zu navigieren.

Entsprechend hartnäckig dürfte bei deutschen Sozialdemokraten auch der Widerstand dagegen sein, sich vom dänischen Modell einer ungleich konsequenteren Ausländer- und Asylpolitik auch nur inspirieren zu lassen. Wer sich die dänischen Vorschläge vorurteilsfrei anschaut, wird feststellen, dass es sich hierbei keineswegs um menschenverachtende, ausländerfeindliche Maßnahmen handelt, sondern vielmehr um pragmatische, intelligente Schritte, um die Massenzuwanderung nach Europa in ein notwendiges Regelwerk zu betten. So wollen die dänischen Sozialdemokraten die jeweiligen Asylverfahren nicht auf dem europäischen Kontinent durchführen, sondern unter Schirmherrschaft der Vereinten Nationen in gesicherten Zentren außerhalb von Europa. Ein solches Verfahren hatte bereits der frühere Bundesinnenminister Otto Schily (SPD) angeregt. Dänemark selbst würde dann eine mit den Vereinten Nationen vereinbarte Quote von Flüchtlingen ins Land lassen. Von einer völligen Abschottung, einer Wagenburg Dänemark kann also keine Rede sein. Der Vorteil wäre zudem, dass auf diese Weise verhindert würde, dass Flüchtlinge in Schleuserbooten aufs Mittelmeer fahren und ertrinken. Der Sumpf der skrupellosen Schlepper könnte trockengelegt werden, die nichts anderes sind als geldgierige Gangsterbanden und bislang von angeblich humanitären, zivilgesellschaftlichen Seenotrettern begünstigt werden.

Die Dänen wollen die Einwanderung bewusst steuern, um zu verhindern, dass zu viele Flüchtlinge in zu kurzer Zeit ins Land kommen. Entwicklungshilfe an afrikanische Länder wollen die dänischen Sozialdemokraten nur dann zahlen, wenn diese Staaten kooperieren und ihre geflüchteten Landsleute auch wieder zurücknehmen. Die Migranten in Dänemark haben strikte Integrationsverpflichtungen zu erfüllen. Etwa eine Kindergartenpflicht, die Integration am Arbeitsmarkt. Auch hier muten die Anforderungen nicht strenger an als an jeden deutschen Hartz-IV-Empfänger.

Denn es ist ja gerade dieses Messen mit zweierlei Maß, das ein Missbehagen bei vielen Menschen auch in Deutschland entfacht hat. Da lebt im Kreis Pinneberg ein 33-jähriger Syrer mit zwei Ehefrauen und sechs Kindern, obwohl die Vielehe in Deutschland verboten ist. Das Jobcenter bezahlt ihm ein Haus (fünf Zimmer, zwei Bäder, Küche) und den Lebensunterhalt. Der Mann rühmt Deutschland ob seiner Sozialleistungen, ein siebtes Kind ist unterwegs, die Hochzeit mit zwei weiteren Ehefrauen in Planung. Obwohl er einen Flüchtlingsstatus hat, will er nicht arbeiten, sondern lieber bei den Kindern bleiben.[36] Jedem deutschen Hartz-IV-Empfänger würden daraufhin die Leistungen gekürzt.

Da ist der Eindruck, dass sich der Sozialstaat bevorzugt um Flüchtlinge kümmert und weniger um einheimische Bedürftige. Nach Schätzungen des Berliner Flüchtlingsrates leben in der Hauptstadt rund 60.000 Obdachlose, die Hälfte davon sind Flüchtlinge. Bis 2020 will der rot-rot-grüne Berliner Senat eine zentrale Anlauf-

und Kompetenzstelle zur Wohnungsvermittlung für Flüchtlinge einrichten. Dies kündigte der Integrationsstaatssekretär Daniel Tietze als ein Ergebnis des Rundes Tisches zur Verbesserung der Situation geflüchteter Menschen auf dem Wohnungsmarkt an. Von Maßnahmen zugunsten der anderen 30.000 wohnungslosen Nichtgeflüchteten ist nichts zu erfahren. Für deutsche Obdachlose fühlen sich offenbar weder ein Integrationsstaatssekretär noch Vertreter der Senatsverwaltungen für Soziales, Wohnen und Antidiskriminierung, der Bezirke, der städtischen Wohnungsbaugesellschaften, der wohnungswirtschaftlichen Verbände sowie Flüchtlingsinitiativen und -organisationen zuständig. Sie alle saßen mit am Runden Tisch.[37]

Da berichten Ärzte, dass sie mit Flüchtlingen und Asylbewerbern drei- bis fünfmal mehr verdienen als mit gesetzlichen Kassenpatienten, weil sie bei Migranten wie bei Privatpatienten abrechnen können und dem Sozialamt einfach eine Rechnung schicken. Sie erzählen das hinter vorgehaltener Hand, weil ihnen die Ungerechtigkeit bewusst ist und sie keine Ressentiments schüren wollen. Im Pflegebereich ist zu erfahren, wie im Zuge des Familiennachzugs ältere Flüchtlinge, die nie ins Sozialsystem eingezahlt haben, auf Staatskosten in Heimen untergebracht werden, während bei vergleichbaren deutschen Pflegebedürftigen zunächst die Verwandten finanziell herangezogen werden.

Da klagt der sozialdemokratische Oberbürgermeister von Duisburg, Sören Link, im Verein mit anderen Bürgermeistern in Deutschland über gezielte Migration ins deutsche Sozialsystem mithilfe von Schlepperbanden. Die Schleuser brächten Sinti und Roma nach Duisburg, verschafften ihnen eine heruntergekommene Wohnung, damit sie einen deutschen Wohnsitz zum Bezug von Kindergeld hätten.[38] Die Bundesagentur für Arbeit bestätigt gezielten Betrug vor allem in Großstädten Nordrhein-Westfalens, wonach Geburtsurkunden von nicht existierenden Kinder vorgelegt würden.[39]

Hinzu kommt das Sprechverbot, das über allem hängt und von den Sprachwächtern oft im selben Satz bestritten und vollzogen wird. Wer auch nur das Merkel-Diktum »Wir schaffen das!« in Zweifel zieht, wird zum Verdachtsfall und gilt schnell als Rechter, als Rassist, als Nazi. Dabei war Merkels »Wir schaffen das!« nichts weiter als ein Ausdruck des Verblendungszusammenhangs, in dem die besitzende Klasse, das Wohlstands-Bürgertum, die Öko-Bourgeoisie, hierzulande lebt. Vor allem Grünen-Politiker betonen gerne, dass Deutschland als eines der reichsten Länder der Erde ohne Schwierigkeiten den Flüchtlingen helfen könne und die Grenzen deshalb nicht geschlossen werden müssten. Wenn das stimmt, dann stellt sich die Frage, warum in diesem reichen Deutschland gut 13 Millionen Menschen in Armut leben? Das sind fast 16 Prozent der Bevölkerung. Es ist, als ob die Linksliberalen die Migranten zum neuen Proletariat ausrufen, um davon abzulenken, dass das von denselben Linksliberalen gestützte neoliberale Wirtschaftssystem nichts gegen die Armut in der einheimischen Bevölkerung ausrichten kann.

Die Doppelbotschaft, die Peer Steinbrück der SPD zum Aussenden empfiehlt, ist die organische Verknüpfung beider Pole und nur scheinbar paradox. Tatsächlich gehören eine strikte Ausländerpolitik und eine linke Sozialpolitik organisch zusammen. Dies können wir von den dänischen Sozialdemokraten lernen. Zunächst muss ein Land seine Hausaufgaben machen und für die eigenen Leute gerechte Verhältnisse herstellen. Erst dann können Gäste aufgenommen werden. Die Merkel-Politik hat diese Logik auf den Kopf gestellt.

Im Willkommensherbst 2015 schwang zu alledem die Euphorie mit, die Zuwanderer könnten unsere Probleme lösen, zu deren Bewältigung wir nicht die Kraft hätten. Der fehlende Nachwuchs zum Beispiel. Unser Land vergreist, weil wir zu wenige Kinder zur Welt bringen. Anstatt zu überlegen, woran dies liegen könnte und ob junge Menschen nicht starke Gründe haben, sich gegen eigene Kinder zu entscheiden, soll die Aufgabe delegiert werden insbesondere an muslimische Ausländer, die aufgrund einer andersartigen kulturellen Disposition offensichtlich ungleich fruchtbarer sind als die Deutschen. Dass aber dahinter ein orientalisches Wertesystem steht, in dem die Frau eine ganz andere gesellschaftliche Stellung einnimmt und in dem der Familienzusammenhalt eine Bedeutung hat, die in unserer individualisierten Mainstream-Kultur längst verloren gegangen ist, wird geflissentlich ignoriert. Lieber wollen wir weiterhin unbeschwert unsere westlichen Werte, unser Konsumleben genießen.

Wir können es auch so formulieren: Eine zukunftsfähige sozialdemokratische Politik müsste so ausgerichtet sein, dass junge Menschen wieder beflügelt werden, Familien zu gründen und Kinder in die Welt zu setzen. Kinder waren schon immer ein Parameter dafür, dass die Menschen ihre Verhältnisse als gesichert empfinden und zuversichtlich in die Zukunft schauen. Wer bewusst eigene Kinder in die Welt setzt, fühlt sich wohl, ist mit dem Leben im Kern einverstanden und will dieses Grundgefühl im natürlichen Rhythmus an die nächste Generation weitergeben. In Deutschland setzten zehn Jahre nach dem Zweiten Weltkrieg die geburtenstarken Jahrgänge ein, sie dauerten bis Ende der sechziger Jahre an. Das Wirtschaftswunder blühte, die Arbeitslosigkeit war gering, der Wohlstand wuchs. Die Menschen suchten nach dem Schrecken des Krieges und der Mühsal des Wiederaufbaus die Nestwärme in der Familie. Um 1963 müssen die Deutschen besonders glücklich gewesen sein: Denn 1964 erreichte die Generation der Babyboomer mit 1.357.304 Lebendgeborenen ihren Höhepunkt. Nie zuvor und niemals danach kamen in Deutschland so viele Kinder zur Welt. Mitten unter ihnen der Autor dieses Buches.

Damals gab es keinen Raubtierkapitalismus, trotz hierarchischer Strukturen ging es in den Unternehmen gesittet und sozial ausgewogen zu. Ein Facharbeiter schaffte es zum Eigenheim und kleinen Vermögen, das er vererben konnte. Kein Mensch konnte sich damals vorstellen, dass die Rente eines Tages nicht mehr sicher sein würde. Es wurde gespart, es gab sogar Zinsen. Wer sich Aktien kaufte, erwarb Anteile existierender Unternehmen und spielte kein

Roulette im Börsen-Casino. Damals herrschte ein Lebensgefühl des Aufbruchs, weil sich viele von überkommenen Zwängen befreien wollten.

Heute ist alles erlaubt und trotzdem regieren die Zwänge. Die Realeinkommen stagnieren, die Lebenshaltungskosten steigen, die Kaufkraft sinkt. Wir steuern auf die größte Altersarmut zu seit 1945. Die Mieten steigen, viele Mieter verlieren ihr Zuhause, Politiker zucken die Achseln und sagen, nicht jeder hätte ein Anrecht aufs Wohnen in der Innenstadt. Viele Menschen können von ihrer Vollzeitarbeit nicht leben. Trotz niedriger Arbeitslosigkeit verspüren viele Menschen die Angst vor dem sozialen Abstieg. Zahlen und Statistiken lassen uns keine Sicherheit empfinden. Dazu benötigen wir das Gefühl gesellschaftlicher Ausbalanciertheit, und das haben wir nicht. Jedermann spürt, wie sehr alles aus dem Lot geraten ist. Wir leben in einem System, das immer mehr Ungerechtigkeit schafft, obwohl uns die Politiker das Gegenteil beteuern. Seit Jahrzehnten leben wir mit unserem Lebensstandard über unsere Verhältnisse. Wirtschaftswachstum, Überproduktion, Vermüllung der Umwelt – überall ist sichtbar, dass wir Maß und Mitte verloren haben.

Den Nachrichten entnehmen wir, dass in Deutschland jedes Jahr 280 Millionen Pakete an Onlinehändler wie Amazon zurückgeschickt werden, rund elf Millionen davon werden vernichtet, weil es für die Händler betriebswirtschaftlich günstiger ist, die Waren wegzuwerfen, anstatt sie erneut anzubieten. Wir erfahren außerdem, dass in Deutschland alljährlich 12,7 Millionen Tonnen Lebensmittel auf dem Müll landen. In den Müllcontainern von Supermärkten stapeln sich abgelaufene Produkte, die noch genießbar sind. Das ist hierzulande erlaubt. Strafbar ist es hingegen, diese Lebensmittel aus den Mülleimern herauszufischen, das sogenannte Containern. Denn auch weggeworfene Nahrung gilt als Eigentum des Supermarktes. Containern ist also Diebstahl. Der Hamburger Justizsenator Till Steffen (Grüne) wollte dies legalisieren lassen. Die CDU-Mehrheit in der Länderjustizminister-Konferenz lehnte diese

Initiative ab. Es sind solche scheinbar marginalen Details, die mehr über unsere Befindlichkeit aussagen als ökonomische Kennziffern. Und sie machen uns klar, dass in einer Gesellschaft, die großen Wert legt auf Konsum und Selbstverwirklichung, aber wenig auf gemeinschaftlichen Zusammenhalt, am Ende eben immer weniger Kinder zur Welt kommen. Kinder sind die Frucht von Dingen, die nicht bezifferbar sind.

Der marxistische Philosoph Ernst Bloch wusste um die verschiedenartigen Bedürfnisse von uns Menschen. In den dreißiger Jahren des vorigen Jahrhunderts prägte er den Begriff der Ungleichzeitigkeit, weil er ein Nebeneinander unterschiedlicher Stufen des Fortschritts in einer Gesellschaft beobachtete. Nicht alle Milieus und Gesellschaftsbereiche absolvieren Entwicklungsprozesse in gleicher Weise und im selben Tempo. Dadurch entstehen beständig Schieflagen zum jeweiligen Zeitgeist der Gesellschaft. Deshalb können linksdenkende Zeitgenossen durchaus stockkonservative Familienmenschen sein, Homosexuelle können sich in der CDU engagieren und Konzernchefs nicht wissen, wie man einen Computer bedient, und Sozialdemokraten können sich unwohl fühlen, wenn in Berlin-Neukölln zwischen Sonnenallee und Karl-Marx-Straße ein orientalisches Quartier entsteht. Für Bloch war Deutschland aus historischen Gründen »das klassische Land der Ungleichzeitigkeit«, denn in Deutschland hatte es nie eine erfolgreiche Revolution gegeben, nicht in den Bauernkriegen, nicht 1848, nicht im November 1918. Insofern konnten sich auch überkommene Einstellungen bewahren.[40] Zugleich definierte Bloch die Gleichzeitigkeit von Ungleichzeitigkeiten als ein Signum der modernen Epoche, wie er es bei den Nazis in einer Kombination von technischem Fortschritt, rationaler Effizienz und geistiger Modernitätsverweigerung beispielhaft verkörpert sah. Und gerade dieses mental Übergriffige, dieses Sowohl-als-auch, das eine völkische Blut-und-Boden-Ideologie, Tradition und Folklore mit avancierter Technokratie zu vermählen wusste und darin auch keinen Widerspruch empfand – dies machte für Bloch die Attrakti-

vität des Nationalsozialismus aus, weshalb die NS-Bewegung klein-
bürgerliche Schichten erreichte, die der marxistischen Propaganda
verschlossen blieben. Hierfür kreierte Bloch seine eigene Variante
einer Doppelbotschaft: Er sprach davon, dass die Marxisten von den
Nazis lernen müssten, neben dem analytisch-theoretischen Kälte-
strom eben auch einen emotionalen Wärmestrom gegenüber dem
Publikum zu kultivieren.

Es geht für die Sozialdemokratie darum, sich rechte Themen
links anzueignen. Wir haben dies im vierten Kapitel bereits erwähnt.
Wer hierin eine opportunistische Kapitulation vor dem politischen
Gegner zu entdecken meint, der sollte sich überlegen, ob es politisch opportuner ist, bestimmte Wählergruppen den falschen Leuten zu überlassen. Und wenn wir für einen Moment ernst nehmen,
was uns Klaus von Dohnanyi weiter oben über die Rolle der SPD
anno 1930 berichtet, könnten wir ins Grübeln darüber kommen, was
der Welt wohl erspart geblieben wäre, wenn die Sozialdemokratie
bereits in der Weimarer Republik sich rechte Themen und Anspra-
chen links angeeignet, wie ein Ernst Bloch dies damals vorgeschlagen hatte, und die NSDAP parlamentarisch schwach gehalten hätte.
Dohnanyi jedenfalls ist überzeugt: »Hitler hätte es nie gegeben.«[41]

Eine solche Vergrößerung der politischen Spannweite erfordert
Mut, wie uns die dänische Sozialdemokratin Mette Frederiksen vor-
führt. Natürlich ist es komfortabler, die eigene Gesinnung politisch
korrekt zu erhalten und sich der Eitelkeit des Gutmenschen hinzu-
geben, der hochmoralisch Wahlen verliert und die Drecksarbeit anderen überlässt. Es gibt eben auch den Dünkel des Frömmlers, die
Feigheit des Saubermanns. Nicht ohne Grund gibt uns die Bibel zu
verstehen, dass Gott den Sünder mehr liebt als den Tugendhaften,
einfach weil der Sünder das Spektrum des Lebendigen umfassender
in sich manifestiert als der Regelbeflissene.

Mette Frederiksen traute sich, über den eigenen Schatten zu
springen, und sie hatte ein gutes Gewissen dabei. Sie wusste, dass
sie weder ihren Überzeugungen untreu wurde noch zu einer rechts-

radikalen, fremdenfeindlichen, menschenverachtenden Hetzerin. Sie machte vielmehr einfach ihren Job: Sie wollte jene Menschen erreichen, die sich von den Sozialdemokraten abgewandt hatten, weil sie sich von einer zu wenig gesteuerten Migrationspolitik überfordert fühlen und im Alltag erleben, wie häufig Integration schiefgeht.

Die Chefin der dänischen Sozialdemokraten hat erkannt, dass es zu gesellschaftlicher Unruhe führt, wenn ein Land über eine verträgliche Anzahl hinaus Menschen bei sich aufnimmt, deren Kultur sich allzu sehr von der Gastgeberkultur unterscheidet. Das hat mit Ausländerfeindlichkeit nichts zu tun, es geht hier um kulturelle Kompatibilitäten. Wir sind ja auch keine Menschenfeinde, nur weil wir uns mit einem Nachbarn nicht verstehen, der einfach anders tickt. Und dass das Zusammenleben mit Menschen aus demselben Kulturkreis unkomplizierter ist, ist eine weltweit erfahrbare Binse. Auch Andrea Nahles machte sich darüber keine Illusionen. Als die Parteivorsitzende im Mai 2018 sagte: »Wer Schutz braucht, ist willkommen. Aber wir können nicht alle bei uns aufnehmen«, warfen ihr Berliner Parteifreunde »rechte Rhetorik« vor.[42]

Diese Kraft wird eine künftige Führungsgestalt der deutschen Sozialdemokraten aufbringen müssen, um nicht unter dem Geschrei der Borniierten in die Knie zu gehen. Dem Vorwurf des Rechtsseins darf nicht länger ein Diffamierungscharakter innewohnen, mit dem jede unliebsame Argumentation zum Schweigen gebracht wird. Die ursprüngliche Absicht der Linken, das Rechte prinzipiell zu tabuisieren, seine Gesellschaftsfähigkeit zu verhindern, hat zwischenzeitlich zum gegenteiligen Ergebnis geführt. Derzeit wird alles, was die linke Seite abwehren will, etikettiert mit Nazis, Rassismus, rechts, Faschist und Ähnlichem. Dies stellt durch den beliebigen Gebrauch nicht nur eine politische Instrumentalisierung und Verhöhnung der Opfer des historischen Nationalsozialismus dar, sondern wird darüber hinaus zu einem stumpfen Florett in der Argumentation.

Wie sehr durch Inflationierung und Vulgarisierung diesen Begriffen das Dämonische exorziert wurde, ist im *Spiegel* nachzulesen.

Dort beschrieb der Ehemann der TV-Moderatorin und Bestseller-autorin Charlotte Roche, Martin Keß, seine Freude am Verrichten häuslicher Aufgaben: »Bügeln. Oder Backen. Ich bin ein totaler Rezept-Nazi. Wenn ich mir vornehme, Apfelstrudel zu backen, recherchiere ich die 30 besten Beiträge im Internet, vergleiche, fasse zusammen und komme so zum vermeintlichen Idealrezept. Das wird dann sklavisch umgesetzt. Ich neige zur Pedanterie.«[43] Da Keß mit einem eingetragenen Grünen-Mitglied verheiratet ist, wollen wir annehmen, dass er nicht die AfD wählt oder mit Pegida oder den Identitären sympathisiert. Umso beachtlicher, dass in einem solchen tendenziell antifaschistischen Milieu die eigenen Wertmaßstäbe mittlerweile ganz selbstverständlich durch nationalsozialistische Metaphern konturiert werden können, ohne dass in einem *Spiegel*-Gespräch die beiden Redakteure daran Anstoß nähmen und auf die Idee kämen, nachzuhaken.

Linke Politik bedeutet den Einsatz für die Schwächeren in dieser Gesellschaft. Alles andere ist FDP. Liberalität ist ein Wohlstandsphänomen, prekär existierende Menschen sind Zwängen unterworfen, die eine freigeistige Gesinnung oft nicht erlauben. Armut macht unfrei. Insbesondere in westlichen Gesellschaften, in denen sich niemand ohne Geld souverän zu bewegen vermag. Deshalb haben es die Sozialdemokraten in ihrer Kernzielgruppe mit Menschen zu tun, die im Schnitt weniger liberal sind als das Partei-Establishment und auch verletzbarer durch Migration. Sei es auf dem Arbeitsmarkt, bei der Wohnungssuche, in den Schulklassen – gutverdienende Bürger können eventuellen Konflikten ausweichen und den Geringverdienern die unmittelbare Konfrontation mit Flüchtlingen überlassen. Weitab in ihren Führungsjobs, besseren Wohnquartieren und Privatschulen können die Eliten dann auf die Unterprivilegierten herabschauen und ihnen einen Mangel an multikultureller Gesinnung vorhalten, weil sie eben nicht den Alltag mit Zuwanderern verbringen müssen, die sich nicht integrieren wollen.

Für dieses Prekariat ist auch die Verteilungsfrage entsprechend akut, wie viel nämlich ein Staat in seinem Haushalt ausgibt für die Aufnahme und Integration von Flüchtlingen und wie viel für die soziale Sicherheit seiner eigenen Bürger. In der Vergangenheit wurde diese Verteilungsfrontlinie insbesondere von linken Politikern verwischt mit der nichtssagenden Bemerkung, man solle nicht die einheimischen Armen gegen die Flüchtlinge ausspielen. Sprechverbote, mehr fiel Politikern dazu nicht ein. Mit dem Ergebnis, dass bei der Bundestagswahl 2017 rund eine halbe Million Wähler von der SPD zur AfD wechselten.

Mette Frederiksen hat diesen Trend in Dänemark gestoppt. Sie hat Gespür gezeigt für die Wähler der Rechtspopulisten und begriffen, dass der überwiegende Teil von ihnen weder fremdenfeindlich noch rassistisch ist, sondern sich von der Politik im Stich gelassen fühlt. In Deutschland haben die meisten Sozialdemokraten nie verstanden, wie kontraproduktiv ihre feierlichen Prozessionen gegen rechts waren, all die Straßendemos, mit denen sich »Wir sind mehr«-Schwadroneure ein Demokratie-Monopol sichern wollten, indem sie einer demokratisch in den Bundestag gewählten Partei die demokratische Legitimation absprechen wollten. Das hat jene Wähler, die sich ohnehin von den Altparteien verraten fühlten, erst recht zur Protestabstimmung motiviert. Gerade in Ostdeutschland speisen sich aus dem Gefühl des Abgehängtseins die blaugefärbten AfD-Zonen auf der politischen Landkarte. Die AfD ist nicht aus eigener Kraft erfolgreich. Sie ernährt sich vom Versagen ihrer politischen Gegner.

Die dänischen Sozialdemokraten haben sich diesen klaren Blick auf die sozialen Wirklichkeiten offenbar bewahrt. Denn die Parlamentswahlen brachten der Partei nicht nur ihren Erfolg, sondern den Rechtspopulisten von der Dänischen Volkspartei eine deutliche Niederlage. Mette Frederiksen konnte traditionelle Wähler zur Sozialdemokratie zurückholen.

Die wesentliche Lektion aus Dänemark ist aber gar nicht der Umgang mit Migranten. Dahinter steht die Auseinandersetzung mit der Frage, wie die Nationalstaaten auf die Globalisierung reagieren. Das Öffnen von Grenzen hat das Zirkulieren von globalen Waren-, Dienstleistungs- und Finanzströmen nach sich gezogen – und eben auch Migrationsbewegungen. Damit der Kapitalismus sich weltweit ungehindert ausbreiten konnte, wurden in den vergangenen Jahrzehnten Handelshemmnisse beseitigt, Steuern gesenkt, Regulierungen abgebaut und die Kontrolle staatlicher Grenzen aufgegeben. Die Leuchtreklamen multinationaler Konzerne prangten wie Altarbilder des westlichen Konsumismus in den Metropolen rund um den Erdball. Mit dem Ausbreiten einer ökonomischen kulturellen Uniformität auf den verschiedenen Kontinenten erwachte auch ein Unbehagen ob des Verlustes kultureller Identitäten in den Regionen. Die Wurzel des Rechtspopulismus ist weniger die Frontstellung zwischen Menschenrechtsfreunden und Menschenrechtsfeinden als vielmehr der Zusammenprall von neoliberaler Hegemonie kapitalistischer Großgebilde und dem Bedürfnis von Menschen nach Bewahrung des kulturell Gewohnten. Dass ausgerechnet die Linken mit ihrem Fortschrittsoptimismus und ihrer Neigung zu Individualismus, Mobilität, Freizügigkeit und Internationalismus sich zu Handlangern des Turbokapitalismus gemacht haben und keine Opposition zum herrschenden System mehr verkörpern, gehört zur Ironie dieser Entwicklung. Damit machten sie den Weg frei für den Aufstieg von Rechtspopulisten, die die frei flottierenden Protestenergien in der Gesellschaft abschöpfen konnten.

Richtig groß machten die Altparteien der Linken und der Mitte die AfD durch ihre sogenannte klare Kante gegen rechts. Die Strategie übersieht nämlich, dass die Altparteien bei enttäuschten Wählern keine Glaubwürdigkeit mehr besitzen, auch dann nicht, wenn sie vor Schlimmerem warnen, als sie selbst bereits angerichtet haben. Wann immer das Polit-Establishment die rechten Schmuddelkinder als undemokratisch aus dem politischen Wettbewerb vertreiben wollte, bestärkte es deren Märtyrerrolle und Anspruch, die einzig wirkliche Alternative zur bestehenden Ordnung zu sein.

Obendrein hat der Reflex, alles Unliebsame der AfD-Nähe zu verdächtigen und damit aus dem öffentlichen Gespräch zu entfernen, eine Kultur der Sprechverbote und Denkblockaden unter dem Etikett von Freiheit und Demokratie entstehen lassen, eine Tyrannei der Toleranz, die an das »Doublethink« in George Orwells Dystopie *1984* erinnert. Mit diesem »Zwiedenken« wird die Bedeutung von Begriffen gezielt ins Gegenteil verkehrt und damit verschleiert – um dem Publikum die Wahrheit schmackhafter zu machen. Aus Orwells Arsenal des Totalitarismus stammt übrigens auch die Politische Korrektheit des Gutmenschen: In *1984*, verfasst zwischen 1946 und 1948, ist es der »Goodthinker«, der ohne Anstrengung keinerlei unguten Gedanken hegt. Und so wurde eine Protestbewegung wie die AfD, in der sich enttäuschte Ex-Linke mit Liberalen, bürgerlichen Konservativen und Rechtsextremen zusammenfinden in ihrer Abneigung gegen den beherrschenden linksliberalen Mainstream im Lande, von ihren Gegnern zur undemokratischen Partei erklärt, obwohl es in der AfD mitunter so basisdemokratisch zugeht wie bei den Grünen in ihrer Frühzeit.

Dass solche Sprech- und Denkverbote das demokratische Gemeinwesen am Ende mehr beschädigen könnten als die Präsenz einer rechten Partei, hat als Erkenntnis allmählich die gesellschaftliche Elite erreicht. Altbundespräsident Joachim Gauck plädierte in einem *Spiegel*-Gespräch »für eine erweiterte Toleranz in Richtung rechts. Wir müssen zwischen rechts – im Sinne von konservativ – und rechtsextremistisch oder rechtsradikal unterscheiden.« Das bedeute eben immer wieder »auszuhalten, was uns nicht gefällt. Und beispielsweise nicht jeden, der schwer konservativ ist, für eine Gefahr für die Demokratie zu halten und aus dem demokratischen Spiel am liebsten hinauszudrängen.«[44] Auch Gauck sendete eine Doppelbotschaft aus. Denn zugleich, so sagte er, »müssen wir lernen, wieder mutiger intolerant zu sein. Es ist Schluss mit Nachsicht, wenn Menschen diskriminiert werden oder Recht und Gesetz missachten. Das ist offen zu verurteilen und unter Umständen ein

Fall für Staatsanwälte und Richter. Toleranz enthält das Gebot zur Intoleranz gegenüber Intoleranten, gleichgültig ob diese sich politisch links oder rechts verorten oder dem islamischen Fundamentalismus angehören. Nur so kann die Toleranz geschützt werden.«[45]

Gauck, der sein halbes Leben als Kirchenmann in der Unfreiheit der DDR verbrachte, hat sich sein Gespür für Bevormundungen durch die Obrigkeit bewahrt. Deshalb weiß er: »Wir verlieren uns selbst, wenn wir so tun, als wäre es gefährlich, in großer Offenheit Probleme zu debattieren, weil das Volk sofort wieder umkippen könnte und eine Diktatur wählen würde.« Es gehe, meinte das ehemalige Staatsoberhaupt, »nicht darum, den Populisten hinterherzulaufen, sondern ihnen umgekehrt die Deutungshoheit zu nehmen«.[46]

Kurzum: Der frühere Bundespräsident Joachim Gauck hatte 2010 als Parteiloser erstmals für das höchste Staatsamt auf Vorschlag von Grünen und SPD kandidiert und war nach dem Rücktritt von Christian Wulff 2012 im zweiten Anlauf gewählt geworden. Er nennt sich selbst einen liberalen Politiker der Mitte, der Vorwurf, reaktionär zu sein, würde ihn verletzen, wie er auf Nachfrage der *Spiegel*-Redakteure sagte. Gauck verkörpert mithin den Phänotypus eines Sozialdemokraten im erweiterten Sinne des Doppelbotschaftsvorschlags von Peer Steinbrück, einmal, weil er den Konsens unserer sozialdemokratischen Republik zum Ausdruck bringt und zum anderen, weil er sich daranwagt, auch das rechte demokratische Spektrum politisch zu integrieren, um auf die »relevanten Themen und Probleme« konstruktive Antworten zu finden.[47] »Man muss sich«, sagte er, »beispielsweise manchmal eingestehen, dass die falschen Leute nicht immer nur etwas Falsches sagen. Wenn in einem politischen Lager Kontrollverlust annonciert wird, dann muss man sich fragen: Sind das nur Demagogen mit irgendwelchen Verschwörungstheorien? Oder ist da etwas dran? Und vielleicht ist ja etwas dran, wenn man zugibt, die Grenzen nicht ausreichend sichern zu können.«[48]

Eine solche Position zu äußern, ist im komfortabel alimentierten Ruhestand eines ehemaligen Staatsoberhaupts zweifellos ungefährlicher, als würde sich ein Amtsträger, gar ein künftiger Chef der SPD dem reflexhaften Shitstorm der Medienöffentlichkeit aussetzen. Gleichwohl wird die Führungsgestalt einer SPD, die ihrem Niedergang in die Bedeutungslosigkeit entrissen werden soll, neben einer ausreichenden Begeisterungsfähigkeit eben auch Tollkühnheit und Stehvermögen zu beweisen haben, um sich im Regime der Affekte unseres Politikbetriebes zu behaupten.

Sozialdemokratie ist nichts für Angsthasen

Der Interims-Vorsitzende Thorsten Schäfer-Gümbel hat vorgemacht, wie es nicht geht. In einem Interview mit dem Berliner *Tagesspiegel* versuchte er die SPD mit der gewohnten Nebelsprache links zu positionieren: »Die Ökonomisierung aller Lebensverhältnisse ist das Kernübel.« Oder: »Wir müssen dafür sorgen, dass die Leute wieder erkennen, was die große Idee der SPD ist. Wir brauchen Klarheit.« Oder: »Wir stehen für eine humane Flüchtlingspolitik, sagen aber gleichzeitig, dass Integration nicht zum Nulltarif zu haben ist und zwingend klare Regeln braucht.« Um sich schließlich noch mit einem kecken Seitenhieb von den Grünen zu distanzieren, in der Hoffnung, dass seine Partei hierdurch Konturen gewinne: »Ich habe überhaupt keine Angst vor den Grünen. Die Grünen stehen für Kapitalismus mit gutem Gewissen. Den Grünen ist die soziale Frage schnurzegal. Sie spielt überhaupt keine Rolle in ihrer Programmatik. Sie präsentieren sich als fortschrittliche Kraft, aber sie sind keine fortschrittliche Kraft. Ich erlebe sie in politischen Prozessen eher als autoritär.« Mehr noch, auf originelle Weise verglich er die Grünen mit der AfD: »Die Grünen versuchen im Moment, alles Elend dieser Welt zu reduzieren auf die Frage des Klimawandels. Das halte ich für falsch. Die AfD erklärt die Migrationsfrage zum Übel der Welt. Auch das halte ich für grundfalsch. Beides verkürzt Politik in grotesker Weise.«[49]

Ein interessanter Blickwinkel, doch entschieden zu anspruchs-
voll für den Phrasenhandel auf dem Berliner Parkett. Zwischentöne,
Grauschattierungen und differenzierte Gedankengänge werden
zwar gern beschworen, finden aber in die intellektuelle Praxis selten Eingang. So währte denn auch der Wagemut von Schäfer-Gümbel nur wenige Stunden. Kaum war das Interview veröffentlicht,
setzte der unvermeidliche Shitstorm auf Twitter und Facebook ein.
Prompt ruderte der SPD-Chef zurück: »Manchmal gibt man ein Interview und ist am nächsten Morgen erschrocken über die Überschrift und die Kritik daran. Genau das ist mir heute passiert«, so
twitterte er. »Zur Klarstellung: @Die_Gruenen sind in meinen Augen eine wichtige politische Kraft.«[50]

Ein SPD-Vorsitzender, wenn auch nur im Übergangstriumvirat,
dessen Partei die Demoskopen zu diesem Zeitpunkt bereits auf
nur noch elf Prozentpunkten taxierten, beteuert gegenüber der Öffentlichkeit seine Wertschätzung einem politischen Gegner gegenüber, der an der Spitze der Wählergunst, noch vor der Union, auf die
30-Prozent-Marke zusteuert. Was ist das? Konfliktscheu? Mangeln-
der Sportsgeist? Applausgeheische? Nervliche Zermürbung?

Ratlos und angstgetrieben – so stehen die ehemaligen Volkspar-
teien in der Berliner Arena. Die CDU lässt sich von dem juvenilen
Video eines blaufrisierten YouTubers beeindrucken und holpert am
Rande eines Nervenzusammenbruchs, weil sie glaubt, die 15 Millionen Aufrufe des Videoclips spiegelten die Zustimmung in der Bevölkerung wider. Vermutlich haben sich viele den 55-Minuten-Film
mehrfach angeschaut und die Klickzahl ist, sagen wir, durch den
Faktor fünf zu dividieren, dann hätten nur rund drei Millionen Menschen das Video überhaupt zur Kenntnis genommen. Vielleicht sind
es sogar noch weniger.

Ganz ähnlich die SPD. Seit die Fridays-for-Future-Bewegten die
seit 40 Jahren bekannte Erderwärmung aus der politischen Motten-
kiste gezogen haben und unsere wohlstandsgelangweilten Gemüter
sich an der Vorstellung einer Öko-Apokalypse erhitzen können, wis-

sen die Genossen nichts Dringlicheres zu vermelden, als dass auch sie Klima könnten, und dazu noch mit sozialem Ausgleich. Während die CDU natürlich auch Klima kann – und zwar mit wirtschaftlicher Stabilität. Irgendwas kann eben jeder gut.

Um ihrer Partei emotionalen Rückenwind zu spenden, haben neun frühere SPD-Vorsitzende einen gemeinsamen Appell unterzeichnet, einen Aufruf an die 440.000 Mitglieder, der ihnen Mut in der Krise machen soll. Nur Andrea Nahles und Oskar Lafontaine sind nicht dabei, ansonsten ist die Riege der Altvorderen vollzählig: Hans-Jochen Vogel, Björn Engholm, Rudolf Scharping, Gerhard Schröder, Franz Müntefering, Matthias Platzeck, Kurt Beck, Sigmar Gabriel und Martin Schulz beschwören einen »Neuanfang«, dazu »braucht es die Hilfe aller in der Partei. Deshalb rufen wir Euch auf, nun geschlossen die kommissarische Partei- und Fraktionsführung zu unterstützen, damit diese ihre Verantwortung für eine Neuaufstellung wahrnehmen kann. Nicht nur Ihr, auch unser Land hat die Erwartung, dass die Führung der Partei Solidarität erfährt.«[51] Es ist ein Ordnungsruf, der die Hilflosigkeit verrät, aber auch die Verzagtheit, in der die Genossen stecken. Einmal mehr wird der Neuanfang verkündet, ohne dass ein Neubeginn sichtbar wird. Wie oft haben wir das schon erlebt? Es ist ein endloses Ärmelhochkrempeln, das sich in Tatenlosigkeit verliert.

Wiederbeleben kann sich die SPD nur dann, wenn es ihr gelingt, ein Lebensgefühl zu schaffen, das eine qualitative Alternative zur bürgerlichen Selbstverliebtheit der Grünen darstellt. Die SPD muss zur Partei des gesunden Menschenverstandes werden, ein Gegenmodell zur moralisierenden Pfennigfuchserei. In der Haltung des Common Sense ist soziale Gerechtigkeit so selbstverständlich enthalten wie eine patriotische Selbstbehauptung. Mit dem Schuldkomplex unseres Hitler-Traumas muss es ebenso ein Ende haben wie mit der neoliberalen Doppelzüngigkeit, die eine prekäre Sklavenhaltung unter Schirmherrschaft politischer Korrektheit zustande brachte. Beides, Nazi-Neurose und neoliberale Heuchelei, korrespondieren miteinander; wechselseitig kompensiert das eine das andere. Unsere soziale Wirklichkeit ist geprägt von ökonomischer Freizügigkeit zum Wohle der besitzenden Klasse, die auf Ausbeutung einer neuen Unterschicht basiert und zugleich durch eine linksliberale Egalitätsphraseologie verschleiert wird.

Das Empfinden für soziale Gerechtigkeit verlangt mehr, als die SPD derzeit aufzubringen imstande ist. Bei den Genossen reicht es gegenwärtig nur zum Stückwerk, zur Respektrente für Menschen, die ihr Leben lang fleißig gearbeitet haben, wie das Mantra in der Parteiführung lautet. Eine Rhetorik aus den Mottenkisten des 19. und 20. Jahrhunderts. Im 21. Jahrhundert muss die SPD zur Kenntnis nehmen, dass sie selbst daran mitgewirkt hat, einen Arbeitsmarkt zu schaffen, der nicht mehr allen zugänglich ist und für viele nicht mehr für den Lebensunterhalt ausreicht. Es dürfte sich lohnen, den Zusammenhang zwischen dem aktuellen Facharbeitermangel und sozialdemokratischer Bildungspolitik in den vergangenen vier Jahrzehnten näher zu untersuchen.

Mit ihrem Festhalten an einer antiquierten Verknüpfung von Arbeit und Einkommen angesichts des Schwindens von Erwerbungstätigkeit durch Rationalisierung und Digitalisierung ist die SPD gescheitert und bewegt sich in Umfragen auf den einstelligen Prozentbereich zu. Schon vor 15 Jahren hätte die Partei die Idee eines Bedingungslosen Grundeinkommens aufgreifen und ausarbeiten können. Sie könnte heute damit zur gesellschaftlichen Avantgarde gehören. Stattdessen gilt sie als altbacken und strukturkonservativ und vermittelt den Eindruck, sie habe sich durch ihre eigenen Erfolge überlebt.

Wenn die einstigen SPD-Chefs in ihrem Appell in Erinnerung rufen, dass die Sozialdemokratie dieses Land wesentlich mitgestaltet habe und dies immer noch tue, so ist dies richtig, aber es reicht nicht. So etwas passt als Inschrift auf Gedenktafeln, aber nicht zum Selbstverständnis einer gesellschaftlichen Aufbruchsbewegung. Im Moment mag die Partei unter Schock stehen, ihre Schockstarre indes ist wesentlich älter. Wieder einmal begnügt sie sich derzeit mit Durchhalteparolen und Beschwörung von Zusammenhalt und Solidarität. Damit können die Genossen eine Wagenburg betreiben und sich auf eine Zukunft als Splitterpartei und weltanschauliche Polit-Sekte einstimmen. Mehrheiten gewinnen sie auf diese Weise nicht.

Eine Umfrage unter den Bundesbürgern ergab nach der Europawahl 2019, dass eine Mehrheit von 59 Prozent der Befragten es bedauern würde, wenn die SPD in die Bedeutungslosigkeit verschwände. Noch mehr Bürger allerdings meinen, dass es der Partei nicht gelingen wird, in absehbarer Zeit verloren gegangenes Vertrauen zurückzugewinnen. Und nur elf Prozent gaben an, die SPD wählen zu wollen. Das bedeutet, die Sozialdemokraten sind zu einem nostalgischen Relikt verkommen, das den Menschen bestenfalls Mitleid entlockt, aber keinerlei Gründe liefert, sie zu wählen. Diese Umfrage gleicht einem politischen Totenschein. Die Wähler interessieren sich nicht dafür, dass es die SPD seit 156 Jahren gibt. Sie verlangen nach Argumenten dafür, warum es die SPD weitere 156 Jahre geben sollte. Um es wohlwollend zu formulieren: Die SPD hat jederzeit die Möglichkeit, starke Gründe vorzutragen, sie zu wählen. Sie muss es nur tun.

Die CDU/CSU war stets die Volkspartei des Wohlstands, der wirtschaftlichen Stabilität, der materiellen Sicherheit. Mehr wollte die Union nie sein. Intellektuell hat sie nie eine Deutungshoheit beansprucht, sie fand im volkstümlichen Gemüt und ökonomischen Wachstum ihr Genügen. Die SPD hingegen hatte seit jeher eine andere Aufgabe. Ihre Mission ist es, die Fragen nach dem Warum zu beantworten. Die SPD ist für Sinnstiftung zuständig, für gesellschaftliche Orientierung in einer Welt, die jeden Tag unübersichtlicher wird. Wenn die Sinnstiftungspartei aber selber keinen Kompass mehr hat und seit 20 Jahren anstelle von wegweisenden Ideen nur personalpolitische Seifenopern präsentiert, dann macht sie sich aus eigenem Antrieb überflüssig.

Die Sozialdemokratie braucht wieder Vordenker mit der intellektuellen Kraft, unsere Lebenswirklichkeit konstruktiv zu hinterfragen. Mutige Leute, die sich trauen, sich gegen Medientrends und Zeitströmungen zu stellen. Wenn auf einmal Schüler massenhaft den Unterricht schwänzen, um gegen den Klimawandel zu demonstrieren, wenn die Herrschenden in aller Welt dieser Öko-Bewegung applaudieren, dann muss aus der SPD heraus weitergedacht und dieser Zeitgeist reflektiert werden. Ist der Klimawandel tatsächlich das Weltproblem Nummer 1? Haben Erderwärmung und Umweltzerstörung tatsächlich miteinander zu tun? Nützen die Weltklimaziele von Kyoto und Paris tatsächlich unserem Planeten oder nur einer entfesselten kapitalistischen Weltwirtschaft, die nach immer neuen Absatzmärkten giert?

Solange die SPD sich solchen Fragestellungen entzieht und stattdessen einem Öko-Trend einfach hinterherläuft, so lange werden Wähler, die ihre Kinder im SUV zur Schule bringen, als eine Art Ausgleichzahlung die Grünen wählen; jene Wähler, die sich vor steigenden Spritpreisen fürchten, die Union; jene Wähler, die mit religiöser Inbrunst der selbstregulierenden Magie der Marktkräfte vertrauen, die FDP; jene Wähler, die schon immer der Wirtschaft misstraut haben, die Linkspartei; und jene Wähler, die hinter allem eine Verschwörung wittern, die AfD. Die SPD muss sich mit erkennbaren eigenständigen Positionen aufstellen, sie muss Ökologie, Ökonomie und Gerechtigkeit miteinander versöhnen, und zwar auf glaubwürdige Weise. Die SPD muss liefern und nicht nur behaupten, und dabei zugleich geistreich und verständlich sein. Eben die Partei des gesunden Menschenverstandes.

Peer Steinbrück hat seiner Partei in seinem Buch *Das Elend der Sozialdemokratie* gesagt, sie brauche ein neues Narrativ, eine Erzählung, musikalisch könnten wir es übersetzen mit einer neuen Grundmelodie. Jeder Kneipenwirt weiß intuitiv, was damit gemeint ist. Eine florierende Gaststätte lockt ihre Gäste mit einer unterschwelligen Story herbei. Der verqualmte Schnitzelkeller ebenso wie das Nobelrestaurant. Erfolg hat viel zu tun mit Bauchgefühl. Auf die Frage, was Erfolg eigentlich sei, antwortete der Ökonomie-Professor Pierre Guillet de Monthoux einmal: »Erfolg ist geglückte Kommunikation.«[52] Und Henri Nannen, der den *Stern* zur beliebtesten Illustrierten nach dem Krieg machte, war überzeugt davon, die richtige Blattmischung »im Bauch« zu haben. Sein Maßstab lautete: »Die Leute interessieren sich dafür, ich glaub's jedenfalls; denn ich interessiere mich dafür.« Nannen vertraute seinem Instinkt, weil er sich nicht für einen Intellektuellen hielt, sondern intelligent genug war, um zu spüren, dass »ich irgendwo Lieschen Müller bin«.[53] Er hatte einen Riecher für den Geschmack einer breiten Masse der Bevölkerung. In seinen besten Zeiten verkaufte der *Stern* jede Woche mehr als 1,9 Millionen Exemplare. Das war 1967. Ein Jahr zuvor war die SPD erstmals in eine Bundesregierung eingetreten und Willy Brandt Außenminister und Vizekanzler der ersten Großen Koalition. Damals begann der Aufstieg der Sozialdemokraten in der Wählergunst – mit Willy Brandt als eine Art Henri Nannen der SPD.

Heute ist von den Sozialdemokraten ein zaudernder Abglanz geblieben. Die Partei lebt von ihren Erinnerungen. In der Fußballsprache hieße es: Jede Torchance wird verlässlich verstolpert. Wenn also der Interims-Parteichef Thorsten Schäfer-Gümbel den Grünen immerhin schon mal attestiert, sie stünden »für Kapitalismus mit gutem Gewissen«,[54] dann sollte er es anschließend nicht kleinlaut revidieren, sondern seine Meinung ernst nehmen und substanzielle Antworten auf Fragen geben, die ein eskalierender Kapitalismus aufwirft. Wenn Schäfer-Gümbel dies selbst nicht kann, was ihm durchaus nicht vorzuwerfen ist, dann sollte er Experten heranholen. Es sind genügend Fachleute vorhanden, die SPD muss sie nur ansprechen. Die Partei muss es wollen. Die SPD muss wollen, dass es sie gibt.

DANKSAGUNG

Kein Buch verdankt sich allein dem Verfasser. In diesem Fall machte eine kurzfristige Planung den Zusammenklang aus glücklichen Zufällen und hilfreichen Menschen für das Gelingen erforderlich.

Allen voran habe ich meinem hochgeschätzten Kollegen Ferdinand Knauß zu danken. Ohne ihn gäbe es das Buch aus meiner Feder nicht. Er hat mich dem Verlag als Autor empfohlen. Nun kann er nachlesen, was er davon hat. Darüber hinaus stand mir Knauß mit großzügigen Ratschlägen und Ideen zur Seite.

Als Nächstes muss ich meinem Berliner Kollegen Max A. Höfer Dank abstatten. Er inspirierte mich in Gesprächen auf das Geistreichste und gestattete mir freundlicherweise, seinen schönen Buchtitel von 2013 für mein Thema zu paraphrasieren: Aus *Vielleicht will der Kapitalismus gar nicht, dass wir glücklich sind?* wurde bei mir *Vielleicht will die SPD gar nicht, dass es sie gibt.* Meiner Kollegin Cora Stephan danke ich für liebenswürdige Aufmunterungen sowie für unverzichtbare Literaturrecherchen.

Zu danken habe ich meinen Gesprächspartnern innerhalb und außerhalb der SPD, der Partei nahe- und fernstehend. Willst du über jemanden etwas erfahren, befrage auch seine Gegner. Ich danke nicht nur denen, die ich im Buch erwähne, sondern auch jenen, die mich um Vertraulichkeit gebeten haben. Sie alle verschafften mir einen Einblick in das Innenleben einer eigenartigen Partei sowie in die politische Meteorologie der Hauptstadt. Manche berichteten mir im Flüsterton von parteiinternen Ränkespielen, die mich weiß um die Nase werden ließen und die eine Sozialdemokratie, die für Solidarität unter den Menschen zu kämpfen behauptet, beschämen sollten.

Dem linksliberalen Soziotop in Berlin-Neukölln kann ich gar nicht genug danken für Erlebnisse und Beobachtungen, die ich ein Jahr lang dort sammeln konnte. Dieses Milieu hat mir vorgeturnt, was der SPD-Vordenker Nils Heisterhagen »die liberale Illusion« nennt. Ich verdanke dem Reizklima des Berliner Regierungsviertels Anregungen, die meinen Blick schärften.

Zu danken habe ich meiner Mutter und meinen Geschwistern für Geduld und Verständnis, sowie vielen Freunden für emotionalen und tatkräftigen Beistand: Birgit, Nicola, Jacqueline, Katrin, Ute, Carl-Christian und Karl Burkhard, Pat und Patricia, Marion und Svenja, Christian und Rudolf.

Schließlich habe ich dem Verlagsteam zu danken für sein unverwüstliches Vertrauen sowie die freundliche und professionelle und einfallsreiche Zusammenarbeit. Dem Programmleiter Georg Hodolitsch danke ich für anregende Gespräche. Meine Lektorin Daniela Riepe konzipierte das Buch auf das Vergnüglichste mit mir, ehe sie sich in die Babypause verabschiedete. Ihre Kollegin Friederike Thompson übernahm die Stafette und bereicherte meine Arbeit auf das Wertvollste und Angenehmste.

Gewidmet ist dieses Buch in liebevoller Erinnerung zwei verstorbenen Freunden, mit denen ich vor ihrem Tod intensive Gespräche führte: Jutta Winkelmann (1949–2017) war in ihren letzten Lebensmonaten bewegt von Ideen, wie wir das Linkssein neu erfinden sollten, und Bernd Lohse (1956–2019) ließ mich verstehen, dass man kein Rechter sein muss, um die Linken zu kritisieren.

LITERATUR-
VERZEICHNIS

Theodor W. Adorno: *Minima Moralia*, Suhrkamp, Frankfurt/Main 1983.

Robin Alexander: *Die Getriebenen. Merkel und die Flüchtlingspolitik: Report aus dem Inneren der Macht*, Siedler, München 2017.

Asfa-Wossen Asserate: *Die neue Völkerwanderung. Wer Europa bewahren will, muss Afrika retten*, Propyläen, Berlin 2016.

Klaus J. Bade: *Europa in Bewegung. Migration vom späten 18. Jahrhundert bis zur Gegenwart*, C.H.Beck, München 2000.

Massimo Livi Bacci: *Kurze Geschichte der Migration*, Wagenbach, Berlin 2015.

Hugo Ball: *Die Flucht aus der Zeit*, Wallstein, Göttingen 2018.

Jean Baudrillard: *Agonie des Realen*, Merve, Berlin 1978.

Jean Baudrillard: *Der symbolische Tausch und der Tod*, Matthes & Seitz Berlin, Berlin 2011.

Thomas Bernhard: *Der Untergeher*, Suhrkamp, Frankfurt/Main 1983.

Ernst Bloch: *Das Prinzip Hoffnung*, Bde. 1-3, Suhrkamp, Frankfurt/Main 1980.

Ernst Bloch: *Erbschaft dieser Zeit*, Suhrkamp, Frankfurt/Main 1962.

Frank Bösch: *Zeitenwende 1979. Als die Welt von heute begann*, C.H.Beck, München 2019.

Michael Bohmeyer, Claudia Cornelsen: *Was würdest du tun? Wie uns das Bedingungslose Grundeinkommen verändert*, Econ, Berlin 2019.

Karl Heinz Bohrer: *Auf deutschen Wegen*, Essay, in: Merkur, Deutsche Zeitschrift für europäisches Denken, Heft 11, November 2002, S. 1042–1046, Klett-Cotta, Stuttgart 2002.

Norbert Bolz: *Die Sinngesellschaft*, Kadmos, Berlin 2012.

Willy Brandt: *Links und frei. Mein Weg 1930–1950*, Hoffmann und Campe, Hamburg 1982.

Willy Brandt: Erinnerungen, Propyläen, Frankfurt/Main 1989.

Pascal Bruckner: *Ich kaufe, also bin ich. Mythos und Wirklichkeit der globalen Welt*, Aufbau, Berlin 2004.

Verena Brunschweiger: *Kinderfrei statt kinderlos. Ein Manifest*, Büchner, Marburg 2019.

Emil M. Cioran: *Über das reaktionäre Denken*, Suhrkamp, Frankfurt/Main 1990.

Johann Hinrich Claussen: *Gottes Häuser oder die Kunst, Kirchen zu bauen und zu verstehen. Vom frühen Christentum bis heute*, C. H Beck, München 2010.

Paul Collier: *Sozialer Kapitalismus! Mein Manifest gegen den Zerfall der Gesellschaft*, Siedler, München 2019.

Colin Crouch: *Postdemokratie*, Suhrkamp, Frankfurt/Main 2008.

Colin Crouch: *Ist der Neoliberalismus noch zu retten?*, Suhrkamp, Berlin 2018.

Ralf Dahrendorf: *Das Elend der Sozialdemokratie*. Essay, in: Merkur, Heft 12, Dezember 1987, S. 1021–1038, Klett-Cotta, Stuttgart 1987.

Christian von Ditfurth: *SPD – eine Partei gibt sich auf*, Henschel, Berlin 2000.

Jutta Ditfurth: *Zeit des Zorns. Streitschrift für eine gerechte Gesellschaft*, Droemer, München 2009.

Barbara Ehrenreich: *Blutrituale. Ursprung und Geschichte der Lust am Krieg*, Rowohlt, Reinbek bei Hamburg 1999.

Ludwig Erhard: *Wohlstand für alle*, Econ, München 2000.

Didier Eribon: *Rückkehr nach Reims*, Suhrkamp, Berlin 2016.

Bernd Faulenbach: *Geschichte der SPD. Von den Anfängen bis zur Gegenwart*, C.H.Beck, München 2012.

Christian Felber: *Gemeinwohl-Ökonomie. Das Wirtschaftsmodell der Zukunft*, Deuticke, Wien 2010.

Christian Felber: *Ethischer Welthandel. Alternativen zu TTIP, WTO & Co*, Deuticke, Wien 2017.

Markus Feldenkirchen: *Die Schulz-Story. Ein Jahr zwischen Höhenflug und Absturz*, Deutsche Verlags-Anstalt, München 2018.

Philipp Felsch: *Der lange Sommer der Theorie. Geschichte einer Revolte 1960–1990*, C.H.Beck, München 2015.

Paul Feyerabend: *Wider den Methodenzwang*, Suhrkamp, Frankfurt/Main 1986.

Egon Friedell: *Kulturgeschichte der Neuzeit*, Bde. 1-2, Deutscher Taschenbuch Verlag, München 1976.

Francis Fukuyama: *Das Ende der Geschichte. Wo stehen wir?*, Kindler, München 1992.

Francis Fukuyama: *Identität. Wie der Verlust der Würde unsere Demokratie gefährdet*, Hoffmann und Campe, Hamburg 2019.

Sigmar Gabriel: *Zeitenwende in der Weltpolitik. Mehr Verantwortung in ungewissen Zeiten*, Herder, Freiburg/Breisgau 2018.

René Girard: *Gewalt und Religion. Ursache oder Wirkung?*, Matthes und Seitz Berlin, Berlin 2010.

Peter H. Grassmann: *Werteorientierte Marktwirtschaft. Wie die Wirtschaft mit der Gesellschaft in Einklang kommen kann*, Oekom, München 2017.

Alexander Grau: *Kulturpessimismus. Ein Plädoyer*, zu Klampen, Springe 2018.

Alexander Grau: *Hypermoral. Die neue Lust an der Empörung*, Claudius, München 2017.

Martin Greiffenhagen (Hg.): *Der neue Konservatismus der siebziger Jahre*, Rowohlt, Reinbek bei Hamburg 1974.

Ulrich Greiner: *Heimatlos. Bekenntnisse eines Konservativen*, Rowohlt, Reinbek bei Hamburg 2017.

Hermann L. Gremliza/Heinrich Hannover (Hg.): *Die Linke. Bilanz und Perspektiven für die 80er*, VSA, Hamburg 1980.

Sebastian Haffner: *1918/19. Eine deutsche Revolution*, Rowohlt, Reinbek bei Hamburg 1981.

Michael Hardt, Antonio Negri: *Empire. Die neue Weltordnung*, Campus, Frankfurt/Main 2002.

Stephan Hebel: *Merkel. Bilanz und Erbe einer Kanzlerschaft*, Westend, Frankfurt/Main 2018.

Martin Heidegger: *Reden und Zeugnisse 1910–1976*, Gesamtausgabe, Band 16, Klostermann, Frankfurt/Main 2000.

Gunnar Heinsohn: *Söhne und Weltmacht. Terror im Aufstieg und Fall der Nationen*, Orell Füssli, Zürich 2003.

Nils Heisterhagen: *Existenzieller Republikanismus. Ein Plädoyer für die Freiheit*, Transcript, Bielefeld 2017.

Nils Heisterhagen: *Die liberale Illusion. Warum wir einen linken Realismus brauchen*, Dietz, Bonn 2018.

Nils Heisterhagen: *Kritik der Postmoderne. Warum der Relativismus nicht das letzte Wort hat*, Springer VS, Wiesbaden 2018.

Silke Helfrich und Heinrich-Böll-Stiftung (Hg.): *Wem gehört die Welt? Zur Wiederentdeckung der Gemeingüter*, Oekom, München 2009.

Silke Helfrich, David Bollier und Heinrich-Böll-Stiftung (Hg.): *Die Welt der Commons. Muster gemeinsamen Handelns*, Transcript, Bielefeld 2015.

Max A. Höfer: *Vielleicht will der Kapitalismus gar nicht, dass wir glücklich sind? Erkenntnisse eines Geläuterten*, Knaus, München 2013.

Hannes Hofbauer: *Kritik der Migration. Wer profitiert und wer verliert*, Promedia, Wien 2018.

Michel Houellebecq: *Unterwerfung*. Roman, Dumont, Köln 2015.

Samuel P. Huntington: *Kampf der Kulturen. Die Neugestaltung der Weltpolitik im 21. Jahrhundert*, Siedler, München 1998.

Hans-Jürgen Jakobs: *Wem gehört die Welt? Die Machtverhältnisse im globalen Kapitalismus*, Knaus, München 2016.

Ernst Jünger: *Der Waldgang*, Klostermann, Frankfurt/Main 1952.

Gerd-Klaus Kaltenbrunner: *Johannes sein Name. Priesterkönig, Gralshüter, Traumgestalt*, Die Graue Edition, Zug/Schweiz 1993.

Alexander Kissler: *Widerworte. Warum mit Phrasen Schluss sein muss*, Gütersloher Verlagshaus, Gütersloh 2019.

Ferdinand Knauß: *Merkel am Ende. Warum die Methode Angela Merkels nicht mehr in unsere Zeit passt*, FinanzBuch Verlag, München 2018.

Gerd Koenen: *Vesper, Ensslin, Baader. Urszenen des deutschen Terrorismus*, Fischer, Frankfurt/Main 2005.

Gerd Koenen: *Das rote Jahrzehnt. Unsere kleine deutsche Kulturrevolution 1967-1977*, Fischer, Frankfurt/Main 2002.

Cornelia Koppetsch: *Die Gesellschaft des Zorns. Rechtspopulismus im globalen Zeitalter*, Transcript, Bielefeld 2019.

Josef Kraus: *50 Jahre Umerziehung. Die 68er und ihre Hinterlassenschaften*, Manuscriptum, Lüdinghausen/Berlin 2018.

Kursbuch 197, Das Grün, März 2019, *Kursbuch Kulturstiftung*, Hamburg 2019.

Stephan Lessenich: *Neben uns die Sintflut. Die Externalisierungsgesellschaft und ihr Preis*, Hanser, München 2016.

Andreas Lombard: *Homosexualität gibt es nicht. Abschied von einem leeren Versprechen*, Manuscriptum, Waltrop/Leipzig 2015.

Lurchis Abenteuer. *Das lustige Salamanderbuch*. Band 1, Esslinger, Stuttgart 2015.

Karl Marx, Friedrich Engels: *Manifest der Kommunistischen Partei*, Verlag für fremdsprachige Literatur, Peking 1975.

Alexander Mitscherlich: *Die Unwirtlichkeit unserer Städte*, Suhrkamp, Frankfurt/Main 1965.

Armin Mohler: *Die Konservative Revolution in Deutschland 1918–1932. Ein Handbuch*, Leopold Stocker, Graz 1999.

Chantal Mouffe: *Über das Politische. Wider die kosmopolitische Illusion*, Suhrkamp, Berlin 2007.

Chantal Mouffe: *Für einen linken Populismus*, Suhrkamp, Berlin 2018.

Andreas Nölke: *Linkspopulär. Vorwärts handeln statt rückwärts denken*, Westend, Frankfurt/Main 2017.

Novalis: *Werke*, C.H.Beck, München 2001.

George Packer: *Die Abwicklung. Eine innere Geschichte des neuen Amerika*, Fischer, Frankfurt/Main 2015.

Wolfhart Pannenberg: *Was ist der Mensch? Die Anthropologie der Gegenwart im Lichte der Theologie*, Vandenhoeck & Ruprecht, Göttingen 1962.

Blaise Pascal: *Gedanken*, Faber & Faber, Leipzig 2007.

Pier Paolo Pasolini: *Freibeuterschriften. Die Zerstörung der Kultur des Einzelnen durch die Konsumgesellschaft*, Wagenbach, Berlin 1998.

Sophie Passmann: *Alte weiße Männer. Ein Schlichtungsversuch*, Kiepenheuer & Witsch, Köln 2019.

Robert Pfaller: *Wofür es sich zu leben lohnt. Elemente materialistischer Philosophie*, Fischer, Frankfurt/Main 2012.

Robert Pfaller: *Erwachsenensprache. Über ihr Verschwinden aus Politik und Kultur*, Fischer, Frankfurt/Main 2017.

Joska Pintschovius: *Die Diktatur der Kleinbürger. Der lange Weg in die deutsche Mitte*, Osburg, Berlin 2008.

Helmuth Plessner: *Grenzen der Gemeinschaft. Eine Kritik des sozialen Radikalismus*, Suhrkamp, Frankfurt/Main 2001.

Philip Plickert (Hg.): *Merkel – Eine kritische Bilanz*, FinanzBuch Verlag, München 2017.

Beile Ratut: *Das Fanal des Ego auf den Stufen zur Kirche. Ein Essay*, Ruhland, Bad Soden 2019.

Joseph Ratzinger: *Glaube und Zukunft*, Kösel, München 1970.

Hartmut Rosa: *Beschleunigung. Die Veränderungen der Zeitstrukturen in der Moderne*, Suhrkamp, Frankfurt/Main 2005.

Michael Rutschky: *Erfahrungshunger. Ein Essay über die siebziger Jahre*, Fischer, Frankfurt/Main 1982.

Helmut Schelsky: *Die Arbeit tun die anderen. Klassenkampf und Priesterherrschaft der Intellektuellen*, Deutscher Taschenbuch Verlag, München 1977.

Jörg Schindler: *Die Rüpel-Republik. Warum sind wir so unsozial?*, Scherz, Frankfurt/Main 2012.

Carl Schmitt: *Der Begriff des Politischen. Text von 1932 mit einem Vorwort und drei Corollarien*, Duncker & Humblot, Berlin 1963.

Gerhard Schröder: *Klare Worte. Im Gespräch mit Georg Meck über Mut, Macht und unsere Zukunft*, Herder, Freiburg/Breisgau 2014.

Klaus Schroeder, Monika Deutz-Schroeder: *Der Kampf ist nicht zu Ende. Geschichte und Aktualität linker Gewalt*, Herder, Freiburg/Breisgau 2019.

Joseph A. Schumpeter: *Kapitalismus, Sozialismus und Demokratie*, UTB, Stuttgart 2018.

Rolf Peter Sieferle: *Das Migrationsproblem. Über die Unvereinbarkeit von Sozialstaat und Masseneinwanderung*, Manuscriptum, Lüdinghausen/Berlin 2018.

Bernd Stegemann: *Die Moralfalle. Für eine Befreiung linker Politik*, Matthes & Seitz Berlin, Berlin 2018.

Peer Steinbrück: *Das Elend der Sozialdemokratie. Anmerkungen eines Genossen*, C.H.Beck, München 2018.

Cora Stephan: *Genossen, wir dürfen uns nicht von der Geduld hinreißen lassen! Aus der Urgeschichte der Sozialdemokratie 1862–1878*, Europäische Verlagsanstalt, Frankfurt/Main 1981.

Botho Strauß: *Der Aufstand gegen die sekundäre Welt*, Hanser, München 2012.

Greta Thunberg u.a.: *Szenen aus dem Herzen. Unser Leben für das Klima*, Fischer, Frankfurt/Main 2019.

Greta Thunberg: *Ich will, dass ihr in Panik geratet! Meine Reden zum Klimaschutz*, Fischer, Frankfurt/Main 2019

Hartmut Tölle, Patrick Schreiner (Hg.): *Migration und Arbeit in Europa*, Papyrossa, Köln 2014.

Kurt Tucholsky: *Gesammelte Werke*, Band 8, Rowohlt, Reinbek bei Hamburg 1975

Sahra Wagenknecht: *Reichtum ohne Gier. Wie wir uns vor dem Kapitalismus retten*, Campus, Frankfurt/Main 2016.

Thomas Wagner: *Die Angstmacher. 1968 und die Neuen Rechten*, Aufbau, Berlin 2017.

Franz Walter: *Die SPD. Biographie einer Partei*, Rowohlt, Reinbek bei Hamburg 2018.

Hans-Ulrich Wehler: *Deutsche Gesellschaftsgeschichte. Fünfter Band. Bundesrepublik und DDR 1949–1990*, C.H.Beck, München 2008.

Harald Welzer: *Wir sind die Mehrheit. Für eine offene Gesellschaft*, S. Fischer, Frankfurt/Main 2017.

Harald Welzer: *Alles könnte anders sein. Eine Gesellschaftsutopie für freie Menschen*, S. Fischer, Frankfurt/Main 2019.

Götz W. Werner: *Einkommen für alle*, Kiepenheuer & Witsch, Köln 2007.

Götz W. Werner u.a.: *Sonst knallt's. Warum wir Wirtschaft und Politik radikal neu denken müssen*, Eichborn, Köln 2017.

Oscar Wilde: *Des Menschen Seele im Sozialismus*, Elsinor, Coesfeld 2019.

Walter Wüllenweber: *Frohe Botschaft. Es steht nicht gut um die Menschheit – aber besser als jemals zuvor*, Deutsche Verlags-Anstalt, München 2018.

Slavoj Žižek: *Blasphemische Gedanken. Islam und Moderne*, Ullstein, Berlin 2015.

Slavoj Žižek: *Der neue Klassenkampf. Die wahren Gründe für Flucht und Terror*, Ullstein, Berlin 2015.

ANMERKUNGEN

Die angegebenen Internetseiten wurden vom Autor zwischen März und Juli 2019 abgerufen.

Einleitung

1 Zitiert in: Focus Online im Januar 2013, https://www.focus.de/finanzen/ news/tid-29319/political-correctness-klappe-zu_aid_911015.html. Das Zitat wurde von Peter Sloterdijk nochmals autorisiert in einem Telefonat mit dem Autor am 4. Mai 2019.
2 Robert Pfaller: *Wofür es sich zu leben lohnt. Elemente materialistischer Philosophie*, Fischer, Frankfurt/Main 2012, S. 113.
3 ZDF-heute Show am 31. Mai 2019.
4 Focus Online vom 31. Mai 2019, https://www.focus.de/familie/familie_ ausbildung/lichtenfels-mutter-beleidigt-verkaeuferin_id_10778350.html.
5 Der Spiegel Nr. 23 vom 1. Juni 2019, S. 14.
6 Der Spiegel Nr. 23 vom 1. Juni 2019, S. 56/57.
7 ZDF-»heute Show« am 31. Mai 2019.

Kapitel 1

1 Tucholsky: *Gesammelte Werke*, Band 8, S. 345.
2 Focus Online am 3. Juni 2019, https://www.focus.de/politik/deutschland/ schaefer-guembel-hessens-spd-chef-troestet-sich-nach-desastroeser-landtagswahl-mit-neuem-job-und-mega-gehalt_id_10477483.html.
3 Pressekonferenz von Malu Dreyer, Manuela Schwesig und Thorsten Schäfer-Gümbel im Willy-Brandt-Haus am 24. Juni 2019; ab Minute 26:05 https://www.youtube.com/watch?v=eKrrfaiWH5U.
4 Zeit Online am 15. Juni 2014, https://www.zeit.de/politik/deutschland/2014-06/ gabriel-parteivorsitz-honorar.

5   Handelsblatt vom 1. März 2010, https://www.handelsblatt.com/politik/
    deutschland/aufwandsentschaedigung-spd-zahlt-gabriel-mehr-als-7000-euro-
    im-monat/3380140.html?ticket=ST-1101933-KENTbYSgWrQMVoKIJs3h-ap2.

6   t-online.de am 25. Mai 2017, https://www.t-online.de/nachrichten/
    deutschland/bundestagswahl/id_81273906/von-martin-schulz-politiker-
    gehalt-kann-er-sehr-gut-leben.html.

7   Pressekonferenz von Malu Dreyer, Manuela Schwesig und Thorsten Schäfer-
    Gümbel im Willy-Brandt-Haus am 24. Juni 2019; ab Minute 24:40 https://www.
    youtube.com/watch?v=eKrrfaiWH5U.

8   https://de.wikipedia.org/wiki/Andrea_Nahles.

9   https://www.zdf.de/nachrichten/heute/nahles-zitate-122.html.

10 https://www.youtube.com/watch?v=cxdp6wg-G0k.

11 re:publica'17 am 10. Mai 2017 in Berlin. https://www.youtube.com/
    watch?v=q2-NVACXy9c&t=9s; https://www.youtube.com/
    watch?v=D7nJzREbyAg&t=51s.

12 Der Spiegel Nr. 12 vom 16. März 2019, S. 29.

13 Der Spiegel Nr. 6 vom 2. Februar 2019, S. 38ff.

14 https://www.n-tv.de/politik/Kramp-Karrenbauer-Wahl-befluegelt-Union-
    article20764120.html.

15 https://www.rtl.de/cms/rtl-trendbarometer-robert-habeck-rueckt-in-
    kanzlerfrage-annegret-kramp-karrenbauer-auf-die-pelle-4324152.html; https://
    www.n-tv.de/politik/20-Prozent-halten-Habeck-fuer-kanzlertauglich-
    article20968681.html.

16 Hannoversche Allgemeine vom 21. März 2019, https://www.haz.de/
    Nachrichten/Politik/Deutschland-Welt/Wer-versteht-noch-Olaf-Scholz.

17 ZDF »Was nun, Herr Scholz?« am 3. Juni 2019, ab Minute 5:00 https://www.
    zdf.de/politik/was-nun.

18 Spiegel Online am 3. Juni 2019, https://www.spiegel.de/kultur/tv/anne-will-zur-
    spd-und-andrea-nahles-olaf-scholz-gibt-ein-versprechen-a-1270474.html.

19 t-online.de am 6. Januar 2019, https://www.t-online.de/nachrichten/
    deutschland/parteien/id_85038260/olaf-scholz-naechster-bundeskanzler-spd-
    vize-bereitet-sich-vor.html.

20 Stern Nr. 24 vom 6. Juni 2019, S. 34ff. https://www.stern.de/politik/
    deutschland/olaf-scholz-bekraeftigt-im-stern-spd-anspruch-aufs-
    kanzleramt-8740028.html.

21 Der Spiegel Nr. 26 vom 22. Juni 2019, S. 38/39.

22 Die Partei, Regierungsprogramm 2013, https://www.die-partei.de/wp-content/
    uploads/2013/06/Regierungsprogramm_2013.pdf.

23 Ralf Dahrendorf: *Das Elend der Sozialdemokratie. Essay*, in: Merkur, Deutsche
    Zeitschrift für europäisches Denken, Heft 12, Dezember 1987, S. 1021-1038,
    Klett-Cotta, Stuttgart 1987.

24 https://www.willy-brandt.de/fileadmin/brandt/Downloads/
    Regierungserklaerung_Willy_Brandt_1969.pdf.

25 Dahrendorf, *Das Elend der Sozialdemokratie*, S. 1022

26 Ebenda S. 1023

27 Ebenda S. 1027

28 Peer Steinbrück: *Das Elend der Sozialdemokratie*. Anmerkungen eines
    Genossen, C.H.Beck, München 2018, S. 17.

29 Ebenda

30 Dahrendorf, *Das Elend der Sozialdemokratie*, S. 1034

31 Franz Walter: *Die SPD. Biographie einer Partei*, Rowohlt, Reinbek bei Hamburg
    2018, S. 8.

32 Ebenda, S. 11.

33 Bernd Faulenbach: *Geschichte der SPD. Von den Anfängen bis zur Gegenwart*,
    C.H.Beck, München 2012, S. 17.

34 Ferdinand Lassalle: *Gesammelte Reden und Schriften*, herausgegeben von
    Eduard Bernstein, Berlin 1919, Bd. 2, S. 187; zitiert in: Cora Stephan: *Genossen,
    wir dürfen uns nicht von der Geduld hinreißen lassen! Aus der Urgeschichte der
    Sozialdemokratie 1862-1878*, Europäische Verlagsanstalt, Frankfurt/Main 1981,
    S. 127.

35 https://de.wikipedia.org/wiki/August_Bebel.

36 Faulenbach, *Geschichte der SPD*, S. 19.

37 Ebenda, S. 18.

38 https://www.dw.com/de/martin-schulz-opposition-ist-staatspolitische-
    verantwortung/a-40809071; https://www.welt.de/debatte/kommentare/
    article174166815/Ja-zur-GroKo-Eine-Entscheidung-fuer-die-staatspolitische-
    Verantwortung.html.

39 Gespräch mit dem Autor am 8. Februar 2019.

40 Dahrendorf, *Das Elend der Sozialdemokratie*, S. 1027

41 Klaus von Dohnanyi bei Markus Lanz im ZDF am 21. November 2018,
    https://www.youtube.com/watch?v=bJlS5BC2MbI&t=109s

42 https://www.faz.net/aktuell/politik/inland/im-gespraech-klaus-von-dohnanyi-
    es-ist-eine-welt-des-kommerzes-finito-15344.html.

43 Ebenda

44 Hamburger Programm. Das Grundsatzprogramm der SPD von 2007, S. 16/17.

45 Gespräch mit dem Autor am 18. Januar 2019.

46 Gespräch mit dem Autor am 1. März 2019.

47 Der Spiegel Nr. 6 vom 2. Februar 2019, S. 41.

48 Gerhard Schröder: *Klare Worte. Im Gespräch mit Georg Meck über Mut, Macht
    und unsere Zukunft*, Herder, Freiburg/Breisgau 2014, S. 77.

49 Ebenda, S. 76.

50 Ebenda.
51 Ebenda, S. 162.
52 Ebenda, Seite 163.
53 Ebenda.
54 Ebenda.
55 Ebenda.
56 Walter, Die SPD, S. 55.
57 https://www.spiegel.de/politik/deutschland/gerhard-schroeder-der-spasskanzler-mit-der-ruhigen-hand-a-209588.html.
58 Schröder, Klare Worte, S. 160/161.
59 https://www.welt.de/politik/deutschland/article110587331/Gerhard-Schroeder-trauert-um-seine-Loewen-Mutter.html.
60 https://de.wikipedia.org/wiki/Gerhard_Schröder.
61 Schröder, *Klare Worte*, S. 161.
62 Ebenda.
63 Ebenda.
64 Der Spiegel Nr. 11 vom 9. März 1998, S. 37, https://www.spiegel.de/spiegel/print/d-7832867.html.
65 Tucholsky, *Gesammelte Werke*, Band 8, S. 346
66 Gespräch mit dem Autor am 8. Februar 2019.
67 Ebenda.
68 Ebenda.
69 Ebenda.
70 Ebenda.
71 Bunte Illustrierte Nr. 35 vom 23. August 2001, Titelseite.
72 https://www.spiegel.de/politik/deutschland/pr-berater-hunzinger-und-der-scharping-fall-verfangen-im-eigenen-netz-a-205958.html.
73 https://www.spiegel.de/politik/deutschland/maschmeyer-wie-der-awd-gruender-spd-altkanzler-schroeder-umgarnte-a-1002709.html.
74 Ebenda.
75 https://www.sueddeutsche.de/politik/debatte-um-nebeneinkuenfte-steinbrueck-stellt-einkuenfte-aus-vortraegen-ins-internet-1.1509967.
76 https://www.tagesspiegel.de/politik/zwei-millionen-vortragshonorare-steinbrueck-macht-sich-unbeliebt/7342252.html.
77 Ebenda.
78 http://www.taz.de/!5538499.
79 Ebenda.
80 https://www.impulse.de/unternehmen/genosse-grosreeder/1029720.html.
81 Ebenda.

82 Gespräch mit dem Autor am 1. April 2019.

83 https://www.impulse.de/unternehmen/genosse-grosreeder/1029720.html.

84 Rede in der Hamburger Bürgerschaft am 19. Mai 2011.

85 Ernst Bloch: *Das Prinzip Hoffnung*, Band 1, Suhrkamp, Frankfurt/Main 1980, S. 1.

86 Robert Pfaller: *Erwachsenensprache. Über ihr Verschwinden aus Politik und Kultur*, Fischer, Frankfurt/Main 2017, S. 35.

87 Gespräch mit dem Autor am 18. Januar 2019.

88 https://www.spiegel.de/politik/deutschland/muenteferings-beste-sprueche-glueck-auf-im-schoensten-amt-neben-dem-papst-a-517111.html.

89 Gespräch mit dem Autor am 8. Februar 2019.

90 https://www.tagesspiegel.de/berlin/aussagen-zu-fluechtlingen-berlins-spd-wirft-andrea-nahles-rechte-rhetorik-vor/22636530.html.

91 Gespräch mit dem Autor am 18. Januar 2019.

92 https://www.faz.net/aktuell/feuilleton/sarrazin/die-debatte/wehler-verteidigt-sarrazin-parteiausschluss-undenkbar-11055691.html.

93 Bild-Zeitung vom 27. Juni 2019, S. 2

94 taz – die tageszeitung vom 3. Februar 2019 https://taz.de/Die-Politik-von-Johannes-Kahrs/!5567142/.

95 https://www.vorwaerts.de/artikel/klingbeil-spd-laesst-sarrazin-buch-ueberpruefen

96 https://www.faz.net/aktuell/politik/inland/im-gespraech-klaus-von-dohnanyi-es-ist-eine-welt-des-kommerzes-finito-15344.html

97 Ebenda.

98 Ebenda.

99 http://www.taz.de/Thilo-Sarrazin-der-Eugeniker/!5136593/.

100 https://www.spiegel.de/wissenschaft/mensch/fakten-zu-sarrazins-thesen-die-maer-von-der-vererbten-dummheit-a-714558.html.

101 Die Zeit Nr. 27 vom 28. Juni 2018, https://www.zeit.de/2018/27/intelligenz-test-genetik-studien-erbgut-vererbung.

102 https://blogs.faz.net/fazit/2018/10/18/auf-die-gene-kommt-es-an-10359/.

103 https://www.zeit.de/2010/41/Wehler-Sarrazin.

104 https://www.faz.net/aktuell/feuilleton/sarrazin/die-debatte/wehler-verteidigt-sarrazin-parteiausschluss-undenkbar-11055691.html.

105 https://www.zeit.de/2010/41/Wehler-Sarrazin.

106 Ebenda.

107 Ebenda.

108 https://www.faz.net/aktuell/wirtschaft/wirtschaftspolitik/heinz-buschkowsky-der-poltergeist-aus-berlin-neukoelln-1884472-p3.html.

109 Ebenda.

110 https://www.n-tv.de/politik/Sarrazin-der-Unverstandene-article20599837.html.

111 https://www.tagesspiegel.de/berlin/ex-buergermeister-von-neukoelln-wird-buschkowsky-aus-der-spd-geschmissen/23132100.html.

112 Ebenda.

113 Gespräch mit dem Autor am 18. Januar 2019.

114 https://www.faz.net/aktuell/feuilleton/sarrazin/analyse-deutschland-ein-einwanderungsland-wider-willen-1580276.html.

115 Ebenda.

116 https://www.abendblatt.de/politik/deutschland/article106931344/Schmidt-Multikulti-ist-kaum-moeglich.html.

117 https://www.faz.net/aktuell/feuilleton/sarrazin/analyse-deutschland-ein-einwanderungsland-wider-willen-1580276.html.

118 https://www.daserste.de/information/talk/maischberger/videos/helmut-schmidt-bei-sandra-maischberger-2010-102.html.

119 Gespräch mit dem Autor am 18. Januar 2019.

120 Gespräch mit dem Autor am 5. Februar 2019.

121 Markus Feldenkirchen: *Die Schulz-Story. Ein Jahr zwischen Höhenflug und Absturz*, Deutsche Verlags-Anstalt, München 2018, S. 74.

122 Ebenda, S. 75.

123 Ebenda, S. 209.

124 Ebenda, S. 75.

125 Ebenda, S. 90.

126 Ebenda, S. 143.

127 Ebenda, S. 310.

128 Ebenda, S. 311/312.

129 Steinbrück, *Das Elend der Sozialdemokratie*, S.30.

130 Rede auf der Jahresauftaktveranstaltung der AG Selbständige der SPD Hamburg am 11. Februar 2019.

131 Ebenda.

Kapitel 2

1 Lessenich: *Neben uns die Sintflut*, S. 25

2 Deutscher Bundestag, Plenarprotokoll 18/120 der 120. Sitzung am 9. September 2015, S. 11614 f.

3 Ebenda.

4 Ebenda.

5 Robin Alexander: *Die Getriebenen. Merkel und die Flüchtlingspolitik: Report aus dem Inneren der Macht*, Siedler, München 2017, S. 63.

6   ZDF »Markus Lanz« am 6. März 2019.

7   Ebenda.

8   Ebenda, S. 163.

9   Ebenda, S. 207.

10 Ebenda, S. 197.

11 Harald Welzer: *Wir sind die Mehrheit. Für eine offene Gesellschaft*, S. Fischer, Frankfurt/Main 2017, S. 16.

12 Ebenda.

13 Bertolt Brecht: *Gesammelte Gedichte*, Band 3, Suhrkamp, Frankfurt/Main 1967, S. 978.

14 Welzer: *Alles könnte anders sein*, S. 196.

15 Ebenda.

16 Rede zum Amtsantritt von Bundesaußenminister Heiko Maas am 14. März 2018 im Auswärtigen Amt in Berlin; https://www.auswaertiges-amt.de/de/newsroom/bm-maas-amtsantritt/1788184.

17 Egon Friedell: *Kulturgeschichte der Neuzeit*, Bd. 2, Deutscher Taschenbuch Verlag, München 1976, S. 845.

18 Robert Habeck: *Patriotismus. Ein linkes Plädoyer*, Gütersloher Verlagshaus, Gütersloh 2010, zitiert in: Junge Freiheit vom 6. Juni 2018, https://jungefreiheit.de/politik/deutschland/2018/mit-deutschland-weiss-er-nichts-anzufangen/.

19 Sahra Wagenknecht: *Reichtum ohne Gier. Wie wir uns vor dem Kapitalismus retten*, Campus, Frankfurt/Main 2016, S. 23.

20 Die Welt vom 26. Februar 2017, https://www.welt.de/politik/deutschland/article162407512/Das-Volk-ist-jeder-der-in-diesem-Lande-lebt.html.

21 Dirk Schümer: Was es heute heißt, deutsch zu sein, Die Welt am 7. Januar 2017, https://www.welt.de/debatte/kommentare/article160933639/Was-es-heute-heisst-deutsch-zu-sein.html.

22 Ebenda.

23 Welzer, *Alles könnte anders sein*, S.196.

24 Friedell, *Kulturgeschichte der Neuzeit*, Bd. 1, S. 819.

25 Interview mit Heinrich August Winkler in Neue Zürcher Zeitung am 4. Oktober 2017, https://www.nzz.ch/feuilleton/ich-warne-vor-deutschem-groessenwahn-ld.1319834.

26 https://de.wikipedia.org/wiki/Balkonreden.

27 Alexander, *Die Getriebenen*, S. 74.

28 Ebenda.

29 Ebenda, S. 135.

30 Ebenda, S. 150.

31 Ebenda.

32 Steinbrück, *Das Elend der Sozialdemokratie*, S. 46.

33 Alexander, *Die Getriebenen*, S. 236.

34 Steinbrück, *Das Elend der Sozialdemokratie*, S. 46.

35 Interview im Tagesspiegel vom 15. November 1998; zitiert in: Der Spiegel Nr. 48 vom 23. November 1998, S. 22 https://magazin.spiegel.de/EpubDelivery/spiegel/pdf/8034220.

36 Interview im Tagesspiegel vom 15. November 1998; zitiert in: taz – die tageszeitung vom 17. November 1998 https://taz.de/!1315546/.

37 Der Spiegel Nr. 48 vom 23. November 1998, S. 22, https://magazin.spiegel.de/EpubDelivery/spiegel/pdf/8034220.

38 Alexander, *Die Getriebenen*, S. 17.

39 Ebenda, S. 18.

40 Ebenda, S. 11.

41 Weser Kurier vom 24. August 2017, https://www.weser-kurier.de/deutschland-welt/deutschland-welt-politik_artikel,-die-afd-ist-nun-mal-ein-besonders-gaeriger-haufen-_arid,1639928.html.

42 Bild-Zeitung vom 28. Mai 2019, https://www.bild.de/politik/inland/politik-inland/millionen-deutsche-wissen-nicht-warum-sie-spd-waehlen-sollen-leider-62228632.bild.html.

43 Nils Heisterhagen: *Die liberale Illusion. Warum wir einen linken Realismus brauchen*, Dietz, Bonn 2018, S. 19.

44 Ebenda.

45 Die Welt vom 21. Mai 1997, https://www.welt.de/print-welt/article637499/Zwei-Drittel-Gesellschaft.html.

46 https://www.spektrum.de/lexikon/geographie/zwei-drittel-gesellschaft/9287.

47 Didier Eribon: *Rückkehr nach Reims*, Suhrkamp, Berlin 2016, S. 123.

48 Friedrich-Ebert-Stiftung am 25. April 2019, https://www.fes.de/forum-berlin/gegen-rechtsextremismus/mitte-studie.

49 Der Tagesspiegel vom 27. April 2019, https://www.tagesspiegel.de/politik/von-wegen-verlorene-mitte-eine-studie-und-ihre-bewusste-fehlinterpretation/24263736.html.

50 Ebenda.

51 Ebenda.

52 Ebenda.

53 Ebenda.

54 Ebenda.

55 Ebenda. Der Spiegel Nr. 47 vom 18. November 1991, S.112, https://www.spiegel.de/spiegel/print/d-13491885.html.

56 Karl Marx, Friedrich Engels: *Manifest der Kommunistischen Partei*, Verlag für fremdsprachige Literatur, Peking 1975, S. 47.

57 Blätter für deutsche und internationale Politik, Nr. 1, Januar 2017, S. 56/57.

58 Henryk M. Broder auf der Frühjahrstagung der Evangelischen Akademie in Tutzing am 19. März 2011: »Gehört der Islam zu Deutschland?«, https://www. youtube.com/watch?v=cWI7tJIdPvc, https://www.youtube.com/ watch?v=kSGHUxezDvo, https://gloria.tv/video/ ZpdnGttFknqL4187VpYJHiT1i.

59 Klaus J. Bade: *Europa in Bewegung. Migration vom späten 18. Jahrhundert bis zur Gegenwart*, C.H.Beck, München 2000, S. 11.

60 Hartmut Tölle, Patrick Schreiner (Hg.): *Migration und Arbeit in Europa*, Papyrossa, Köln 2014, S. 7.

61 Ebenda, S. 108.

62 Massimo Livi Bacci: *Kurze Geschichte der Migration*, Wagenbach, Berlin 2015, S. 8.

63 https://www.un.org/depts/german/migration/A.CONF.231.3.pdf.

64 Ebenda.

65 Frankfurter Allgemeine Zeitung vom 15. September 2015, https://www.faz.net/ aktuell/technik-motor/iaa/daimler-chef-zetsche-fluechtlinge-koennten-neues-wirtschaftswunder-ausloesen-13803671.html.

66 Hannes Hofbauer: *Kritik der Migration. Wer profitiert und wer verliert*, Promedia, Wien 2018, S. 184.

67 Ebenda, S. 185

68 Ebenda.

69 Ebenda.

70 Ebenda, S. 85.

71 Ebenda, S. 50.

72 Ebenda, S. 189.

73 Ebenda.

74 Sigmar Gabriel auf dem SPD-Parteitag am 13. November 2009 in Dresden; zitiert in: Focus Online am 13. November 2009, https://www.focus.de/politik/ deutschland/spd-parteitag-wie-sigmar-gabriel-seine-partei-gewann_ aid_453980.html.

Kapitel 3

1 Iris Hanika: Chronik (XI), Kolumne, in: Merkur, Heft 11, November 2002, Klett-Cotta, Stuttgart 2002, S. 1054.

2 Alexander Mitscherlich: *Die Unwirtlichkeit unserer Städte*, Suhrkamp, Frankfurt/Main 1965, S. 11.

3 Frankfurter Allgemeine Zeitung vom 28. Juni 2010, https://www.faz.net/ aktuell/feuilleton/kunst/wider-das-heutige-bauen-und-wir-nennen-diesen-schrott-auch-noch-schoen-1638610.html.

4   Ebenda.

5   Ebenda.

6   Ebenda.

7   Ebenda.

8   Ebenda.

9   Ebenda.

10   Ebenda.

11   Paul Feyerabend: *Wider den Methodenzwang*, Suhrkamp, Frankfurt/Main 1986, S. 32.

12   Ebenda, S. 31/32.

13   Augustinus von Hippo, In epistulam Ioannis ad Parthos, tractatus VII, 8; lat. Original : »Dilige et quod vis fac.«, https://de.wikiquote.org/wiki/Augustinus_von_Hippo.

14   Theodor W. Adorno: *Minima Moralia*, Suhrkamp, Frankfurt/Main 1983, S. 57.

15   »Die enthemmte Gesellschaft«, Der Spiegel Nr. 12 vom 16. März 2019, S. 10 ff.

16   Ebenda.

17   Jörg Schindler: *Die Rüpel-Republik. Warum sind wir so unsozial?* Scherz, Frankfurt/Main 2012, S. 78.

18   Ebenda, S. 79.

19   Ebenda.

20   Der Spiegel Nr. 41 vom 11. Oktober 2010, S. 26 f., https://www.spiegel.de/spiegel/print/d-74184564.html.

21   Der Spiegel Nr. 40 vom 27. September 1971, S. 3, https://www.spiegel.de/spiegel/print/d-43078717.html.

22   Der Spiegel Nr. 41 vom 11. Oktober 2010, Seite 26 f., https://www.spiegel.de/spiegel/print/d-74184564.html.

23   Ebenda.

24   Ebenda.

25   Der Spiegel Nr. 6 vom 8. Februar 1993, Seite 202 ff., https://www.spiegel.de/spiegel/print/d-13681004.html

26   Ulrich Greiner: *Heimatlos. Bekenntnisse eines Konservativen*, Rowohlt, Reinbek bei Hamburg 2017, S. 32.

27   Ebenda.

28   Greta Thunberg am 16. April 2019 vor dem Umweltausschuss des Europäischen Parlaments in Straßburg, https://www.youtube.com/watch?v=DP2A5iT7_Vc.

29   nau.ch am 25. Januar 2019, https://www.nau.ch/news/europa/christine-lagarde-lobt-klima-aktivistin-greta-thunberg-65475259.

30   Die Welt vom 20. April 2019, https://www.welt.de/politik/deutschland/ article192205815/Klimaproteste-Schaeuble-lobt-Lehrer-fuer-ihre-Ruecksicht- auf-Fridays-for-Future.html#.

31   Neue Osnabrücker Zeitung am 20. April 2019, https://www.noz.de/ deutschland-welt/politik/artikel/1712435/schaeuble-beim-klimaschutz-jetzt- schnell-entscheiden-lob-fuer-junge-demonstranten.

32   tagesschau.de am 14. März 2019, https://www.tagesschau.de/inland/ wissenschaftler-fridays-for-future-101.html.

33   Compact Magazin Nr. 4 April 2019, Titelseite, https://www.compact-online.de/ greta-nervt-klima-hysterie-als-ersatz-religion-compact-4-2019-video, https:// www.compact-shop.de/shop/fanartikel/aufkleber/20-x-compact-aufkleber- greta-nervt-a7.

34   Die Tageszeitung taz vom 16. März 2019, http://www.taz.de/Kolumne- Macht/!5577705.

35   Ebenda.

36   Adorno, *Minima Moralia*, S. 325.

37   Telepolis vom 2. April 2019, https://www.heise.de/tp/features/Greta-Thunberg- kritisieren-4357644.html?seite=all.

38   Westfälische Nachrichten am 5. Februar 2019, https://www.wn.de/Specials/ Netzteile/3645147-Kritik-an-Klimaaktivistin-Greta-Thunberg-wehrt-sich- gegen-Hass.

39   t-online.de am 19. April 2019, https://www.t-online.de/nachrichten/ausland/ internationale-politik/id_85612980/greta-thunberg-wehrt-sich-gegen-ihre- kritiker.html.

40   Walter Wüllenweber: *Frohe Botschaft. Es steht nicht gut um die Menschheit – aber besser als jemals zuvor*, Deutsche Verlags-Anstalt, München 2018.

41   Spiegel Online vom 2. Februar 2019, https://www.spiegel.de/wissenschaft/ natur/greta-thunberg-die-16-jaehrige-klima-aktivistin-im- interview-a-1251288.html.

42   Adorno, *Minima Moralia*, S. 174.

43   Pfaller, *Erwachsenensprache,* S. 9.

44   Ebenda.

45   Ebenda.

46   Deutschlandfunk Kultur am 24. August 2013, https://www. deutschlandfunkkultur.de/das-zentrum-von-demokratie-ist-der-schutz-der- minderheiten.1278.de.html?dram:article_id=258998.

47   Pfaller, *Erwachsenensprache*, S. 10.

48   Ebenda.

49   Ebenda.

50   br.de am 7. Mai 2019, https://www.br.de/nachrichten/deutschland-welt/ neustart-im-team-neues-aufnahmeprogramm-fuer-fluechtlinge,RPiZVPg.

51 Heisterhagen, *Die liberale Illusion*, S. 155.

52 Gespräch mit dem Autor am 20. Dezember 2018.

53 Heisterhagen, *Die liberale Illusion*, S. 155.

54 Gespräch mit dem Autor am 20. Dezember 2019.

55 Heisterhagen, *Die liberale Illusion*, S. 82.

56 Rita Müller-Hilmer, Jérémie Gagné: *Was verbindet, was trennt die Deutschen? Werte und Konfliktlinien in der deutschen Wählerschaft im Jahr 2017*, Hans Böckler Stiftung, Düsseldorf 2018, S. 15.

57 Ebenda, S. 19 ff.

58 Gespräch mit dem Autor am 20. Dezember 2019.

59 Chantal Mouffe: *Über das Politische. Wider die kosmopolitische Illusion*, Suhrkamp, Berlin 2007, S. 96.

60 Ebenda.

61 Der Spiegel Nr. 20 vom 11. Mai 2019, S. 41.

62 Botho Strauß: *Der Aufstand gegen die sekundäre Welt*, Hanser, München 2012, S. 49.

63 P.M. Magazin Nr. 10 Oktober 2007, S. 79.

64 Ebenda.

65 Heisterhagen, *Die liberale Illusion*, S. 91.

66 Schröder, *Klare Worte*, S. 238.

67 Heisterhagen, *Die liberale Illusion*, S. 77.

68 Spiegel Online vom 6. November 2017, https://www.spiegel.de/politik/deutschland/paradise-papers-zur-hoelle-mit-den-reichen-kolumne-a-1176640.html.

69 Rheinische Post vom 9. Mai 2019, https://rp-online.de/politik/deutschland/thueringens-ministerpraesident-bodo-ramelow-wuenscht-sich-neue-nationalhymne-fuer-deutschland_aid-38648051.

70 SPD-Berlin Antrag 60/II/2017 vom 14. Oktober 2017: »Dirty Diaries« auch in Deutschland!, https://parteitag.spd-berlin.de/cvtx_antrag/dirty-diaries-auch-in-deutschland.

71 Ebenda.

72 Ebenda.

Kapitel 4

1 Norbert Bolz: *Die Sinngesellschaft*, Kadmos, Berlin 2012, S. 9.

2 Cicero Magazin Nr. 7 Juli 2013, S. 134, https://www.cicero.de/kultur/bibliotheksportraet-spagat-zwischen-boulevard-und-hochkultur/55348.

3   Jürgen Habermas, Interview, Frankfurter Rundschau vom 11. März 1988; zitiert
     in: Claus Leggewie: 1968 ist Geschichte, Aus Politik und Zeitgeschichte B 22-
     23/2001, S. 3, https://www.bpb.de/apuz/26234/1968-ist-geschichte.

4   Interview »Die Freigabe aller Dinge« in: Focus Magazin Nr. 31 vom 1. August
     2005, https://www.focus.de/kultur/medien/kultur-die-freigabe-aller-dinge_
     aid_209752.html.

5   Hans-Ulrich Wehler: *Deutsche Gesellschaftsgeschichte*. Fünfter Band.
     Bundesrepublik und DDR 1949-1990, C.H.Beck, München 2008, S. 320-321.

6   Egon Friedell: *Kulturgeschichte der Neuzeit*, Band 1 und 2, S. 844.

7   Pascal Bruckner: *Ich kaufe, also bin ich. Mythos und Wirklichkeit der globalen
     Welt*, Aufbau, Berlin 2004.

8   Joseph A. Schumpeter: *Kapitalismus, Sozialismus und Demokratie*, UTB,
     Stuttgart 2018, S. 113f.

9   Der Spiegel Nr. 32 vom 6. August 1979, S. 17, https://www.spiegel.de/spiegel/
     print/d-40348962.html.

10   Frank Bösch: *Zeitenwende 1979. Als die Welt von heute begann*, C.H.Beck,
     München 2019, S. 270.

11   Hermann L. Gremliza/Heinrich Hannover (Hg.): *Die Linke. Bilanz und
     Perspektiven für die 80er*, VSA, Hamburg 1980, S. 115.

12   Ebenda, S. 108.

13   Claire Berlinski: *There Is No Alternative. Why Margaret Thatcher Matters*, Basic
     Books, New York 2008.

14   Bösch, *Zeitenwende 1979*, S. 297.

15   Bösch, *Zeitenwende 1979*, S. 296.

16   Der Weg nach vorne für Europas Sozialdemokraten. Ein Vorschlag von
     Gerhard Schröder und Tony Blair vom 8. Juni 1999, in: Blätter für deutsche
     und internationale Politik, Nr. 7, 1999, S. 887–896, http://www.albanknecht.de/
     materialien/Schroeder-Blair-Paper.pdf.

17   Ebenda.

18   Ebenda.

19   Chantal Mouffe: *Für einen linken Populismus*, Suhrkamp, Berlin 2018, S. 43.

20   Ebenda.

21   Peter Unfried: *Das große Missverständnis*; in: Kursbuch 197, Das Grün, März
     2019, Kursbuch Kulturstiftung, Hamburg 2019, S. 20.

22   Spiegel Online am 23. August 2004, https://www.spiegel.de/politik/
     deutschland/hartz-iv-demonstrationen-in-140-staedten-a-314516.html.

23   Ulla Schmidt, zitiert in: Unsere Maoisten, Cicero Magazin Nr. 10, Oktober
     2018, S. 114.

24   Deutsches Ärzteblatt, Jahrgang 106, Heft 26 vom 26. Juni 2009, Seite A1337f.,
     https://www.aerzteblatt.de/archiv/65145/Interview-mit-Bun%C2%ADdes%C2

%ADge%C2%ADsund%C2%ADheits%C2%ADmi%C2%ADnis%C2%ADter
in-Ulla-Schmidt-(SPD)-Aerger-ueber-die-Gesundheitspolitik-Dafuer-gibt-es-
keinen-Grund.

25 Ebenda.

26 Ebenda.

27 Mouffe, S. 44.

28 Stuart Hall: *New Labour's Double-Shuffle*, zitiert in: Mouffe, Über das Politische, S. 81.

29 Mouffe, Über das Politische, S. 82.

30 1. Korinther 13,1.

31 Götz W. Werner: *Einkommen für alle*, Kiepenheuer & Witsch, Köln 2007, S. 177.

32 Heisterhagen: *Die liberale Illusion*, S. 184/185.

33 ARD »Anne Will« am 19. Mai 2019 ab Minute 48:35, https://www.youtube.com/watch?v=Z_dw8L5VsA8.

34 Der Standard vom 8. Februar 2019, https://www.derstandard.de/story/2000097675822/linksliberale-ueberheblichkeit-geht-mir-auf-die-nerven.

35 Der Tagesspiegel vom 21. Mai 2019, https://www.tagesspiegel.de/politik/oesterreich-vor-neuwahlen-ein-versuchslabor-fuer-die-sozialdemokratie/24362276.html?utm_referrer=https%3A%2F%2F; www.merkur.de%2Fpolitik%2Fsigmar-gabriel-empfiehlt-spd-indirekt-eine-rechte-migrationspolitik-zr-12305776.html.

36 Ebenda.

37 Ebenda.

38 Ebenda.

39 Giovanni di Lorenzo bei Frank Elstner in der YouTube-Gesprächsreihe »Wetten, das war's?« am 9. Mai 2019 ab Minute 31:11, https://youtu.be/1UNgWBOnn54.

40 Joseph Ratzinger: *Glaube und Zukunft*, Kösel, München 2007, S. 120ff., http://kath.net/news/44468.

41 Joseph Ratzinger: *Glaube und Zukunft*, Seite 120ff.

42 Ebenda.

43 Heisterhagen: *Die liberale Illusion*, S. 311.

Kapitel 5

1 Greta Thunberg bei der Verleihung der Goldenen Kamera, Sonderpreis Klimaschutz, am 30. März 2019 in Berlin; YouTube ab Minute 1:35: https://www.youtube.com/watch?v=29k-f9K0NmQ; vergl. auch: Greta Thunberg: Ich will, dass ihr in Panik geratet!, Fischer, Frankfurt/Main 2019, S. 63

2 Süddeutsche Zeitung vom 23. Mai 2019, https://www.sueddeutsche.de/kultur/
greta-thunberg-fridays-for-future-streik-1.4459464.

3 Blaise Pascal: *Gedanken,* Faber & Faber, Leipzig 2007, S. 68.

4 https://de.wikipedia.org/wiki/%C3%96kologischer_Fu%C3%9Fabdruck,
https://www.bpb.de/nachschlagen/zahlen-und-fakten/globalisierung/255298/
oekologischer-fussabdruck-und-biokapazitaet

5 Die Welt am 24. Mai 2019, https://www.welt.de/politik/deutschland/
article194133553/Greta-Thunberg-Ihr-liebt-eure-Kinder-ueber-alles-Aber-im-
Moment-wirkt-das-nicht-so.html.

6 Spiegel Online am 25. Mai 2019, https://www.spiegel.de/kultur/gesellschaft/
sibylle-berg-zur-erheiterung-denkender-menschen-kolumne-a-1269268.html.

7 Thomas Bernhard: *Der Untergeher*, Suhrkamp, Frankfurt/Main 1983, S. 63 u.
101.

8 Andrea Nahles beim Berliner Zukunftsdialog auf dem EUREF-Campus in
Berlin-Schöneberg am 5. September 2018.

9 Ebenda.

10 Wolfhart Pannenberg: *Was ist der Mensch? Die Anthropologie der Gegenwart im
Lichte der Theologie*, Vandenhoeck & Ruprecht, Göttingen 1962, S. 21.

11 Martin Heidegger: *Reden und Zeugnisse 1910-1976*, Gesamtausgabe Band 16,
Klostermann, Frankfurt/Main 2000, S. 532.

12 Arnold Schwarzenegger am 28. Mai 2019 auf der Klimakonferenz Austrian
World Summit R20 in Wien, https://youtu.be/gl3Q5xs-xk8.

13 Martin Schulz auf einer Wahlkampfveranstaltung am 30. August 2017 in
Erfurt, https://www.spiegel.de/video/schulz-verspricht-buergerversicherung-
und-rente-video-1794051.html.

14 Deutschlandfunk vom 2. Dezember 2017, https://www.deutschlandfunk.de/
groko-und-buergerversicherung-buergerversicherung-ist-eines.694.
de.html?dram:article_id=402159.

15 Friedrich Breyer: Was spricht gegen Zwei-Klassen-Medizin?, in: Zeitschrift für
Wirtschaftspolitik, Bd. 67, Heft 1, S. 30–41, Berlin 2018, https://www.wiwi.uni-
konstanz.de/typo3temp/secure_
downloads/86832/0/5a63cbfa7da5e1ca1c6c6145a48b94d5423857db/Breyer_
zfwp-2018-0005.pdf.

16 Süddeutsche Zeitung vom 13. März 2018, https://www.sueddeutsche.de/
gesundheit/gesundheitswesen-deutsches-gesundheitssystem-extrem-teuer-
und-doch-nur-mittelmass-1.3903915.

17 Ebenda.

18 re:publica'17 am 10. Mai 2017 in Berlin, https://www.youtube.com/
watch?v=q2-NVACXy9c&t=9s, https://www.youtube.com/
watch?v=D7nJzREbyAg&t=51s.

19 Peer Steinbrück: *Das Elend der Sozialdemokratie*, S. 111.

20 Michael Bohmeyer, zitiert im Handelsblatt vom 21. Februar 2019, https://www.handelsblatt.com/arts_und_style/literatur/buchtipp-was-wuerdest-du-tun-was-das-bedingungslose-grundeinkommen-mit-menschen-macht/24017382.html.

21 Ebenda.

22 Ebenda.

23 Ebenda.

24 Wirtschaftswoche vom 18. Oktober 2017, https://www.wiwo.de/unternehmen/it/bedingungsloses-grundeinkommen-diese-manager-fordern-das-grundeinkommen/20466480.html.

25 Gespräch mit dem Autor am 14. Juni 2010.

26 Spiegel Online vom 11. März 2007, https://www.spiegel.de/lebenundlernen/uni/wirtschaftskrieger-hochschule-fuer-hauen-und-stechen-a-470728.html.

27 Ebenda.

28 Gespräch mit dem Autor am 27. Januar 2011.

29 Stellungnahme des Europäischen Wirtschafts- und Sozialausschusses zum Thema »Die Gemeinwohl-Ökonomie: Ein nachhaltiges Wirtschaftsmodell für den sozialen Zusammenhalt« vom 17. September 2015, S. 2, https://www.ecogood.org/media/filer_public/13/30/1330a866-2d0a-42c5-81a6-73df8bf27521/stellungnahme_gemeinwohl_oekonomie-ewsa_deutsch.pdf.

30 Gespräch mit dem Autor am 27. Januar 2011.

31 Deutschlandfunk am 8. März 2018 https://www.deutschlandfunk.de/gemeinwohl-oekonomie-wie-viel-nachhaltigkeit-laesst-die.724.de.html?dram:article_id=412532.

32 Ludwig Erhard: *Wohlstand für alle*, Econ, München 2000, S. 222.

33 Ebenda, S. 223.

34 Ebenda, S. 230.

35 Ebenda, S. 233.

36 Grundgesetz für die Bundesrepublik Deutschland vom 23. Mai 1949, Artikel 14, Absatz 2.

37 Verfassung des Freistaats Bayern vom 8. Dezember 1946, Artikel 151.

38 Verfassung des Freistaats Bayern vom 8. Dezember 1946, Artikel 158.

39 Verfassung des Freistaats Bayern vom 8. Dezember 1946, Artikel 160, Absatz 1.

40 Verfassung des Freistaats Bayern vom 8. Dezember 1946, Artikel 160, Absatz 2.

Ausblick

1 Welt Online am 14. Juli 2019 https://www.welt.de/politik/deutschland/article196804381/Otto-Schily-attackiert-SPD-wegen-Haltung-zu-von-der-Leyen.html.

2   n-tv.de am 6. Juni 2019, https://www.n-tv.de/politik/SPD-lehnt-daenischen-Weg-ab-article21071944.html.

3   Zitiert nach: Faulenbach, *Geschichte der SPD*, S. 56.

4   Klaus von Dohnanyi bei »Markus Lanz« (ZDF) am 5. März 2019; ab Minute 41:25, https://www.youtube.com/watch?v=N28xTTy1QBQ&list=PLWihS17U MMzEjKmZ4WR-xgrFAGvDGB4sx&index=17.

5   Ebenda.

6   taz – die tageszeitung vom 11. Oktober 2007 https://taz.de/!5193573/.

7   FAZ vom 14. März 2013, https://www.faz.net/aktuell/wirtschaft/wirtschaftspolitik/im-gespraech-olaf-scholz-fuer-deutschland-war-unsere-agenda-2010-erfolgreich-12110676.html.

8   Abendzeitung München am 4. Juni 2019, https://www.abendzeitung-muenchen.de/inhalt.az-interview-natascha-kohnen-ich-habe-grosse-sympathie-fuer-eine-doppelspitze.a5926a48-85ed-460c-8acd-6b81dc59420a.html.

9   Die Tageszeitung taz am 8. Juni 2019, https://www.taz.de/Cohn-Bendit-ueber-die-Sozialdemokratie/!5601231/.

10 Ebenda.

11 Spiegel Online am 16. Juni 2017, https://www.spiegel.de/video/helmut-kohl-ueber-den-besuch-honeckers-video-1667053.html.

12 Vorstand der SPD (Hg.): Der Streit der Ideologien und die gemeinsame Sicherheit, 1987, http://www.schnitzler-aachen.de/Texte/Der_Streit_der_Ideologien.htm

13 Die Welt vom 12. Juli 2019 https://www.welt.de/politik/deutschland/article196666937/Stefan-Liebich-haelt-Linke-Programm-fuer-nicht-mehr-zeitgemaess.html.

14 Ebenda.

15 Ebenda

16 Der Tagesspiegel vom 11. Juni 2019, https://www.tagesspiegel.de/politik/spd-schoepft-neuen-mut-rot-rot-gruen-ist-die-hoffnung/24441938.html.

17 Ebenda.

18 Der Spiegel Nr. 24 vom 8. Juni 2019, S. 1.

19 Ebenda, S. 19.

20 Peer Steinbrück in »Ist die SPD noch zu retten?«: Satireshow Spezial mit Florian Schroeder/WDR am 8. Juni 2019, ab Minute 17.00, https://www.youtube.com/watch?v=fhx5Bxq0PvY&list=PLWihS17UMMzEjKmZ4WR-xgrFAGvDGB4sx&index=26.

21 Der Spiegel Nr. 24 vom 8. Juni 2019, S. 15.

22 Titanic – Das endgültige Satiremagazin am 11. Juni 2019, http://www.titanic-magazin.de/postkarten/karte/doppelspitze-31752/.

23 http://www.europarl.europa.eu/ftu/pdf/de/FTU_1.2.2.pdf

24 https://www.marxists.org/deutsch/geschichte/deutsch/spd/1925/heidelberg.htm

25 Terminankündigung bei florian-schroeder.com, https://www.florian-schroeder.com/media/190207_pt_satireshow_spezial_2019.pdf.

26 Der Tagesspiegel am 6. Juni 2019, https://www.tagesspiegel.de/politik/wahlsieg-der-sozialdemokraten-in-daenemark-vorbild-oder-schreckbild-fuer-die-spd/24428364.html.

27 Peer Steinbrück in »Ist die SPD noch zu retten?«: Satireshow Spezial mit Florian Schroeder/WDR am 8. Juni 2019, ab Minute 23:10, https://www.youtube.com/watch?v=fhx5Bxq0PvY&list=PLWihS17UMMzEjKmZ4WR-xgrFAGvDGB4sx&index=26.

28 Süddeutsche Zeitung am 6. Juni 2019, https://www.sueddeutsche.de/politik/daenemark-asyl-sozialpolitik-1.4477446.

29 Ebenda.

30 Süddeutsche Zeitung am 6. Juni 2019, https://www.sueddeutsche.de/politik/spd-daenemark-sozialdemokraten-1.4477448.

31 Ebenda.

32 Neue Zürcher Zeitung am 6. Juni 2019, https://www.nzz.ch/international/die-erstaunliche-wandlung-der-mette-frederiksen-ld.1487361.

33 Ebenda.

34 Peer Steinbrück in »Ist die SPD noch zu retten?«: Satireshow Spezial mit Florian Schroeder/WDR am 8. Juni 2019, ab Minute 28:55, https://www.youtube.com/watch?v=fhx5Bxq0PvY&list=PLWihS17UMMzEjKmZ4WR-xgrFAGvDGB4sx&index=26.

35 Spiegel Online am 14. Juni 2019, https://www.spiegel.de/politik/deutschland/spd-frauen-fordern-doppelspitzen-quer-durch-die-partei-a-1272363.html.

36 Spiegel TV vom 18. Februar 2018, https://youtu.be/_HoYJb1uECc-

37 http://www.migazin.de/2019/03/21/zentrale-stelle-fuer-wohnungsvermittlung-an-fluechtlinge-geplant/.
https://chrismon.evangelisch.de/nachrichten/43592/berlin-plant-zentrale-stelle-fuer-wohnungsvermittlung-fluechtlinge.

38 https://de.reuters.com/article/deutschland-kindergeld-nahles-idDEKBN1KU1QE, https://www.welt.de/regionales/nrw/article180964152/Armutszuwanderung-In-den-Stadtquartieren-waechst-der-soziale-Unfrieden.html.

39 https://www.swp.de/politik/inland/kindergeld-betrug_-100-millionen-euro-schaden-27321200.html, https://www.wiwo.de/politik/deutschland/familienkasse-kindergeld-betrug-vor-allem-in-nrw/22896678.html.

40 Ernst Bloch: *Erbschaft dieser Zeit*, Suhrkamp, Frankfurt/Main 1962, S. 113.

41 Klaus von Dohnanyi bei »Markus Lanz« (ZDF) am 5. März 2019; ab Minute 43:49, https://www.youtube.com/watch?v=N28xTTy1QBQ&list=PLWihS17U MMzEjKmZ4WR-xgrFAGvDGB4sx&index=17.

42 Der Tagesspiegel am 2. Juni 2018, https://www.tagesspiegel.de/berlin/aussagen-zu-fluechtlingen-berlins-spd-wirft-andrea-nahles-rechte-rhetorik-vor/22636530.html.

43 Der Spiegel Nr. 25 vom 15. Juni 2019, S. 112.

44 Der Spiegel Nr. 25 vom 15. Juni 2019, S. 35.

45 Ebenda.

46 Der Spiegel Nr. 25 vom 15. Juni 2019, S. 36.

47 Ebenda.

48 Ebenda.

49 Der Tagesspiegel am 14. Juni 2019, https://www.tagesspiegel.de/politik/spd-interimschef-schaefer-guembel-den-gruenen-ist-die-soziale-frage-schnurzegal/24454320.html.

50 Der Tagesspiegel am 14. Juni 2019, https://www.tagesspiegel.de/politik/schaefer-guembel-in-der-defensive-kann-man-die-gruenen-noch-kritisieren/24459270.html.

51 Spiegel Online am 17. Juni 2019, https://www.spiegel.de/politik/deutschland/gerhard-schroeder-und-ex-spd-chefs-schreiben-aufruf-an-parteibasis-a-1272831.html.

52 Brand Eins Wirtschaftsmagazin Nr. 3 April 2000, S. 148.

53 Der Spiegel Nr. 1 vom 2. Januar 1984, S. 36, https://www.spiegel.de/spiegel/print/d-13507734.html.

54 Der Tagesspiegel am 14. Juni 2019, https://www.tagesspiegel.de/politik/spd-interimschef-schaefer-guembel-den-gruenen-ist-die-soziale-frage-schnurzegal/24454320.html.

Merkel am Ende

Ferdinand Knauß

Lange haben die Deutschen Angela Merkel tatsächlich für alternativlos gehalten. Doch trotz einer Phase scheinbarer Beständigkeit kann mittlerweile kaum jemand die Augen vor der Wirklichkeit verschließen: Die Kanzlerin hat auf die Herausforderungen der Gegenwart keine Antworten. Merkel steht für nichts. Sie weicht Konflikten aus, anstatt klar Position zu beziehen, und hat keine politische Überzeugung, die sie nicht bereit wäre, für den Machterhalt jederzeit wieder aufzugeben. Ferdinand Knauß spannt einen Bogen von Merkels Machtantritt bis in die Gegenwart und wirft dabei nicht nur die Frage auf, was das für eine Partei ist, die sich so lange von dieser Frau führen lässt, sondern auch, was das für eine Gesellschaft ist, die sich so lange von ihr regieren lässt.

240 Seiten | Hardcover | 19,99 € (D) | 20,60 € (A) | ISBN 978-3-95972-148-6